셋으로 된 모든 것은 완벽하다

셋으로 된
모든 것은 완벽하다

초 판 1쇄 2022년 03월 15일

지은이 유인성
펴낸이 류종렬

펴낸곳 미다스북스
총괄실장 명상완
책임편집 이다경
책임진행 김가영, 신은서, 임종익, 박유진

등록 2001년 3월 21일 제2001-000040호
주소 서울시 마포구 양화로 133 서교타워 711호
전화 02) 322-7802~3
팩스 02) 6007-1845
블로그 http://blog.naver.com/midasbooks
전자주소 midasbooks@hanmail.net
페이스북 https://www.facebook.com/midasbooks425
인스타그램 https://www.instagram.com/midasbooks

ISBN 978-89-6637-341-3 03190

값 **15,000원**

미다스북스는 다음세대에게 필요한 지혜와 교양을 생각합니다.

셋으로 된 모든 것은 완벽하다

유인성 지음

미다스북스

프롤로그

셋의 원칙

이 모든 이야기는 아리스토텔레스로부터 시작된다. 기원전 4세기, 고대 그리스의 철학자 아리스토텔레스는 유명한 말을 남겼다. 이 말은 라틴어로 번역되어 지금까지 전해져왔다. "OMNE TRIUM PERFECTUM(옴네 트라이엄 퍼펙툼)." OMNE는 '모든 것'을 의미하며, TRIUM은 '셋'을 의미하며, PERFECTUM은 '완벽하다'를 의미한다.[1] 따라서 이 말의 뜻은 '셋으로 된 모든 것은 완벽하다'가 된다. 사람들은 이 말을 줄여 '셋의 원칙(Principle of Three)'이라고 부른다. 아리스토텔레스는 셋의 원칙을 강하게 믿었다. 그는 삶의 다양한 영역에서 셋의 원칙을 꺼내 적용했다. 몇 가지 예를 들면, 그는 아테네 민주정치의 경험을 바탕으로 설득의 기술에 관한 책『수사학(Rhetoric)』을 저술했다. 여기서 그는 완벽하게 설득하려면, 설득의 세 가지 요소인 로고스(logos, 논리), 파토스(pathos, 감성), 에토스(ethos, 신뢰)가 모두 말하기에 담겨야 한다고 했다. 또한 그는 "아무리 속세에서 진귀한 금은보화라도 우정이 없다면 무의미하다"고 말했을 정도로 우정을 소중히 여겼다. 그는 우정에 대해 세 가지 유형, 효용을 추구하는 우정, 즐거움을 추구하는 우정, 그리고 선/가치를 추구하는 우정이 있다고 생각했다. 이처럼 아리스토텔레스는 툭하면 셋의 원칙을 꺼내 써먹곤 했다. 하지만 그는 왜 셋의 원칙이 실제로 효과가 있는지에 대해 언급하지는 않았다.

내가 셋의 원칙을 알게 된 시점은 아이러니하게도 완벽함과는 가장 거리감이 있던 때였다. 사람들은 세상에 완벽이란 없다고 말한다. 수많은 책들은 완벽을 추구하지 말고, 실수를 두려워하지 말라고 말한다. 많은 사람들은 계속 새로운 것을 시도하고 실패하다 보면 어느새 성장하게 될 것이라 말한다. 하지만 내가 살았던 세상은 이와는 좀 다른 듯하다. 세상은 내게 완벽함을 요구했다. 셀 수 없이 쏟아지는 일들을 완벽하게 처리해내야 하는 삶, 그렇지 못하면 그 귀책을 책임져야만 하는 삶. 나는 그런 삶을 살았다. 내 부족함 또는 내 실수가 빚어낸 결과는 많은 경우 내게 상처가 되었다. 나는 "앞으로 이런 부족함을 절대로 보이지 말아야지!", "앞으로 두 번 다시 이런 실수는 하지 말아야지!" 다짐했다. 실패에 대한 부담감과 스트레스는 결코 적지 않았다. 내 눈에 비치는 세상은 완벽하지 못하면(또는 탁월하지 못하면) 원하는 것을 얻을 수 없는 그런 세상이었다. 동시에 세상은 내게 균형을 요구했고 균형이 무너진 곳에서는 언제나 이슈가 나타났다. 나는 깨져버린 균형까지 보수하기 위해서 더 힘들고 더 바쁜 삶을 살아야 했다. 특히 관계적 측면에서 그랬다. 회사에서 경력이 쌓일수록 회사는 나에게 더욱더 많은 업무들을 쥐여주었다. 나는 내게 맡겨진 일들을 대충 할 수 없었다. 막대한 책임을 완벽하게 해내야 한다는 강박관념 속에서 나는 거의 모든 에너지와 시간을 회사 업무를 위해 쏟아야만 했다. 시간이 지날수록, 워라밸의 균형, 직장과 가정의 균형, 비즈니스적 관계와 친밀한 관계의 균형은 점점 더 무너졌다. 나는 나 자신이 더 온전한 사람이 되기를, 더 탁월한 사람이 되기를 원했다. 하지만 내가 완벽에 한 발자국 가까이 가면, 완벽은 두 발자국 멀리 떨어지는 것 같았다. 완벽과 나 자신이 가장 멀리 떨어져 있다고 느낄 때, 나는 대기업의 한 과장으로 정말 힘들고 스트레스 가득한 하루하루를 간신히 버티고 있었다. 나는 마음에 상처 입은 나 자신을 위로하기 위해서 철학 책들을 읽었고 어떻게든 삶의 의미를 찾으려고 애를 썼다. 그러다 우연히 나는 아리스토텔레스의 "셋으로 된 모든 것은 완벽하다"라는 말을 발견하게 된 것이다.

나는 먼저 셋의 원칙이 정말 효과가 있는 것인지 궁금했다. 만약 효과가 있다면, 역사가 오래된 셋의 원칙이 이미 우리 삶에 광범위하게 적용되고 있을 것으로 나는 생각했다. 나는 셋의 원칙이 적용된 사례들을 찾기 시작했다. 나는 중학교 때 처음 배운 뉴턴의 세 가지 운동법칙을 떠올렸다. 관성의 법칙(제 1법칙), 가속도의 법칙(제 2법칙), 작용과 반작용의 법칙(제 3법칙). 이 세 가지 법칙으로 우리 주위의 모든 물리 현상이 설명된다. 그다음으로 열역학의 세 가지 법칙이 떠올랐다. 나는 대학교 때 화학공학을 전공했다. 나는 열역학의 법칙과 늘 씨름해야 했다. 에너지 보존 법칙(제 1법칙), 엔트로피의 법칙(제 2법칙), 네른스트−플랑크 정리(제 3법칙)이 그것이었다. "케플러가 발견한 행성 운동 법칙도 세 가지인데…" 나는 또 하나의 셋으로 된 법칙을 생각했다. 셋이라는 숫자에 대해 심상치 않은 기운을 느낀 나는 구글에서 셋으로 된 다양한 사례를 찾기 시작했다. 정말 많은 사례들이 있었다. 기독교 삼위일체설(성부 하나님, 성자 하나님, 성령 하나님. 위격은 다르나 이 세 하나님은 모두 한 하나님이다), 단군신화의 삼신(환인, 환웅, 단군), 게르만 신화의 삼신(오딘, 빌리, 베), 올림푸스의 삼신(제우스−하늘을 다스림, 하데스−땅을 다스림, 포세이돈−바다를 다스림), 도교의 천지인 사상(하늘, 땅, 인간), 물질의 세 가지 상(고체, 액체, 기체), 3과 관련된 속담들("세 사람만 우기면, 없는 호랑이도 만들어낼 수 있다.", "세 살 버릇 여든까지 간다."), 만물을 구성하는 세 가지 힘(중력, 전자기력, 핵력), 신호등 및 빛의 삼원색(빨강, 노랑, 파랑), 거시 경제의 세 마리 토끼(성장, 고용, 물가 안정), ABO

식 혈액형, 논설의 구조(서론, 본론, 결론), 헤겔의 변증법(정,반,합), 조선 시대 삼정승(영의정, 좌의정, 우의정), 국가의 삼권분립(행정권, 입법권, 사법권), 가위-바위-보, 링컨의 게티즈버그 연설(국민의, 국민에 의한, 국민을 위한 통치는 이 땅에서 사라지지 않을 것이다), 나이키의 슬로건(Just Do It), 재레드 다이아몬드의 『총균쇠』, 그리고 삼성 (우스갯소리지만 만약 삼성전자가 일성전자 내지 이성전자였다면 일등 브랜드가 되기 쉽지 않았을 것이다).

이렇게나 많은 사례와 근거를 보니 나는 셋의 원칙이 정말 효과가 있다고 믿게 되었다. 그런데 나에게 의문이 하나 생겼다. 이 의문은 아리스토텔레스도 말하지 않았던 것이다. "도대체 왜 셋의 원칙이 통하는 것일까?" 나는 그 근본 원인을 조사했다. 내가 찾은 원인은 크게 두 가지 상징적 원인과 과학적 원인으로 나뉜다.

먼저 나는 상징적 원인을 수비학에서 찾았다. 모든 숫자에는 상징이 있다. 하나(1)는 절대자, 권위자, 왕, 강력함을 상징한다. 하지만 하나는 홀로 존재하기 때문에 불완전하고 균형을 이루기가 어렵다. 그다음 둘(2)은 남자와 여자, 양과 음, 플러스와 마이너스와 같이 이원성, 차이를 상징한다. 둘은 대립의 관계로 존재하기 때문에 완벽과 균형을 이루지 못한다. 하지만 바로 다음 등장하는 셋은 '완벽과 균형'을 상징한다. 수비학적으로 완벽과 균형을 이루기 위해 최소한으로 필요한 개수는 셋이다. 수비학은 말한다.

"완벽하기 위해서 균형을 이루기 위해서 많은 것들이 필요하지 않다. 복잡하게 생각할 것도 없다. 단순하게 딱 세 가지면 충분하다!"

다음으로 나는 과학적 원인을 찾고자 셋과 관련된 논문, 책, 기사, 미디어를 구석구석 뒤졌고 세 가지 과학적 원인을 찾았다.

첫 번째 과학적 원인, 셋의 원칙이 설득력을 부여하기 때문이다. EBS 〈다큐 프라임〉팀은 한 가지 재미있는 실험을 했다.[2] 횡단보도에 사람들이 지나갈 때 서로 다른 수의 사람들이 아무것도 없는 하늘을 쳐다보며 가리켰다. 이때 지나가는 사람들이 얼마나 많이 동조하는지가 관찰되었다. 한두 사람이 하늘을 가리키자, 거의 모든 사람들은 관심을 갖지 않았다. 그런데 세 명의 사람들이 하늘을 가리키자, 수많은 사람들이 이에 동조되어 가던 길을 멈추고 하늘을 올려다보았다. 이와 같이 심리학적으로, 같은 행동을 하는 사람들이 세 명 이상이 되면 사람들의 관심을 끌고 그 행동에 동참시킬 수 있다고 한다. 또한 셋의 원칙은 세 사람뿐만 아니라 세 단어, 세 문장, 세 정보, 세 요구 등으로도 동일하게 적용된다. UCLA 경영대의 수잔 슈 박사는 사람들이 설득을 위해서 가능한 많은 정보를 전달하려고 하지만 오히려 너무 많은 정보는 설득의 효과를 반감시킨다고 말했다. 그녀의 실험 결과, 제품에 대한 세 가지 정보가 고객에게 전달될 때, 제품 소개에 대한 고객의 만족도는 정점을 찍었다. 그런데 정보의 수가 네 가지 이상이 되면 오히려 고객의 만족도는 떨어졌다. 수잔 슈 박사에 따르면, 고객은 네 가지 정보를 전달받으면 회의적인 자세를 취하기 시작했다. 그리고 일단 고객이 회의적인 자세를 취하면 더 많은 정보가 고객에게 전달되어도 고객은 계속해서 제품을 회의적이고 부정적인 관점으로 바라보았다. 따라서, 수잔 슈 박사는 최고의 설득을 위해서는 세 가지 정보를 전달해야 한다고 말한다.[3]

두 번째 과학적 원인, 셋의 원칙이 기억력을 높이기 때문이다. 우리는 계속해서 주변의 환경과 상호작용을 하며 이 과정에서 외부의 정보들을 경험하고 이를 의식적으로 기억한다. 이때 사용되는 것이 '작업 기억(working memory)'이다. 작업 기억은 말 그대로 우리가 작업을 처리할 때 순간순간 일시적으로 정보를 기억하고 조작해내는 뇌의 기억 능력이다. 작업 기억의 용량은 사람마다 조금씩 차이가 있지만 분명히 한계가 존재한다. 미주리대 심리학과 넬슨 코원 교수의 연구 결과에 따르면, 작업 기억의 한계는 세 가지 또는 네 가지 단위의 정보였다.[4] 따라서 일반적으로 우리가 네 가지 단위 이상의 정보를 처리하려고 할 때 우리의 뇌에 과부하가 걸려 정보들을 제대로 처리하고 기억하기 어려워진다. 반대로 이야기하면 세 가지 단위의 정보가 작업 기억이 처리할 수 있는 안정적인 최대치이다. 사실 우리는 이것을 경험적으로 잘 알고 있다. 예를 들어, 우리는 전화번호를 외울 때, '01023062510'와 같이 열한 개 단위로 기억하지 않는다. 우리는 '010-2306-2510'과 같이 세 개 단위로 정보를 기억한다.[5] 이와 같이 우리는 복잡한 정보를 세 개 단위로 쪼갤 때 가장 효과적으로 기억할 수 있다는 것을 알고 있다. 이로 인해 수많은 카피라이터, 정치인, 강연가, 강사, 작가들은 정보를 전달할 때 세 가지 단위로 전달한다.

세 번째 과학적 원인, 셋의 원칙이 창의성을 부여하기 때문이다. 아리스토텔레스의 스승인 플라톤은 어떤 명제가 인간에게 지식이 되려면 다음의 세 가지 조건을 모두 만족해야 한다고 말했다.

첫째, 그 명제가 참이어야 한다.
둘째, 사람들이 그 명제를 믿어야 한다.
셋째, 그 명제가 정당화되어야 한다.[6]

여기서 하나의 명제가 정당화되기 위해서는 다른 참인 명제들과의 인과적, 논리적 관계가 규명되어야 한다. 즉, 지식이란 명제들 간의 긴밀한 관계 속에서 탄생하는 것이다. 우리의 뇌는 끊임없이 패턴을 찾는다고 한다. 뇌는 여러 가지 정보들 그리고 명제들 사이에 존재하는 관계와 의미를 발굴하며 이 과정에서 새로운 생각과 지식을 만들어낸다. 그런데 뇌가 패턴을 만들어내는 데 필요한 가장 작은 정보의 단위가 무엇일까? 그렇다. 바로 셋이다. 대표적인 사례로 귀납법이 있다. 귀납법이란 개별적인 정보들을 바탕으로 보편적인 정보를 찾는 방법이다. 귀납법은 수천 년간 인간이 지식을 얻기 위해 가장 많이 활용한 방법이었다. 아이작 뉴턴의 세 가지 운동 법칙을 포함해 거의 대부분의 과학적 법칙이 귀납법으로 얻어졌다. 그저께 해가 동쪽에서 떴고 어제도 해가 동쪽에서 떴고 오늘도 해가 동쪽에서 떴다. 귀납적으로 인간은 매일 해는 동쪽에서 뜬다는 지식을 얻을 수 있다. 국내 증시 코스피 지수는 2019년 12월 상승했고, 2020년 12월에도 상승했고, 2021년 12월에도 상승했다. 귀납적으로 증시 분석가는 매년 12월에는 매우 높은 확률로 증시가 상승한다고 분석할 수 있다. 귀납법을 위해 사용되는 개별적 정보의 수가 많으면 많을수록 지식은 더 정당성을 얻는다. 하지만 거의 대부분 세 가지 개별적 정보들이 사용된다.

이렇게 나는 셋의 원칙이 왜 통하는지 그 원리를 이해했다. 셋의 원칙을 신뢰하게 된 나는 아리스토텔레스처럼 다양한 영역에서 툭하면 셋의 원칙을 써먹기 시작했다. 가장 먼저 나는 회사 발표에 셋의 원칙을 적용했다.

그전까지 나는 발표를 할 때, 가능한 많은 내용을 제한된 시간 안에 전달하고자 했다. 나는 나와 내 부서가 얼마나 일을 잘했는지를 보여주고자 노력했다. 하지만 셋의 원칙을 믿고 난 뒤 나는 핵심 내용 딱 세 가지만을 발표했다. 말할 거리가 많았던 때에는 가장 중요한 세 가지를 엄선하거나 세 가지 줄기로 압축하여 발표를 준비했다. 말할 거리가 많지 않았던 때에도 가능한 세 가지 내용으로 내용을 맞추어 발표를 준비했다. 결과는 성공적이었다. 내 발표는 핵심 요점이 분명했고, 사람들은 내 발표를 잘 이해했고 잘 기억해주었다. 내 발표에 짜임새와 안정감이 생겼다. 임원들은 나와 내 부서가 만든 성과 그 이상으로 우리를 더 인정해주었다. 나는 셋의 원칙을 통해 발표에 자신감을 얻었다. 내가 발표를 잘한다고 사람들에게 인정받자 나는 더욱더 중요한 발표를 담당하게 되는 기회를 얻었다.

이와 같이 나는 계속해서 셋의 원칙을 삶에 적용했다. 나는 글쓰기, 책 쓰기, 가르치기, 일하기, 생각하기, 구상하기, 계획하기, 시간 관리하기, 우선순위 정하기, 투자하기, 희망하기, 일하기, 성장하기, 조직 관리하기, 자녀 양육하기, 인맥 관리하기, 제품 개발하기, 협업하기, 적응하기 등 삶의 주요 영역들에 셋의 원칙을 적용했다. 셋의 원칙은 내 삶에 탁월함과 안정감을 가져다주었고 정말 의미 있는 변화들을 만들어냈다. 이 책은 바로 그 변화의 간증이다.

"음악이 무엇인지 아니? 우주에 우리 말고 다른 것이 존재한다는 것을 알려주는 신의 작은 목소리지. 어디에나, 심지어 별에도 있는 생명체들의 조화로운 연결 고리란다. 음악은 우리 주위 모든 곳에 있어. 우리가 해야 할 것은 그냥 들으면 되는 거야."

이는 영화 〈어거스트 러쉬〉의 명대사이다. 이 대사처럼 나는 셋의 원칙에 대해 이렇게 말하고 싶다.

"셋의 원칙은 신의 완벽함과 조화로움으로 구성된 우주 만물들의 연결 고리이며, 우리 주위 모든 곳에 있다. 우리가 해야 할 것은 셋의 원칙을 찾고 이를 적용하면 되는 것뿐이다."

앞으로 당신은 다양한 분야에서 적용된 셋의 원칙을 보게 될 것이다. 여기서 내가 바라는 바는 세 가지다.

첫째, 내가 경험한 이야기가 당신에게 많은 도움이 되기를 바란다.
둘째, 당신이 직접 셋의 원칙을 적용하고 그 결과 더 완전한 삶, 더 균형 있는 삶을 누리길 바란다.
셋째, 셋의 원칙이 당신의 삶에 좋은 변화를 만들었다면, 셋의 원칙을 아직 모르는 주변인에게 전파해주길 바란다.

목 차

PART

1

원칙

Principle
of
Trium

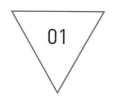

스티브 잡스

위대한 말하기의
원칙

몇 가지 핵심 정보를 전달하는 것이 발표에 가장 효과적일까?

학교생활에서나 사회 조직 생활에서나 우리는 발표를 잘 해야 한다. 발표 하나로 한 학기의 성적이 뒤바뀌고, 발표 하나로 수개월간 땀을 흘려 수행한 프로젝트의 성패가 결정되기도 한다. 열심히 공부하고 열심히 일하는 것 못지않게 발표 실력을 향상시키는 것이 매우 중요하다.

나는 대학교, 대학원, 박사 후 연수 과정, 직장인의 삶, 그리고 작가로

서의 삶을 거치는 동안, 정말로 셀 수 없이 많은 발표를 해왔다. 이 과정에서 나는 많은 시행착오를 경험한 것 같다. 그중에서 나에게 가장 슬펐던 발표 일화 하나를 소개한다.

2017년, 나는 『질문지능』이란 첫 번째 책을 출간했다. 출간 후 몇 주간 베스트셀러가 되자 나는 기업과 기관들로부터 강연 요청을 받았다. 그중의 한 기업에서 강연을 하게 되었고 나는 1시간 동안 300명의 임직원들 앞에서 '질문과 창의적 사고'에 대해 말을 해야 했다. 그 당시 300명이라는 사람들 앞에서 말을 해본 적이 없었기에 나는 엄청 긴장했다. 많은 사람들 앞에서 가능한 많은 지식들을 잘 전달해야되겠다고 생각했다. 『질문지능』 책에 있는 모든 내용을 압축해서 발표에 반영하고자 노력했다. 강연 당일, 나는 내가 준비해온 내용을 모두 말하는 데 1시간 15분을 썼다. 주어진 시간에서 15분이나 초과한 것이다. 강연이 끝나면 질문을 받으며 사람들과 소통을 해야 하는데, 내 강연 다음으로 중요 순서가 예정되어 있었기에 딱 한 개의 질문밖에 받을 수 없었다. 그 질문도 아무도 질문하려고 하지 않자 내 강연의 담당자가 어쩔 수 없이 한 것이었다. 이틀 뒤, 나는 담당자에게 내 강연에 대한 솔직한 피드백을 들었다.

"사람들이 너무 많은 정보를 전달받아 강연에 집중하기 어려웠고 핵심 메시지가 무엇인지 알기 어려웠다고 느낀 것 같습니다."

내가 예상한 대로였다. 그는 이어 이렇게 말해주었다.

"저희가 설문을 했는데요, 강연 내용 중에서 이미 잘 알고 있는 내용들이 많아 강연이 좀 신선하지 않았다는 응답이 있었고, 예상보다 길어진 강사님 발표로 인해서 전체 행사 진행에 차질이 생겼고 행사 관계자들이 힘들었다는 응답이 있었어요."

부족한 내 발표 실력에 슬펐고 그 부족한 실력으로 강연을 하고자 했던 나 자신이 너무나도 부끄러웠다. 이 실패의 경험으로 나는 발표의 성공률과 정보의 양이 비례하지 않는다는 것을 깨달았다. 그 당시 나에게는 열심히 했다는 것을 증명하기 위해서 발표에 가능한 많은 정보를 담고자 하는 경향이 있었다. 회사에서 임원들이나 부서장들 앞에서 내가 추진하는 과제에 대해 발표할 때면 나는 내가 열심히 일한 모든 업무를 보여주는 식으로 발표를 했다. 청중들의 반응은 크게 두 가지였다. 첫 번째 반응은 내가 목표를 달성하기 위해서 열심히 일했고 그 결과 많은 성과를 보여주었다는 칭찬이었다. 이 경우, 나를 칭찬한 청중들은 대부분 나를 이미 잘 알거나 내가 하고 있는 일을 잘 알고 있는 사람들이었다. 두 번째 반응은 내가 목표를 달성하기 위해 선택하고 수행한 방법들이 꼭 맞지 않는 것 같다는 지적과 내가 무엇을 말하고자 하는지 좀 명확하지 않다는 지적이었다. 이 경우, 나를 지적한 청중들은 대부분 나를 모르는 사람이거나 내가 한 일을 처음 보고 받는 사람들이었다. 다시 말해서, 나는 나를 잘 모르는 사람들 앞에서 발표할 때 성공적이지 않은 발표를 해온 것이다. 가장 결정적인 이유는 많은 정보를 전달하고자 했던 내 욕심이었다. 앞서 언급한 강연 실패의 경험으로 나는 내 발표 방식에 변화의 칼을 댔다. 앞으로 내가 하는 모든 발표에 확실한 메시지와 이를 뒷받침하는 핵심 정보만을 담겠노라고 나는 다짐했다. 그런데 여기서 한 가지 궁금한 질문이 떠올랐다.

"몇 가지 핵심 정보를 전달하는 것이 발표에 가장 효과적일까?"

스티브 잡스의 발표에 적용된 셋의 원칙

나는 세계 최고의 발표가로 손꼽혔던 스티브 잡스가 발표에서 몇 가지 핵심 정보를 전달했는지 궁금했다. 스티브 잡스의 발표를 분석하면 가장 이상적인 핵심 정보 개수를 알 수 있을 것이었다.

스티브 잡스의 가장 유명한 발표는 '2007년 아이폰 첫 공개 발표'였다.[7] 이 발표에서 그는 iPod, Phone, Internet이라는 세 가지 혁신적인 제품을 공개할 것이라 말했다. 그런데 그는 이 세 가지는 서로 구별된 제품이 아니라 iPhone이라는 하나의 제품이라고 말해 관중들을 흥분시켰다.

이어 그는 iPhone 속에 담긴 ① iPod, ② Phone, ③ Internet의 속성들에 대해서 자세하게 다뤘다. 먼저 iPod의 속성으로 ① 손가락 멀티 터치로 구현된 혁신적 유저 환경, ② OS-X가 탑재된 데스크탑 수준의 소프트웨어, ③ 최첨단 스마트 센서에 대해 다뤘다. 그다음으로 Phone의 속성으로 ① 연락처 동기화, ② 비주얼 보이스 메일, ③ 복수 전화 응답 및 컨퍼런스콜 전환에 대해서 다뤘다. 마지막으로 Internet의 속성으로 ① 모든 이메일 서비스가 추가 가능한 메일, ② 사파리 모바일 웹 브라우저, ③ 구글 맵에 대해서 다뤘다. 스티브 잡스는 역시 각각의 속성을 다룰 때에도 수많은 속성들 중에서 가장 중요한 세 가지만을 선별해서 이야기했다.

그다음으로 유명한 스티브 잡스의 발표는 2005년 스탠포드 졸업식 연설이었다.[8] 이 연설에서 그는 딱 세 가지 이야기를 전달한다고 서두에 언급을 했다.

첫 번째 이야기는 지금 서로 연관되어 보이지 않는 일들이 훗날 점들이 연결되듯이 다 이어진다는 것이다. 그는 재정적으로 넉넉하지 못했던 양부모의 지원으로 대학을 다니다 재정적 부담을 느껴 대학을 중퇴했다. 이후 그는 여러 수업들을 청강하다 캘리그라피 수업을 듣게 되었다. 이때 배운 지식들은 10년 뒤 매킨토시를 설계할 때 되살아났고, 그는 매킨토시가 다양한 서체를 지원할 수 있도록 만들었다. 이와 같이 삶의 작은 순간들이 연결되어 역사를 이루어가는 것을 믿는다면 더욱더 가슴이 울리는 일을 담대하게 할 수 있게 된다.

두 번째 이야기는 진짜 사랑하는 일을 하라는 것이다. 스티브 잡스는 그가 친구 워즈니악과 스무 살 때 창업한 애플에서 30세 때 쫓겨났다. 처음에는 실패감 때문에 힘들었지만 그는 자신이 그동안 해온 일이 자신이 진정으로 행복해하고 사랑하는 일이라는 것을 깨달았다. 그는 다시 시작한다는 마음으로 컴퓨터 회사 NeXT와 애니메이션 스튜디오 회사 Pixar를 창업했고 재귀에 성공했다. 결국 애플이 NeXT를 인수한 뒤 스티브 잡스는 애플에 귀환하게 되었다. 그는 말한다. "진정으로 만족할 수 있는 유일한 방법은 스스로 위대한 일이라고 믿는 일을 하는 것이고, 위대한 일을 하는 유일한 방법은 스스로 하는 일을 사랑하는 것이다."

세 번째 이야기는 그가 직면한 죽음에 관한 것이다. 그는 묻는다. "오늘이 당신의 마지막 날이라면 당신은 지금 하는 일을 할 것인가?" 그는 2004년 췌장암 진단으로 3개월에서 6개월 정도의 시한부를 선고받았다. 다행히 내시경 조직검사를 해보니 제거 수술로 치료할 수 있다고 해서 스티브 잡스는 건강을 되찾았다(안타깝게도 이후 췌장암이 재발하고 건강이 악화되어 2011년 그는 하늘나라로 떠났다). 이렇게 죽음과 매우 친밀한 시간을 보내게 되었던 스티브 잡스는 말했다. "당신의 시간은 한정되어 있습니다. 그러니 다른 누군가의 삶을 살면서 시간낭비를 하지 마세요! 당신의 심장이 원하는 삶을 살아가세요! 다른 모든 일은 부수적인 것입니다!"

위 두 가지 발표에서 우리는 한 가지 공통점을 찾을 수 있다. 그것은 최대한 많은 정보를 담으려 하기보다는 딱 세 가지 핵심 정보를 전하는 것의 중요성이다. 세 가지 정보는 하나처럼 지나치게 적은 정보도 아니고 다섯 개처럼 지나치게 많은 정보도 아니다. 세 가지 정보는 3이란 숫자가 상징하는 의미대로 발표를 매우 균형되고 완전해 보이도록 만든다. 스티브 잡스는 언제나 세 가지 핵심 포인트를 모두 말한 뒤 결론적으로 세 가지 핵심 포인트가 공통적으로 전하고자 하는 메시지로 발표를 성공적으로 마무리했다. 이를 통해 청중들은 하나의 완벽에 가까운 발표를 듣고는 감동과 환희의 감정에 사로잡혔고 스티브 잡스에 완전히 매료되었다.

발표의 설득력을 끌어올리는 셋의 원칙

나는 회사에서 직급이 높아지면서 점점 더 중요한 과제를 수행하고 이를 발표하게 되었다. 개인적으로 신기하다고 여겼던 것은 내 발표 실력은 과거와 현재가 크게 바뀌지 않은 것 같은데, 발표에서 내 말의 설득력이 시간이 지남에 따라서 더 커져만 가는 것이었다. 내 발표의 설득력이 높아진 이유는 내가 발표한 과제의 성격이 결정적이었다. 과거에 나는 주로 개인 과제나 내가 속한 부서 과제만을 담당했다. 그런데 직급이 올라가자, 나는 두 개 이상의 타부서와 협업해야만 목표를 달성할 수 있는 중요 과제들을 주로 담당했다. 또한 나는 발표 전에 발표에 들어가는 모든 데이터와 해석을 유관 부서들과 세밀하게 검토해야만 했다. 내가 이런 협업 성격의 과제를 발표하자, 청중들은 여러 부서들이 협업해서 만든 결과물을 듣는다고 생각했다. 그리고 그들은 내가 주장하는 바를 잘 믿어주었다. 이 현상은 앞서 언급한 행동을 하는 사람들이 세 명 이상이 되면 사람들의 관심을 끌고 같은 행동에 동참시킬 수 있다는 현상과 밀접한 관련이 있다. 내가 협업하고 있는 두 개 또는 세 개 이상의 부서들이 동일한 이야기를 하니 사람들은 우리가 주장하는 말에 쉽게 설득되었던 것이다.

나는 이 셋의 원칙을 깨달은 뒤로, 내 발표에 적어도 두 개 이상의 부서들과 또는 두 명 이상의 협업자들과 협업하고 있음을 늘 언급했다. 심지어 개인적으로 추진한 업무 결과를 발표할 때에도 내 주장에 대해서 세 가지 이상의 근거나 출처를 표시하거나 세 개 이상의 유관 부서의 검증 내용을 표기하고자 노력했다. 이러한 노력들은 내 발표가 설득력 높은 발표가 되도록 만들어주었다.

셋의 원칙이 적용되는 프레임을 만들어라

마지막으로 나는 발표에 적용해야 할 또 다른 셋의 원칙을 언급하고자 한다. 이 셋의 원칙은 대부분의 사람들이 익히 잘 아는 것이다. 하지만 이것은 매우 쉽게 간과되는 것이기도 한다. 그것은 서론-본론-결론으로 발표를 구성하는 것이다. 서론-본론-결론으로 발표를 구성할 때 비로소 발표가 균형 있고 완결된 하나의 이야기로 끝이 난다.

나는 사람들이 서론-본론-결론으로 발표를 구성하지 않는 이유는 대부분 발표 준비를 충분히 하지 않았기 때문이라고 본다. 발표의 규모가 작건 크건, 발표 준비를 제대로 하지 않았기 때문에 바로 서론, 본론, 결론 중 어느 하나를 빼먹는 것이다. 서론을 빼먹게 되면, 발표자가 이 발표를 왜 하는지에 대해서 사람들은 제대로 이해하지 못한 채 본론을 듣게 된다.

내 경험을 사례로 들자면, 어느 수요일이었다. 보통 수요일에 회의들이 좀 집중되는 경향이 있는데 그날은 더욱더 심했다. 나는 세 개의 회의에서 연이어 발표를 해야 했다. 미리미리 발표를 잘 준비했어야 했는데 세 개의 회의 중 마지막 회의 자료는 제대로 준비하지 못했다(나에게는 세 가지 중 하나의 회의이지만 다른 누군가에게는 단 하나의 중요한 회의일 수 있다는 것을 나는 간과했다).

어쩔 수 없이 나는 마지막 회의에서 월요일, 화요일에 내가 수행한 일의 결과만을 정리해서 발표 자료를 만들었다. 서론을 빠뜨린 것이었다. 그런데 하필 그 회의에 질문 많기로 소문난 부장님이 참석했다. 그 부장님은 내가 진행한 일이 어떤 목적에서 진행된 것이며 내가 추진한 방법이 그 목적을 정말 이룰 수 있는지를 따지며 묻기 시작했다. 나는 이 질문들에 대해 제대로 준비하지 않았기 때문에 만족스럽게 답변을 하지 못했다. 그 결과, 나는 올바른 방향성을 가지고 일을 하고 있지 않다는 피드백을 받았다. 또한 이날 나는 본론만 준비하고 결론을 준비하지 못했는데, 역시나 회의의 결정권자들은 "그래서 발표의 요점은 무엇인가?", "앞으로 무엇을 하겠다는 건가?"라는 날카로운 질문들을 던지기 시작했다. 그들은 앞으로 내가 수행한 일의 결과에 대해 시사점을 도출하고 향후 진행 및 요청 사항을 정확하게 공유하라는 피드백을 주었다. 이날의 쓰라린 경험을 통해, 나는 어떤 발표든 만만하게 생각하고 대충 준비하면 큰코다친다는 것을 배웠다.

　그리고 이후 나는 큰 발표에서나 작은 발표에서나, 반드시 서론-본론-결론의 형식을 갖추어 발표를 해오고 있다. 서론에서는 '왜? 이 발표를 해야만 하는가?'에 대한 답을 다루고 본론에서는 내가 발표를 통해 전달하고자 하는 핵심 세 가지 포인트를 다룬다. 마지막으로 결론에서는 발표에서 전달하는 결과를 통해 얻은 시사점 또는 향후 요청/계획 사항에 대한 메시지를 다룬다. 이렇게 내 발표를 서론–본론–결론으로 구성한 이후, 내 발표에 균형감과 완전함이 더해졌다. 또한 지속적인 노력에 힘입어, 나는 역량 평가에서 커뮤니케이션 능력이 탁월하다는 평가를[9] 받았다.

지금까지의 내용을 요약하자면, 성공적인 발표를 위해서 우리는 '셋의 원칙'을 적용해야 한다.

첫째는 세 가지 핵심 요점을 전달하는 것이다.

둘째는 세 가지 협업자를 소개하는 것이다.

셋째는 서론 – 본론 – 결론의 세 가지 형식으로 발표를 준비하는 것이다.

이렇게 셋의 원칙이 적용된 발표를 할 때, 당신의 발표는 짜임새 있고, 완벽하며, 인정받는 발표가 될 것이며 발표에 대한 당신의 자신감이 크게 향상될 것이다.

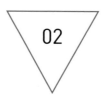

톨스토이

가장 단순한 인간관계의
원칙

세 가지 질문에 대한 현명한 대답

톨스토이의 단편 소설 『세 가지 질문』에는 한 왕이 등장한다.[10] 그는 언제 시작할지를 정확히 알 수 있다면, 가장 필요한 사람이 누군지 알 수 있다면, 가장 중요한 일이 무엇인지 알 수 있다면, 무슨 일이든 성공할 것이라는 믿음을 가지고 있었다. 그리고는 이 세 가지 질문에 대한 답을 자신에게 알려주는 자에게는 큰 상을 내릴 것이라 선포하였다. 수많은 백성들과 신하들이 왕에게 각각의 답을 알려주었지만 왕은 흡족해하지 않았다. 왕은 나라에서 가장 지혜롭다고 알려진 숲 속의 현인을 만나러 갔다. 현인은 암자 앞에서 묵묵히 땅을 파고 있었다. "지혜로운 현인이여, 세 가지 질문에 대한 답을 구하고자 합니다. 올바른 일을 가장 적절한 때에 할 수 있는 방법은 무엇인가요? 제가 가장 주목해야 할 사람은 누구인가요? 제게 가장 중요한 일은 무엇인가요?" 현인은 아무런 말대꾸도 하지 않고 계속 묵묵히 삽으로 땅을 파고 있었다. 그런데 그때 수염이 덥수룩한 남자가 그들에게 달려오고 있었다. 그는 배를 움켜잡고 있었고 그 밑으로는 피가 흥건했다. 그가 기절하자 왕은 즉시 지혈을 시작했고 여러 번 붕대를 갈아주면서 그를 정성껏 간호했다. 지쳐버린 왕은 문 앞에 쪼그리고 앉아 있다 그만 잠이 들고 말았다. 너무나 피곤했는지 밤 동안 한 번도 깨지도 않을 정도였다. 그다음 날 아침, 눈을 떠보니 왕 앞에 그 수염이 덥수룩한 남자가 앉아 있었다. "저를 용서하소서!" 그 남자는 왕 앞에 간곡하게 말을 했다. 알고 보니 그의 형은 왕에 의해 사형을 당했고 자신의 재산 또한 몰수당했다. 그래서 그는 왕을 자신의 원수로 여기고 있었고 전날 왕이 현자를 만나러 숲에 간다는 정보를 듣고 왕을 암살할 계획을 세우고 있었다. 하지만 왕의 호위대에 발각되어 호위대의 창에 찔린 채 도망쳤고 왕 앞에서 기절했던 것이다. "허락하신다면 평생 왕의 충실한 종으로 살겠습니다." 이렇게 왕은 충실한 종을 얻었다. 그리고 왕은 다시 현자에게 다가갔다. "내 세 가지 질문에 대한 답을 주시오." 왕은 물었다. "당신은 이미 답을 알고 있소." 현자는 말했다. "무슨 말이오?" 왕은 의아해했다. "남자가 우리에게 왔을 때 가장 중요한 순간은 당신이 남자를 돌봐준 때였소. 당신이 상처에 붕대를 감아 지혈해주지 않았다면 그 남자는 당신과 화해도 하지 못한 채 벌써 죽었을 것이오. 그러므로 그때 가장 중요한 사람은 그 남자였소. 그리고 가장 중요한 일은 당신이 그 남자에게 해준 일이었소."

톨스토이는 우리에게 세 가지 중요한 질문을 던진다. 우리에게 가장 중요한 순간은 언제인가? 우리에게 가장 소중한 사람은 누구인가? 우리에게 가장 중요한 일은 무엇인가? 이 질문에 대한 톨스토이의 답은 매우 간단하다. 가장 중요한 순간은 '바로 지금'이다. 바로 지금만이 우리가 영향력을 행사할 수 있는 유일한 시간이기에 말이다. 가장 소중한 사람은 '바로 지금 당신과 함께 있는 사람'이다. 그 누구도 앞으로 다른 누군가와 어떤 관계를 맺을지 알 수 없기 때문이다. 가장 중요한 일은 '바로 지금 당신과 함께 있는 사람을 위한 선한 일'이다. 톨스토이의 말을 빌리자면 그것은 인간이 이 세상에 온 단 하나의 목적이기에 말이다.

인간관계의 세 가지 원칙

우리는 수많은 사람들과 관계를 맺으며 세상을 살아간다. 혼자서만은 세상을 살아갈 수 없으며 어느 정도 사람들과 관계를 맺어야만 한다. 그런데 법화경의 '회자정리 거자필반(會者定離 去者必返)'이란 말이 있듯이, 만난 사람은 반드시 헤어지게 되고 헤어진 사람은 때가 되면 다시 만나는 법이다.[1] 나의 경우, 대학교 때 매일같이 동고동락하며 함께 놀았던 친구들이 있었다. 졸업 후에도 정말 자주 만날 것으로 기대했지만, 각자 사회생활 하느라 바빠 연락이 뜸해졌다. 결혼 또는 장례와 같은 경조사가 아니면 만나기가 어려웠다. 한편 대학원 때 친하지 않았고 대학원 졸업 후에도 서로 연락을 전혀 하지 않았던 한 후배가 있었다. 나중에 서로 같은 직장에 다니는 것을 알게 되면서 우리는 매주 만날 정도로 친한 사이가 되었다. 나이가 들면서 나는 이런 비슷한 경험을 많이 했다. 그리고 인간관계 즉, 인연이란 개인의 의지로 통제할 수 있는 것이 아님을 깨닫게 되었다. 나는 인연은 만들어나가는 것보다 주어지는 것에 더 가깝다고 믿는다. 이런 점에서 나는 톨스토이의 세 가지 질문이 정말로 현명한 지혜라고 생각했고 이를 인간관계의 세 가지 원칙으로 삼았다.

첫째, 현재의 관계에 집중한다. 나는 과거의 관계를 과거와 비슷한 수준으로 유지하기 위해서 많은 에너지를 쓰려고 했다. 그렇게 하지 않으면 소중한 자산을 잃어버린다고 생각했다. 틈틈이 연락해서 안부를 전하고 경조사가 있으면 대부분 참석하는 등 정말로 많은 노력을 했다. 20대 시절에는 이것이 가능했다. 하지만 내가 30대가 되고 나와 내 지인들이 한창 바쁘게 사회생활을 하고 가정을 이루며 사는 때가 되자, 과거의 관계를 동일하게 유지한다는 것을 불가능한 것이 되었다. 비유하자면 내가 아는 사람 열 사람이 있었는데 여덟 사람은 먼 거리에 살아 만나기가 어려웠고 연락도 서로 하지 않게 되었다. 나머지 두 사람 중 한 사람은 가까운 거리에 살고 있어 충분히 만날 수도 있었지만 서로 바쁘다는 핑계로 만나지 않았다. 나머지 한 사람만이 틈틈이 안부를 전하고 1년에 네 번 정도 만나는 관계가 되었다. 이와 같이 나는 과거의 관계를 동일하게 유지하는 데 실패했다. 그것이 불가능하기 때문이다. 그런데 신기한 것은 내가 친했던 사람들을 내 삶에서 떠나보낸 만큼 그 빈자리는 현재 내게 소중한 사람들로 채워진 것이다. 사랑하는 가족(아내와 두 자녀), 서로 잘되기를 응원해주는 직장 동료들, 매주 함께 테니스 치고 국밥 먹는 동네 사람들, 어린이집/유치원 부모들, 내 책의 독자님들과 출판사 선생님들. 그때그때마다 내게 꼭 필요하고 소중한 사람들이 내게 찾아왔다. 우리는 과거의 관계에 집착하지 않아도 된다. 우리에게 필요한 것은 현재 우리에게 주어진 관계에 최선을 다하는 것이다.

둘째, 사람들의 수에 집착하지 않는다. 과거 나는 내 주변에 사람들이 많을수록 내가 가치 있는 사람이라고 생각했다. 그리고 나의 자존감 지수는 내가 얻은 사람들의 수에 비례했다. 수많은 사람들과 함께 정말 지루할 틈새 없이 살아갈 때면 나의 자존감은 하늘을 찔렀다. 반대로 내 주변에 아무도 없을 때면 나는 외롭고 쓸쓸했고 혹시 내가 잘못 살아가고 있는 것은 아닐까 생각했다. 나는 더 많은 사람들을 얻기 위해서 그들에게 좋은 인상을 보여주기 위해서 많은 노력을 기울였다. 나는 많은 사람들을 얻는 것이 인생의 성공이라고 생각을 했다. 그런데 내가 사회생활을 하면 할수록 사람들의 수는 진정한 인간관계와 삶의 행복에 있어 전혀 중요하지 않은 것임을 알게 되었다. 가장 쉬운 예로, 내 핸드폰 카톡에 저장된 사람들의 수는 1,021명이고 인스타그램의 팔로워는 899명이며, 카카오 브런치 구독자수는 3,598명이다. 다 합치면 5,518명이다. 그런데 이 중에서 99%는 단순 아는 사람 또는 모르는 사람 등 피상적 관계일 뿐이고 1%도 안 되는 30~40명만이 현재 나에게 매우 소중한 관계이다. 가능한 많은 사람들을 얻으려는 노력의 함정은 99%의 피상적 관계를 유지하기 위해 1%의 소중한 관계에 소홀할 수 있다는 것이다. 인연이란 내가 만들어내는 것이 아니라 내게 주어지는 것이다. 이를 믿을 때 우리는 사람들의 수에 집착하지 않을 수 있다. 나는 신이 우리가 감당할 수 있는 정도의 사람들만을 그때그때 우리에게 주신다고 믿는다. 때때로 신은 내게 아무도 허락하지 않는 것처럼 나를 외롭게 했을 때도 있었다. 돌이켜보면, 그때에 신은 내가 고독이란 녀석을 즐기고 스스로의 힘으로 인생의 문제를 해결해내는 훈련을 하길 원했던 것 같다. 그 외에 신은 언제나 내가 감당할 수 있는 소수의 사람들을 내게 주셨다. 그리고 나는 그때그때 내게 주어진 그 소수의 사람들에게 최선을 다해 집중했다. 그 결과 내 곁에는 늘 인격적으로 관계를 맺는 소중한 사람들이 존재했고 이들로 인해 인생의 행복이라는 것을 발견하며 살아갈 수 있었다.

셋째, 그들이 내게 해줄 것을 기대하기보다 내가 그들을 위해 할 수 있는 선한 일을 도모한다. 나는 그것이 사랑이라고 생각한다. 함께하는 소중한 사람들에 대해서 사랑의 마음이 없다면, 그는 자신이 가진 것을 절대로 남에게 주지 않을 것이고 남에게서 빼앗기지 않으려 할 것이다. 나는 사랑이란 말을 고대 사람들은 어떻게 생각했는지 조사한 적이 있다. 여러 해석들 중에서 나에게 가장 와닿았던 것은 고대 히브리 사람들의 해석이다. 히브리어로 사랑이란 '아하바'라는 말이다. 그리고 이 말의 뿌리어는 '하브'이며 '주다'라는 뜻을 가지고 있다.[12] 따라서 고대 히브리 사람들은 사랑의 핵심을 '자신이 가지고 있는 것을 남에게 내어주는 것'이라고 해석했다. 이 해석의 가장 큰 장점은 사랑을 정량적으로 측정해볼 수 있다는 것이다. 내가 어떤 대상을 얼마나 사랑하는지는 그 대상에게 내가 무엇을 주고 있는지를 보면 알 수 있다. 만약 내가 누구를 사랑한다고 생각하지만, 시간을 함께 보내지 않고 돈을 쓰지 않고 기회를 만들어주지 않으려 한다면 사랑은 식었거나 없어졌거나 하는 것이다. 사랑하는 사람은 사랑하는 이에게 소중한 것을 주는 것을 아까워하지 않는다. 오히려 그 소중한 것을 받는 사랑하는 이가 감사해하고 행복해하는 것을 보며 더 큰 감사와 행복을 느낀다.

우리는 사랑한 만큼 사랑받는다

행복은 당신이 사랑하는 이의 행복과 긴밀하게 연결되어 있다. 당신이 사랑하는 이가 행복하지 않으면 당신은 행복할 수 없다. 물론 그 반대로도 마찬가지이다. 당신이 사랑하는 소중한 이는 누구인가? 그 사람이 필요로 하는 것은 무엇인가? 그리고 당신은 무엇을 내어줄 수 있는가? 이것이 사랑의 기본이라고 나는 생각한다. 주는 만큼 돌려받는다는 말이 있다. 경험적으로 이 말은 진짜 사실이라고 나는 생각한다. 그런데 나는 이 말이 너무 계산적인 듯한 어감으로 들려 말을 좀 순화하여 이렇게 부른다.

"사랑한 만큼 사랑받는다." 우리는 사랑한 만큼 사랑받는다. 운이 좋으면 사랑한 만큼보다 더 많은 사랑을 받는 경우도 있다. 나는 직장에서 가능한 내어주려고 노력하며 내가 알고 있는 좋은 것들을 가능한 함께 나누려고 노력한다. 물론 사람과 사람 사이에 한정된 고과를 두고 경쟁을 해야 하는 직장 환경 속에서 나에게 각별한 사이가 아닌 자들에게도 내 것을 내어주는 것은 본능적으로 꺼려지기도 한다. 그럼에도 나는 세 가지 이성적 사고를 통해서 내 것을 내어주려고 했다.

첫째, 사랑한 만큼 사랑받는다는 것은 경험적으로 진리에 매우 가까운 명제이다. 나는 밑져야 본전이라는 이성적 판단으로 나의 본능을 누르며 사람들에게 내 것을 내어주고자 했다. 그런데 신기하게도 일단 내어주기 시작하면 계산적인 사고는 녹아 사라지고 사람들에게 더 좋은 것을 주려는 선한 마음이 생겼다.

둘째, 리더로 영향력을 발휘하기 위해서는 많은 사람들에게 내 것을 내어주는 것이 효과적이다. 때때로 "나만 알고 있으면 되지 않을까?", "나만 잘되면 되지 않을까?", "나만 더 돋보이면 되지 않을까?", "나만 더 성장해도 되지 않을까?", "내가 가진 능력을 나누는 것이 내 실력의 가치를 떨어뜨리는 것은 아닐까?" 하는 생각이 들었다. 하지만 지금까지의 내 경험상 그 반대가 훨씬 더 효과적임을 나는 잘 알고 있다. 나는 내가 잘하는 것을 사람들에게 알려주고 사람들을 성장시킬 때, 나에게 돌아오는 공을 사람들과 함께 나눌 때, 사람들에게 더 많은 영향력을 끼칠 수 있음을 경험했다. 또한 내 능력을 내어줄 때, 다양한 배경을 가진 사람들의 신선한 아이디어 공유를 통해서 내 능력이 더 크게 발전할 수 있음을 경험했다. 그리고 내 실력을 내어줄 때, 나의 일을 마치 자신의 일처럼 여기며 협업해주는 소중한 사람들을 만날 수 있었다. 실력은 물과 같아서 흐르지 않고 고이면 썩는다. 실력은 나누어야만 더욱더 발전할 수 있다.

셋째, 회사는 내 것이 아니다. 회사는 처음부터 내 것이 아니었고 언젠가 내가 회사를 그만둘 때에도 내 것이 아니다. 공수레 공수거! 내가 이 조직에 빈손으로 왔고 빈손으로 돌아갈 테니 나는 미련 없이, 집착 없이, 내게 주어진 소중한 사람들에게 가능한 많은 것을 내어주려고 할 것이다.

이제 톨스토이의 세 가지 질문을 하나의 질문으로 요약해서 이번 장을 짧게 마무리하고자 한다.

"바로 지금 당신과 함께 있는 사람을 위해서 당신은 무엇을 할 수 있는가?"

셋이라는 숫자는 항상 행운을 가져옵니다.

– 토비아스 스몰렛 –

글쓰기

효과적인 글쓰기의
원칙

어떻게 하면 누구나 글을 쉽게 쓸 수 있을까?

 어떻게 바쁜 직장 생활 중에 단순 글쓰기 취미를 넘어 여러 권의 책을
쓸 수 있냐고 여러 사람들이 물었다. 그럴 때마다 나는 내게 영향을 끼친
한 영화 이야기를 들려주곤 했다. 그 영화의 제목은 〈파인딩 포레스터〉
이다. 나는 이 영화를 중학생 때 보았다. 이 영화는 뉴욕 할렘가 출신 흑
인이지만 문학적 재능을 가진 고등학생 자말과 데뷔 작품으로 문학계에
등단한 뒤 퓰리처상까지 수상했지만 세상과 담을 쌓고 빈민가에 사는 은

둔 작가 포레스터와의 우정을 다루었다. 포레스터의 집에 대해 괴기한 소문이 돌자 자말은 친구들과 몰래 포레스터의 집에 침입한다. 하지만 주인에게 들키게 되고 겁을 먹은 자말은 배낭을 둔 채 도망치게 된다. 그런데 포레스터가 가방 속 자말의 노트에 담긴 글들을 읽게 되면서 그의 문학적 재능을 알아보게 되었다. 그는 자말의 글쓰기를 도우며 문학적 우정을 이어나간다. 영화에서 포레스터가 자말에게 타자기를 통해 글 쓰는 법을 가르치는 장면이 나오는데 다음과 같다.

포레스터 : "시작해."

자말 : "뭘 시작하죠?"

포레스터 : "쓰라고!"

자말 : "뭐 하시는 거죠?"

포레스터 : "글을 쓰는 거야. 키를 두드리기만 하면 되는 거야."

(적막이 흐른다)

포레스터 : "무슨 문제 있니?"

자말 : "생각 좀 하고요."

포레스터 : "아니, 생각은 하지 마. 생각은 나중에 해. 우선 가슴으로 초안을 쓰고 머리로 다시 쓰는 거지. 작문의 첫 번째 열쇠는 그냥 쓰는 거야. 생각하지 말고. 네 마음에 처음 떠오른 걸 그대로 써. 우선 타자기 펀치를 눌러라, 마음 가는 대로."

영화 속 포레스터는 즉석에서 수 분만에 마음에 있는 생각들을 생각하지 않고 즉시 한 페이지로 옮겨 쓰는 과정을 보여주었다. 이 장면에서 나는 전율을 느꼈다. 영화가 끝나기가 무섭게 나는 노트와 펜을 꺼내 마치 포레스터처럼 내 안에 표현하고 싶은 것들을 자유롭게 적어냈다. 나는 인생 처음으로 노트 한 페이지 이상의 글을 쉬지 않고 써냈고 글을 쓸 때에 내가 자유로워질 수 있음을 느꼈다. 마치 모든 답이 이미 내 안에 있는 것처럼 느껴졌다. 이 영화를 본 이후 나는 줄곧 나를 영화 속 포레스터와 동일시하며 살아왔던 것 같다. 나 또한 포레스터처럼 즉흥적으로 그리고 직관적으로 글을 쓸 수 있다고 생각했다.

사람들이 나에게 글쓰기를 어떻게 하냐고 물으면, 나는 이렇게 자주 말했다(지금 생각하면 좀 부끄럽다).

"손이 움직이는 대로 글을 쓰면 됩니다. 생각하지 말고 마음이 말하는 대로 손이 움직이면 됩니다. 저는 그렇게 글을 쓰고 있습니다."

어떤가? 좀 그렇지 않은가? 나는 이렇게 말함으로써 나도 모르게 사람들에게 "나는 특별합니다!"라는 메시지를 던지고 싶었던 것 같다. 나는 브런치 계정을 통해서 '직관적으로 글쓰기'라는 주제로 칼럼을 연재하기도 했다. 나는 사람들이 내 칼럼을 통해서 누구나 쉽게 글을 쓰게 될 것으로 예상을 했다. 하지만 내가 의도한 대로 직관적으로 손이 움직이는 대로 마음이 움직이는 대로 글을 썼다는 사람들의 사례를 보지 못했다. 실패한 것이다.

이때부터 나는 본격적으로 "어떻게 글을 잘 쓰는가?"에 대해서 고민하기 시작했다. 그리고 내가 진짜 어떻게 글을 쓰고 있는지에 대해서 정확하게 파악하기 시작했다.

나는 작가이지만 동시에 회사원이다. 가정을 제외하면 나는 가장 많은 시간을 회사에서 회사 동료들과 보낸다. 회사 밖에서 책 집필을 하는 분량보다 회사 내에서 보고서를 쓰는 분량이 압도적으로 많다. 나는 내가 가장 많이 쓰는 글의 종류인 회사 보고서를 어떻게 쓰는지 관찰해보았다. "과연 나는 내가 그동안 사람들에게 말을 한 대로 직관적으로 보고서를 쓰는가?"

아니었다! 나는 정말 많이 고민하고 논리적으로 사유하여 가능한 정확하고 정제된 표현을 담은 보고서를 작성하느라 노력했다. 이는 사실 직관적인 글쓰기와는 거리가 있었다. 나는 내 모습 속에서 자기 위선을 발견했다. 그런데 이 시기에 나는 한 출판사로부터 출간 제의를 받았다. 출판사는 이공계 출신 작가들이 많아지고 있는 사회적 흐름 속에서 이공계를 위한 글쓰기 책을 써달라고 요청했다. 쉽게 얻을 수 없는 기회였기에 나는 일단 해보겠다고 했다. 아직 효과적인 글쓰기 방법을 잘 모르지만,

열심히 그 방법을 찾고자 노력한다면 안 될 것도 없을 것이란 생각을 했다.

그렇게 세 달 동안 『이공계를 위한 글쓰기 법칙』이란 제목으로 글을 썼다. 이공계들은 법칙 또는 공식 같은 것에 익숙하다. 따라서 나는 글쓰기 목적에 따라 서로 다른 글쓰기 공식들을 만들고 이를 적용하면 누구나 글을 잘 쓰게 된다는 메시지를 쓰려고 했다. 세 달이 지나니 충분히 많은 분량의 원고 샘플이 만들어졌고 나는 그것을 출판사에 전달했고 본격적으로 출간 계약 준비를 하고자 했다. 그런데 내 안의 자아가 이렇게 외쳤다. "너는 진짜 이렇게 글을 쓰니?" 나는 나 자신이 단순히 돈을 벌기 위해서 삶과 무관한 글을 찍어내는 작가가 된 것처럼 느껴졌다. 나는 나 자신이 부끄러웠다. 나는 3개월 만에 출판사 담당자에게 전화했다. "선생님, 죄송합니다. 이번 출간 제안은 정말 감사하지만 제 실력이 모자라 책을 준비할 수 없을 것 같습니다!" 이후 나는 '어떻게 하면 누구나 글을 쉽게 쓸 수 있을까?'라는 질문을 늘 가슴에 품고 다녔다.

딱 세 가지만을 쓰라

"구하면 주실 것이요!"라는 말이 있다. 지금껏 내가 던진 질문들은 아무리 어려워 보여도 때가 되면 해결의 실마리가 풀렸다. 한 번도 예외 없이 늘 그랬다. "어떻게 누구나 쉽게 글을 쓸 수 있는가?"라는 질문도 언젠가 그 답이 내게 찾아올 것이라 나는 믿었다.

내가 셋의 원칙을 내 삶의 모든 곳에 적용하기 시작하자, 그 질문의 답이 보이기 시작했다. 그것은 "딱 세 가지만을 쓰라"는 것이다. "뭐라고? 글이 얼마나 복잡한데, 뭐 딱 세 가지만을 쓰라고?" 처음 나는 글쓰기에 셋의 원칙이 적용이 가능하다는 것을 반신반의했다. 혹시나 하는 마음으로 나는 네 가지, 다섯 가지도 아닌 딱 세 가지를 정해서 긴 글이든, 짧은 글이든, 보고서이든, 에세이든 다양한 글을 써보기 시작했다. 그런데 정말로 신기하게도 딱 세 가지만을 쓰기 시작하자, 그동안 복잡해 보였던 글쓰기가 매우 쉬워졌고 동시에 균형 있고 짜임새 있는 글들이 써지는 것이었다.

예를 들어 회사에서 나는 하루 평균 두세 가지 정도의 보고를 작성한다. 나는 보고서를 쓸 때마다 뭘 써야 하는지 고민했고 그 과정은 내게 적지 않은 스트레스를 주었다. 그런데 딱 세 가지만 써보자고 생각하니 보고서 쓰기가 갑자기 단순해졌다.

문제의 정의 → 문제의 요인/원인 → 원인에 대한 해결책

과제 KPI(주요 성과 지표, key performance index) 현황 → 주요 추진 사항 → 향후 계획

금주 중점 업무 세 가지 내용

불량 문제 → 불량 원인 → 해결 방법

    회사 보고서에 셋의 원칙이 적용되니, 회사 보고서 작성이 역대급으로 쉽게 느껴졌다. 그리고 군더더기 없이 깔끔한 보고서가 만들어졌다. "그렇다면 '세 가지 글쓰기'가 나뿐만 아니라 다른 사람에게도 적용 가능할까?" 나는 내가 함께 일하는 동료 팀원들에게 셋의 원칙 글쓰기를 전파했다. 나는 더도 말고 '딱 세 가지'만을 써보라고 말했다. 그동안 우리 부서에서 보고서 쓰기는 부담스러운 일이었다. 대부분의 보고서 쓰기는 나를 포함해 리더들이 도맡았다. 그런데 '세 가지 글쓰기'가 퍼지자, 부서원들 모두 쉽게 보고서 초안을 써서 제출할 수 있었다. 이를 통해 리더인 나는 초안을 검토한 후에 내용을 살짝 수정해서 최종안을 제출만 하면되었고 더욱더 풍성한 업무 내용을 담아 보고했다.

    한편, 당신이 지금 읽고 있는 이번 장 또한 '세 가지 글쓰기'로 쓴 것이다. 나는 이 장을 쓸 때, "나의 글쓰기 방법이 실패한 이야기 → 세 가지 글쓰기의 탄생과 사례 → 세 가지 글쓰기에 대한 FAQ"이라는 딱 세 가지 내용만 쓰려고 노력했다. 마지막으로 내가 셋의 원칙 글쓰기를 전파하는 과정에서 사람들이 자주 묻는 질문들이 있었다. 나는 그중 가장 중요한 세 가지를 공유하며 이번 장을 마무리한다.

세 가지 글쓰기에 대한 세 가지 FAQ

(1) 세 가지 내용을 선정할 때 특별한 기준이 있나요?

없다! 어떻게 세 가지 내용을 선정해야 훌륭한 글을 쓸 수 있을까 하고 깊이 있게 고민하지 말고, 그 순간 당신이 전하고 싶은 세 가지 내용을 그대로 쓰기 시작하면 된다. 그런데 신기한 일은 당신이 전하고 싶은 그 세 가지 내용들이 자연스럽게 연결되는 것이다. 이에 대해서 나는 3이 '완벽과 균형'을 상징하듯, 세 가지 내용을 쓰는 과정에서 우리가 무의식적으로 완벽과 균형을 지향하기 때문이라고 생각한다.

(2) 세 가지 내용 외에 다른 내용을 추가할 때 어떻게 해야 하죠?

일단 세 가지 내용을 썼는데 탈고하는 과정에서 새로운 내용을 추가할 수 있다. 이때 중요한 것은 셋의 원칙을 계속 유지하면서 내용을 추가해야 한다는 것이다. 예를 들어 당신이 만약 부동산 투자 전문가이고 "부동산 투자를 해야만 하는 이유 → 부동산 시장 동향 및 예측 → 부동산 투자 방법"에 대해서 글을 썼다고 하자. '부동산 투자 방법' 부분에서 당신은 "대한민국의 경제적 수준이 올라간 만큼 큰 집을 선호하는 경향이 커지고 있다며 큰 평수를 구매하라"고 글을 썼는데, 또 다른 투자 방법인 재건축 투자 방법을 추가하고자 한다. 그렇다면 부동산 투자 방법이 두 가지가 되어 셋의 원칙이 적용되지 않는다. 이와 같은 경우라면, "큰 평수를 구매하라.", "장기적으로 재건축에 투자하라." 외에 "비조정지역에 투자하라."라는 또 하나의 투자 방법까지 추가하여 셋의 원칙을 적용시키는 것이 더욱더 완성되고 짜임새 있는 글이 된다. 한편 최대한 많은 내용을 추가하고자 하는 욕심을 부릴 때가 있다. 아무리 당신의 머릿속에 좋은 아이디어가 많아도 이 중에서 가장 좋은 아이디어를 선택해서 총 세 가지로 제한하라. 내용이 네 가지 이상이 되면 당신이 전달하고자 하는 핵심 메시지, 핵심 논점에서 벗어날 가능성이 크다. 그리고 당신의 글을 읽는 사람들 또한 많은 정보로 인해 집중력을 잃어버리게 되거나 당신의 글을 기억하지 못하게 될 가능성이 높아진다.

(3) 말하기에도 세 가지를 전달하라 했는데, 말하기와 글쓰기는 같은 건가요?

그렇다. 나는 말하기와 글쓰기는 형태는 다르지만 당신의 생각을 전달한다는 점에서 본질적으로 동일하다고 생각하며 가능한 한 말할 때 느끼는 감각으로 생생한 글을 쓰려고 노력한다. 우리는 모두 가족, 친구, 동료들에게 우리의 삶 속에 일어났던 다양한 종류의 이야기를 말할 수 있는 능력을 가지고 있다. 이제 당신이 말로 전달할 수 있는 그 이야기를 글이란 형태로 전달하기만 하면 글쓰기가 완성되는 것이다. 말하기에서 셋의 원칙을 적용할 수 있었듯이, 글쓰기에도 셋의 원칙을 적용하면 된다.

우선순위

딱 세 가지에
집중하라

우선순위를 정하는 방법

이 세상에서 우리에게 주어진 것들은 거의 모두 영원하지 않은 것들이다. 시간, 재화, 지식, 체력 등 우리는 유한한 것들을 가지고 세상을 살아가야 한다. 이는 필연적으로 우선순위의 문제를 야기한다. 하고 싶은 것들은 많은데, 해야 할 것들은 많은데, 시간이 부족하거나 재화 또는 체력이 부족하기 때문에 우리는 우리에게 중요한 것들을 선택해야 한다. 만약 우리가 중요하지 않은 문제를 우선적으로 한다면 중요하지 않은 문제가 우리의 시간, 재화, 체력을 고갈시킬 것이다. 그리고 우리의 삶은 곧 가치 없는 사소한 일들로 가득 차게 될 것이다.

지금껏 우선순위를 정하는 방법에 대해 수많은 가르침들이 있었다. 두 가지 대표적인 사례가 있다. 먼저 『원씽』의 저자 게리 켈러는 성취할 경우 다른 모든 일을 쉽게 하거나 불필요하게 만드는 '단 한 가지의 중요한 일(The One thing)'에 온전히 집중하라고 했다. 또한 세계적인 동기부여 강사인 브라이언 트레이시는 열 가지 중요한 일 리스트를 만들어 늘 품에 지니고 다니라고 말했다. 나는 이들의 말을 따라 가장 중요한 한 가지 일에만 집중했던 적도 있었고 매주 열 가지 목표 리스트를 종이에 적어서 주머니에 가지고 다녔던 적도 있었다.

그런데 내 삶은 딱 한 가지 일에만 집중할 수 있을 만큼 단순하지 않았다. 특히 바쁜 직장 생활은 내가 딱 한 가지 일에만 집중할 수 있는 기회를 제공하지 않았다. 또한 나는 열 가지 목표 리스트를 가지고도 생활해 보았는데, 리스트를 수시로 확인하지 않으면 목표들을 기억하기가 어려웠다. 그리고 많은 목표를 달성해야 한다는 압박감은 내게 큰 부담과 스트레스가 되었다.

이 경험은 나에게 다음의 고민으로 이어졌다. "우선순위를 정할 때 몇 가지에 집중해야 하는가?" 무슨 대답이 나올지 바로 예상되지 않은가? 그렇다! 바로 셋의 원칙대로 세 가지다.

우선순위를 세울 때 세 가지 기준

그런데 처음 내가 세 가지 우선순위를 정하기 시작할 때, 한 가지 어려운 점이 있었다. 그것은 우선순위를 정하는 시점에서 내가 진짜 하고 싶은 일들이 당장에 해야 하는 일의 베일 속에 가려지는 것이었다. 예를 들어, 나는 회사에서 내가 추진하는 과제, 작가로서 쓰고 있는 글, 두 아이의 육아를 위해서 해야 하는 일 등 이미 내가 하고 있는 일 중에서 세 가지 우선순위를 잡았다. 이러한 일들은 당장에 내가 해야만 하는 일이었고 곧 완결 종료되기 일쑤였다. 나는 수시로 세 가지 우선순위 리스트를 재구성해야 했다. 무엇보다 내가 세 가지 우선순위를 가지고 열심히 살아도 내 삶이 크게 바뀌지 않는 것 같았다. 이러한 문제를 해결하기 위해서 나는 우선순위를 세울 때 세 가지 기준을 마련했다.

첫째 기준은 이틀 이상 충분히 고민되었는지의 여부다. 최소 이틀의 시간을 가지고 고민해야, 현재의 바쁜 삶을 뛰어넘어 자신의 인생에서 정말 중요한 일들을 발굴해낼 수 있다. 사실 이것은 직장에서 내가 자주 경험했던 현상이었다. 만약 한두 시간 안에 개인적으로 가장 중요한 일 세 가지를 발굴하라고 하면, 거의 모든 사람들은 이미 진행하고 있고 해야만 하는 일들 중에서 세 가지를 선택한다. 반면 그들에게 이틀이란 충분한 시간을 주면, 그들은 장기적으로 중요하지만 현재의 업무가 바빠서 소홀하고 있었던 일이나 본인이 정말로 해보고 싶었던 것을 생각해낸다.

둘째 기준은 장기적으로 중요한 일을 선정하는 것이다.『성공하는 사람들의 7가지 습관』의 저자 스티브 코비 박사는 대부분의 사람들이 긴급한 일을 중요한 일로 여기고 있으며, 긴급한 일을 하는 데 거의 모든 시간을 사용하고 있다고 말했다. 그에 따르면 성공하는 사람들, 생산성이 높은 사람들은 장기적으로 중요한 일과 목적에 초점을 맞추는 사람들이다. 따라서 세 가지 우선순위를 정할 때 장기적으로 중요한 일을 선정해야 한다. 그동안 나는 사회생활을 하면서 많은 평가를 받았다. 경험적으로 내가 확신하는 바는 다음과 같다. "모든 일은 중요하지 않다." 그동안 당장 중요하다는 일들 정말로 많이 했다. 잘 거절하지 못하는 성격 때문이기도 했고 회사 분위기상 나는 나에게 맡겨진 일들을 빠짐없이 처리해야만 했다.

그런데 결과적으로 연말 인사 고과 때가 되면 늘 깨닫게 되는 것은 이것이다. 당장 중요하다는 수많은 일들이 아닌 장기적으로 중요한 몇 가지 일들이 상위 고과를 결정한다는 것이다. 누가 시키든 얼마나 급하든 결국 잡일은 잡일이다. 다만 사회생활을 하다 보면 그런 일들을 안 할 수 없기 때문에, 나는 잡일이라고 생각되는 일들을 최대한 빨리 처리하는 편이다. 그래야 남은 시간에 장기적으로 중요한 일들, 결국 내 고과에 반영되는 일들에 집중할 수 있기 때문이다.

셋째 기준은 내가 도전하고 싶은 것을 선정하는 것이다. 철학자 라캉은 인간은 타인의 욕망을 나의 욕망으로 착각하며 산다고 말했다. 직장인이니까, 한 가정의 아비이니까 등의 이유로 나는 내가 원하는 것을 많이 포기했던 것 같다. 포기하는 만큼 내가 가진 욕망의 총합이 줄어들지는 않았다.

대신 타인의 욕망을 나의 욕망으로 여긴 것 같다. 나는 회사가 원하는 것을 내가 원하는 것으로, 가족이 원하는 것을 내가 원하는 것으로 여기며 오랫동안 살았다. 하지만 어느 순간 내 마음속에서 이런 음성이 들리기 시작했다. "이렇게 사는 것이 정말 행복한가?" 나는 내가 하고 싶은 것을 모두 다 할 수는 없어도 한두 가지 정도는 과감하게 도전해보고 싶다는 생각을 했다. 때때로 나는 나 자신이 보이지 않는 알 껍질 속에서 살아가고 있다는 생각을 한다. 이 보이지 않는 알은 매우 특이한데, 하나의 껍질만 있는 것이 아니라 껍질 속에 껍질이 있고 그 껍질 속에 또 다른 껍질이 있다. 최초의 껍질은 어머니의 자궁이었고, 나는 양수막을 깨고 세상의 빛을 보았다. 그리고 계속해서 그 위의 수많은 껍질들을 깨고 성장해 여기까지 왔다.

내게 도전이라는 것은 껍질을 깨는 것과 같다. 껍질을 깨야 새롭게 성장하듯, 도전을 해야 비로소 내가 진정 원하는 삶을 누릴 수 있을 것이라 생각한다. 이러한 배경 속에서 나는 세 가지 우선순위 리스트에는 가능한 내가 원하고 도전하고 싶은 것을 선정한다.

나는 세 가지 우선순위를 정할 때 세 달 곧, 한 분기 동안 지속 가능한 일을 선정한다. 그 이유는 세 달이란 시간이 우리 몸의 모든 세포가 새롭게 교체되는 데 걸리는 시간이기 때문이다. 세 달의 시간 동안 나 자신이 새롭게 변화되는 만큼, 나는 세 달이 지나면 우선순위 리스트를 새롭게 교체한다.[13] 예를 들어 2021년 2분기 나의 세 가지 우선순위 리스트는 다음과 같았다.

1. 왓이프 챌린지
2. 행복한 칼퇴 문화 만들기
3. 자녀들의 말에 "우와!"로 반응하기

왓이프(What if) 챌린지

왓이프 챌린지는 '만약 ~하면 어떨까?'라는 의미의 'What if' 질문을 자유롭게 던진 뒤 재미있겠다 싶은 질문에 무엇이든 도전하는 것이다. 왓이프 챌린지의 규칙은 딱 하나 있는데, 한 번에 단 하나에만 도전하는 것이고 목표를 달성할 때까지 진행하는 것이다. 내가 도전한 왓이프 챌린지는 타자 속도 2배 만들기였다. 유튜브를 보다가 우연히 분당 2,000타의 속도로 타이핑을 하는 우리나라 타이핑 속기 1등 'FishFast'의 영상을 보았다. 그 영상을 보는 내내 나는 감탄을 멈출 수 없었고, 영상을 본 뒤, "나도 그렇게 글을 빨리 쓸 수 있다면, 작가 활동을 할 때나 회사에서 보고서를 쓸 때 매우 편하지 않을까?"라고 생각했다. 그렇게 해서, 5월 11일부터 타자 속도 2배 만들기라는 왓이프 챌린지를 시작했다. 내 한글의 평균 타이핑 속도는 분당 350타 정도인데 만약 내가 이 속도의 2배인 한글 700타 이상을 찍으면 이번 왓이프 챌린지가 성공이 되는 것이다.

나는 한글 타이핑을 연습하기 위해서 그리고 내 한글 타자 속도를 측정하기 위해서 Taza라는 무료 어플을 다운로드 받았다. 5/11부터 30~40분 정도 시간을 내어 이 어플들이 제공하는 정규 연습 프로그램(자리 연습, 단어 연습, 짧은 글 연습, 긴 글 연습)을 따라 연습했다. 그리고 어플에 들어 있는 장문 타자 연습을 통해 측정된 평균 속도를 매일 모니터링했다.

첫 10일 동안 짬짬이 타자 연습을 꾸준히 해온 덕에 하루마다 평균 10타 정도의 속도가 붙었다. 그래서 한글의 경우 최고 470타까지 실력이 향상되었다. 그런데 현재의 방법을 고수해서는 절대로 분당 500타 속도에 도달할 수 없을 것 같았다. 아무리 집중을 해도, 심지어 컨디션이 좋을 때여도 짧은 글과 긴 글을 통틀어 500타 이상의 기록을 달성할 수 없었다. 나는 구글에서 '타자 빠르게 치기' 관련 검색되는 모든 글들을 찾아 읽었고, 이를 통해 타자 속도를 높일 수 있는 비법들을 찾기 시작했다. 그 결과 두 가지 비법을 찾았다. 첫 번째 비법은 타자를 칠 때, 음절을 단위로 순식간에 타자를 입력하는 것이다. 예를 들어 '사랑하는 그대'를 친다고 했을 때, 'ㅅ—ㅏ—ㄹ—ㅏ—ㅇ—ㅎ—ㅏ—ㄴ—ㅡ—ㄴ—ㄱ—ㅡ—ㄷ—ㅐ—'로 각 자음과 모음을 하나의 단위로 연결해서 치는 것이 아니라 '사—랑—하—는—그—대'로 음절 단위로 연결해서 빠르게 치는 것이다. 이를 위해서는 한 음절마다 정확한 타자의 위치가 머릿속에 숙지되어 있어야 했고, 이것이 내 손에서 빠르게 튀어나오도록 꾸준히 손가락 연습을 해야 했다. 두 번째 비법은 단어 사이를 연결하는 스페이스가 나올 때 이를 빠르게 치는 것이다. 유튜버 'FishFast'뿐만 아니라 많은 블로거들의 말에 따르면 스페이스바 입력 속도가 타자 속도 향상 과정에서 가장 큰 병목 현상이었다고 한다. 나는 기존에 단어와 단어 사이의 스페이스를 별도의 문자로 인식했었다. 하지만 이제 앞 단어와 스페이스를 하나의 단어로 인식하여 타자를 치는 연습을 했다. 즉, '사랑하는 그대'를 칠 때, '사랑하는' 치고 '스페이스' 치고 '그대'를 치는 것이 아니라, '사랑하는 '을 치고 바로 '그대'를 치는 것이다. 이틀 동안 나는 이 두 가지 비법을 중점적으로 연습하기 시작했다. 그 결과 5월 22일, 처음으로 한글 500타를 돌파할 수 있었다. 그리고 나는 이 두 가지 비법을 꾸준하게 적용하고 연습해서 매일 안정적으로 한글 500타 이상의 속도로 타이핑을 할 수 있게 되었다. 그런데 한글 500타를 기록한 뒤 일주일 동안 아무리 노력해도 600타라는 벽을 깨기란 도저히 불가능해 보였다.

나는 타이핑 속도를 저하시키는 '요인'들을 하나하나 찾아서 이를 제거하는 방향으로 훈련을 했다. 나는 장문의 글을 타이핑하면서 반복적으로 실수하거나 빨리 쳐지지 않는 것들을 점검했다. 내가 발견한 가장 큰 딜레이 요인은 오른손 새끼손가락이었다. 오른손 새끼손가락을 가지고 0, ㅔ, ㅖ, [,], ", "의 문자를 쓸 때 오른손 새끼손가락이 잘 움직이지 않았다. 이 문자들 중에서 특히 'ㅔ'는 정말로 많이 쓰게 되는 문자이다. 기본 자리에서 오른손 새끼손가락으로 'ㅔ'를 치려고 하면 내 새끼손가락이 짧아 오른손을 약간 위쪽으로 비틀어야 했다. 'ㅔ'를 친 다음에 바로 기본 자리로 돌아와야 하는데 이 과정에서 잦은 실수와 딜레이가 있었다. 나는 이 문제의 원인을 '짧은 새끼손가락'이라고 생각했고 이를 해결하기 위해서 약지로 새끼손가락을 대신해보았다. 약지는 충분히 길기 때문에 새끼손가락으로 치게 되는 모든 문자를 기본 자리 이탈 없이 칠 수 있다고 판단했다. 나는 오른손으로는 엄지, 검지, 중지, 약지만을 가지고 문자를 입력하고, 오른손 새끼손가락으로는 오른쪽 shift 키와 ?, / 문자만을 입력하는 결정을 했다. 첫 하루 동안은 좀 어색한 감이 있었다. 하지만 그다음 날부터 기본 자리 이탈 없이 문자를 입력하게 되어 전보다 더 편한 느낌을 받았다. 이틀 동안 열심히 이렇게 연습한 덕에 속도가 붙기 시작했고 이를 통해서 처음으로 600타 기록을 넘겼다. 또한 매일 같이 550타 이상의 속도로 편하게 타이핑을 하는 것이 가능해질 정도로 타이핑 실력이 향상되었다. 나는 계속해서 연습했고 오랫동안 타이핑을 해도 피로감 없이 타이핑을 할 수 있게 되었다. 또한 연습을 하면 할수록 오타 발생률이 점차 낮아졌고 나는 매일 600타 이상의 속도로 타이핑할 수 있게 되었다. 이후 조금씩 조금씩 타자 속도가 향상되었고 결국 챌린지 시작 52일 만에(5/11일~7/2일) 처음으로 700타를 넘겼다. 이후 며칠 더 안정적으로 700타 달성 여부를 확인한 뒤, 7/6일 '분당 700타 속도로 타이핑하기' 챌린지를 완수했다.

행복한 칼퇴 문화 만들기

2021년 1분기, 나는 회사에서 정말 바쁜 시간을 보냈다. 메모리 신제품의 수율 목표를 달성한다는 일념으로 온 부서 사람들은 평균 일일 근무 시간에 두 시간 정도는 기본으로 더 일을 했다. 나와 내 팀원들은 매일 저녁 8시가 넘어야 집에 돌아갈 생각을 했다. 집에 돌아가면 나는 마치 기름이 바닥난 자동차처럼 기진맥진한 채 침대에 쓰러지기 일쑤였다. 나는 내가 좋아하는 책을 읽고 글을 쓸 힘이 전혀 없었다. 나는 매일 같이 일어나 늦지 않게 출근하고, 늦게 퇴근하여 씻고 나서 바로 잠자고, 또 일찍 일어나고 다시 출근하는 반복적인 삶을 살았다. '나도 이렇게 힘든데 다른 사람들은 어떨까?' 어느 날 문득 이런 생각이 들었다. 사람들 중에는 아이 둘, 또는 셋을 키우면서도 일이 많기 때문에 나보다도 늦게

퇴근하는 사람들도 있었다(그리고 리더인 내가 늦게까지 일을 하는 것을 보고 은근히 눈치를 보며 늦게까지 남아 있는 사람들도 있었을 것이다). 나는 이러한 현실이 참으로 안타까웠다. 나는 팀원들에게 "직장 생활에서 행복한 일이 뭐가 있을까요?"라고 물었던 적이 있다. 한 팀원이 이렇게 답을 했다. "늦게 출근하고 일찍 칼퇴하는 거죠!" 나는 이 대답을 기억해냈고 2분기 우선순위 목표로 행복한 칼퇴 문화 만들기를 정했다. 적어도 내 팀 안에서 말이다.

나는 나와 팀원들이 일찍 퇴근하지 못하는 이유들을 파악하고자 했다. 그 이유를 제거한다면 행복한 칼퇴가 가능하지 않을까 하고 생각했다. 첫 번째 이유는 많은 업무량이었다. 물론 상부에서 수명 받은 업무는 안 할 수가 없다. 하지만 팀의 R&R(Role and Responsibility, 역할과 책임)이 명확하지 않아 사실 하지 않아도 되는 일을 우리 팀이 떠맡고 있거나 다른 팀에 빨리 위임을 하지 못하는 경우가 있다는 것을 나는 알게 되었다. 그래서 우리 팀은 당시 추진되고 있는 모든 과제를 리스트업 하였고 그 과제를 추진함에 있어 우리 팀의 R&R을 명확하게 정의하는 작업을 시작했다. 더 나아가 과제를 협업하는 유관 부서의 R&R 또한 명확하게 정의한 뒤 우리가 해야 할 업무와 그들이 해야 할 업무, 그리고 다같이 협업해야 할 업무를 구분하였다. 우리는 매일 아침마다 아침회의를 진행하는데 과제별 R&R이 정리될 때마다 공유하는 식으로 내부 교육을 했다. 시간이 지나자 팀원들이 신속하게 유관 부서에 업무를 위임하기 시작했고 꼭 해야 할 일에 집중하기 시작했다. 그 결과 최소한 우리 팀의 업무량이 최소한 현재보다 더 많아지는 것은 방지할 수 있었다.

칼퇴를 막는 두 번째 이유는 문서 작업이었다. 나는 내 팀원들이 집에 가지 않고 무엇을 하는지를 관찰해보았다. 거의 대부분 그들은 회의 자료를 작성하고 있었다. 어떻게 하면 회의 자료 작성의 부담을 최소화할 수 있을지 나는 고민했다. 고민 끝에 회의 자료 마스터 템플릿을 만들어 놓으면 되지 않을까 하는 생각을 했다. 나와 팀원들은 주요 과제별 회의 때마다 범용적으로 사용할 수 있는 대표 양식을 만들었다. 이제 팀원들은 업무를 추진하면서 새롭게 자료를 작성하는 것이 아니라 대표 양식에 지속적으로 업데이트만 하면 되었다. 우리는 과제별 자료 업데이트 담당자를 선정했고 각 담당자가 매주 회의 하루 전, 주간 보고 하루 전까지 업데이트 하기로 약속했다. 이렇게 대표 양식을 활용해서 업무를 추진하니 팀원들은 문서 작성에 대한 부담감을 떨쳐버릴 수 있었다. 또한 그들은 PPT를 만들고 다듬고 고치는 긴 시간을 아껴 본인의 주요 실무에 집중할 수 있게 되었다. 늦게까지 남아서 자료를 작성해야 할 필요와 명분이 사라지니(내 경우는 각 자료 취합 및 보고 준비로 주 2회 정도 늦게까지 일을 하긴 해야 했다), 서서히 야근 횟수가 줄어들기 시작했다.

칼퇴를 막는 세 번째 이유는 오래 일하면 일을 더 잘한다는 착각이었다. 내가 느끼기에 사람들이 일을 오래하면 더 많은 성과를 얻을 수 있다고 생각하는 것 같았다. 그런데 회사생활을 오래 하면서 성과를 잘 낸다는 많은 사람들을 관찰한 결과 나의 결론은 다음과 같았다. "일을 오래 하는 사람이 성과를 잘 내는 것이 아니라 일을 잘하는 사람이 성과를 잘 낸다." 나는 내 팀원들에게 이렇게 말했다.

"비록 수명 업무들이 갑자기 생겨서 도전을 포기해야 할지라도 가능한 저녁 6시 안으로 모든 업무를 마무리하고 칼퇴에 도전해보겠습니다. 만약 제가 6시를 넘긴다면 이것은 제가 일을 못하는 사람이구나 생각하고 더 효율적으로 일할 수 있는 방안을 마련해보겠습니다."

이 말을 한 그날부터 나는 진짜 6시 전에 칼퇴근을 했다. 이를 위해서 일과 시간에 정말로 정신 바짝 차리고 집중해서 일을 했다. 이후 아침 회의 시간에 팀원들과 차 한 잔 하면서 "저 오늘 5시 30분까지 집중해보겠습니다!"와 같은 우스갯소리들이 오갔고 각자 내뱉은 말들을 지키고자 진짜 집중해서 일을 했다. 그리고 당당하게 칼퇴를 시전했다. 팀원들이 칼퇴를 해도 내 팀은 개선 활동을 차질 없이 잘 운영했고 성과 또한 잘 나왔다. 그렇게 내 팀 안에 행복한 칼퇴 문화가 실행되었다. 그러나 한 달 뒤에 연달아 임원 수명 핵심 과제들이 쏟아지는 바람에 '행복한 칼퇴 문화'를 한 달밖에 유지하지 못했다. 그래도 그 한 달 동안 팀원들과 나는 참 여유롭고 균형 있게 회사생활을 했다.

자녀들의 말에 "우와" 하고 반응하기

2021년 5월 19일 방송된 〈유 퀴즈 온 더 블럭〉에는 가수 씨엘의 아버지이자 서강대학교 물리학 교수인 이기진 교수님이 출연했다. 사실 나는 방송 전에도 이기진 교수님을 잘 알고 있었다. 내가 오래전 서강대학교 학부 1학년 때 들었던 일반물리학 수업을 바로 이기진 교수님이 가르쳤기 때문이다. 당시 이기진 교수님은 물리학 교과서에 나온 딱딱한 설명 방식으로 물리학 개념을 가르치지 않았고, 학생들이 이해하기 쉽게 본인이 직접 강의 노트를 준비해서 어려운 물리학 개념을 쉽게 가르쳐주었다. 그는 학생들의 질문에 대해서 언제나 열린 자세로 받아주었고, 최대한 학생들의 눈높이에서 이해될 수 있도록 정성껏 답변해주었다. 또한 친구들 사이에서는 이기진 교수님이 학점을 잘 주는 교수로 유명했다.

방송에서 이기진 교수님은 딸 씨엘이 고등학교 2학년 시절에 자퇴를 선언했던 일화에 대해서 이야기했다. 학업과 연습생 생활을 병행하며 새벽 3~4시에 자는 생활을 했던 씨엘은 강변북로를 운전하고 있던 아빠에게 이렇게 말했다. "아빠, 나 학교 그만두고 싶어!" 그러자 이기진 교수는 이렇게 답했다. "네가 그 결정을 하려고 얼마나 오래 고민했겠냐? 좋아, 하고 싶은 대로 해!" 방송에서 인터뷰 영상으로 등장한 씨엘은 아버지에 대해 이렇게 말했다. "아빠가 절대로 '노' 하지 않을 것을 알았기에 자연스럽게 이야기를 했습니다. 한 번도 아빠는 '안 돼!'라고 이야기하시지 않았어요."

이 방송을 시청하면서 나는 두 자녀의 아빠로서 많은 반성을 하게 되었다. 그동안 나는 알게 모르게 자녀들의 말을 무시하거나 부정적으로 답하곤 했다.

"아빠, 이거 하고 있거든!"
"조금 있다가 이야기해줄래?" (그러고는 자주 까먹었다)
"안 돼! 그거 위험한 것 같아!"
"아빠가 볼 때 좋지 않은 것 같아!"
"그것 이미 해봤잖아. 그때는 하기 싫어했잖아?"

나는 그동안 내 기준의 근거를 대며 자녀들의 많은 생각과 말을 자르고 거절했다. 나는 자녀들에게 미안함을 느꼈고, 이기진 교수님의 양육법과 같이 자녀들의 말에 최대한 "우와!" 하며 긍정적으로 반응해보기로 했다. 내 기준에서 불합리적이고 비효율적으로 보일지라도 일단 자녀들의 말에 긍정적으로 반응하는 것이었다.

"우와!"

"그렇구나!"

"대단하다, 어떻게 그런 멋진 생각을 했니?"

"좋아! 너 말대로 해보자!"

2021년 5월부터 6월까지 60일 동안 "우와!" 하고 반응해보았다. 그 과정은 정말로 쉽지 않았다. 크게 세 가지 고비가 있었다. 첫 번째 고비는 아이들이 그만해야 하는데 더 하겠다고 떼를 쓸 때였다. 예를 들어, 아이들이 놀이터에서 충분히 놀았고 집에 돌아가야 하는데 안 가겠다고 떼를 쓰고 울기 시작할 때, 예전 같았으면 아이들을 혼내고 강제로 집에 데려 갔을 것이다. 하지만 나는 "너희들 정말 많이 놀고 싶었구나! 그래, 10분 만 더 놀다가 집에 가자!" 이렇게 반응해보았다. 나는 TV 육아 프로그램에서 아이들이 스스로 규칙을 정하면 지킬 확률이 높아진다는 것을 들었고 아이들에게 "너희들 몇 번 더 놀고 싶니? 두 번, 세 번, 네 번?" 이렇게 묻는 노하우까지 생겼다.

또 다른 예로, 첫째가 그림 그리는 것을 좋아하는데 문제는 벽지나 가구에 그림을 그리는 것이었다. 여러 번 주의를 주고 혼을 냈지만 그래도 딸은 멈추지 않았다. 이번에도 어김없이 내 책상에 물감칠을 했고 나는 이렇게 반응해보았다. "와우! 아빠 책상이 예술 작품이 되었구나! 예서야, 그림 정말 잘 그리네. 그런데 예서야, 아빠는 예서가 아빠 공책에 그림 그려주면 더 좋을 것 같아! 여기 아빠 공책들 있으니까 마음껏 그려 줘!" 실제로 딸은 아빠 공책에 낙서를 했고 아빠 책상이나 아빠 책에 낙서하는 것을 멈추었다. 얼마 지나지 않아, 딸은 또다시 벽지에 그녀의 작품을 남겼다. 화가 났지만 화를 참으며 이렇게 말했다. "우와, 멋진데. 예서 작품이 도화지에 다 담을 수 없을 정도로 크고 멋지다. 예서야, 아빠가 아예 벽에 커다란 보드를 붙여줄까? 마음껏 벽에 그림 그리게 말이야" 딸은 답했다. "응, 좋아!" 일주일 뒤 딸의 키보다 훨씬 더 큰 화이트보드가 도착했고 딸은 마음껏 보드에 낙서를 했다. 그 이후 딸은 더 이상 벽지에 낙서하지 않았다.

두 번째 고비는 해야 하는데 안 하겠다고 떼를 쓸 때였다. 처음에는 "응, 그렇구나! 안 하고 싶구나! 근데 안 하면 안 되는데…"와 같은 식으로 반응했다. 화만 내지 않았지, 긍정적이 아닌 부정적인 반응이었다. 자기 전 칫솔을 계속 거부하는 아이에게 "응, 그래! 지금 안 하고 싶지만 치카치카 안 하면 이빨 다 썩어서 치과 가야 할 걸? 그럼 엄청 아플 텐데…. 아우, 아프겠다!" 이렇게 나는 반응했다. 그런데 이것은 "우와!"로 반응하기의 취지(긍정적인 반응)와는 맞지 않는 것 같았다.

그래서 나는 쉽지 않지만 기다려주는 전략을 택했다. "예서와 예준이가 치카치카 정말 잘하는데 지금은 하고 싶지 않나 보네. 자기 전에 준비되면 이야기해줘!" 나는 이렇게 말했고, 시간이 좀 지나자 아이들은 양치하고 싶다고 했다(매일 양치하기 때문에 양치하지 않으면 불편해진다는 것을 잘 알고 있는 듯했다). 밥 먹을 시간이 다 되어도 안 먹고 버티고 있을 때 나는 이렇게 이야기했다. "오케이, 알았어. 우리는 지금 밥 먹을 거고, 예서 밥은 여기 준비해두었어. 예서 하고 싶은 것 하고 먹고 싶을 때 먹어." 결국 아이들은 배고파지니 밥을 먹었고, 아내와 나는 스트레스 받지 않아서 좋았다(물론 유치원 버스를 타기 위해서 일찍 일어나 준비하는 것과 같이 딜레이를 용납하기 어려운 일들은 예외였다).

세 번째 고비는 혼자만의 시간을 보내는 것을 방해받았을 때였다. 평일 저녁 퇴근 후에는 직장 업무로 인한 스트레스를 풀고자 잠시 내 방에서 혼자만의 시간을 좀 보내는 편이다. 그런데 내 두 아이들은 어떻게든 내 방에 들어와 놀아달라고 떼를 쓴다. "아빠 지금 좀 힘들어! 아빠 혼자 있고 싶어! 아빠 좀 예민하거든!" 이렇게 말해도 아이들은 듣지를 않고 계속 방해를 한다. 그러다 결국 내가 못 참고 화를 내며 아이들은 펑펑 우는 경우가 많았다. "우와!" 하고 반응하기를 하면서 나는 혼자 있을 때 찾아오는 아이들에게 어떻게 화를 내지 않고 잘 말할지 많이 고민했다. 내가 찾은 답은 "예서와 예준이가 아빠 많이 보고 싶었구나! 아빠가 지금은 좀 혼자서 쉬어야 하는데 20분 동안 혼자 방에 있을게! 알람 소리가 들리면 방에 들어와줘! 같이 놀자!"였다. 나는 약속대로 알람을 맞추었고, 아이들은 그 시간 동안은 방해하지 않고 내 시간을 존중해주었다. 나는 알람이 울리기 전까지 최대한 기분 전환을 하며 휴식을 할 수 있었다.

2개월 동안 자녀들에 "우와" 반응하면서, 나는 여러 가지 배운 점들이 많았다. 첫째는 아이들이 표현력은 좀 부족하지만 나와 동일한 욕구를 가지고 있다는 것, 나와 같이 하고 싶은 것을 하고 싶고, 가지고 싶은 것을 가지고 싶고, 생각한 것을 존중받고 싶어한다는 것을 알게 되었다. 둘째는 긍정적으로 반응할 때 비로소 아이들 내면에 있는 긍정적인 동기를 바라보게 된다는 것이었다. 반대로 말하면 부정적으로 반응하면 아이들 내면에 있는 부정적인 동기만을 보게 된다. 세 번째는 내가 생각한 것보다 훨씬 더 아이들이 나를 사랑하고 있다는 것이었고 내가 사랑하는 자녀에게 내가 사랑받고 있다는 사실이 정말로 행복했다.

세 가지 우선순위는 마음의 평안을 준다

'신뢰'라는 의미의 단어 Trust는 '평안'을 뜻하는 독일어 Trost에 비롯되었다고 한다. 무언가를 신뢰할 때 우리는 비로소 마음의 평안을 얻는 것이다. 신뢰가 깨지면 마음의 평안도 깨진다. 이에 대해서는 국제 정치 뉴스만 보더라도 잘 알 수 있는데, 양 국가 간 신뢰가 깨지는 경우 필연 잘 유지되어온 평화도 깨져버린다.

세 가지 우선순위를 정할 때 중요한 것은 "내게 장기적으로 중요한 이 세 가지가 내 삶을 변화시켜준다"고 믿는 믿음이다. 이 믿음을 가지고 담대하게 도전해나갈 때, 우리는 아무리 많은 일들 속에 둘러싸여 있어도 마음의 평안을 가지고 살아갈 수 있게 된다.

인생에는 늘 등장하는 세 가지가 있다.
변화, 선택 그리고 원칙이다.

– 스티븐 코비 –

끌어당김

원하는 것을 이루는
원칙

끌어당김의 법칙과 중력의 법칙

알버트 슈바이처 박사는 노벨평화상을 수상한 이후, 런던의 한 인터뷰 중 이런 질문을 받았다. "요즘 사람들이 당면한 가장 큰 문제는 무엇이라 생각하나요?" 잠시 동안 곰곰이 생각한 슈바이처 박사는 침묵을 깨고 이렇게 말했다. "생각을 잘 안 하려고 하는 것이 요즘 사람들의 가장 큰 문제인 듯합니다. 사람들이 더 좋은 세상을 위해서 생각하지 않으려 합니다. 그 결과 그들의 삶이 세상을 변화시키는 일과는 전혀 상관없는 것이 되었습니다." 슈바이처의 말을 다른 관점으로 말해보자면, 당신이 세상을 바꾸기 위해서는 먼저 세상을 바꿀 생각을 해야 한다는 것이다. 당신의 삶은 당신의 생각들의 결과이다. 당신의 생각은 당신의 삶 속에 당신의 생각과 관련된 모든 것들을 끌어당긴다. 사람들은 이를 '끌어당김의 법칙'이라고 부른다.

론다 번의 책 『시크릿』은 대한민국에 상륙하여 엄청난 센세이션을 일으켰다. 『시크릿』의 내용을 두 마디로 요약하자면 그것은 끌어당김의 법칙이다. 당신이 긍정적인 생각을 하면 그 긍정적인 생각과 연관된 사람, 사물, 이벤트가 당신의 삶으로 끌려온다는 것이다. 끌어당김의 법칙이 진짜 있는지 없는지의 여부는 믿음의 영역에 있다고 난 생각한다. 그런데 만약 당신이 끌어당김의 법칙을 믿는다면, 한 번쯤 이것이 궁금했을 것이다. "도대체 왜 끌어당김의 법칙이 작용하는 것일까?" 끌어당김의 법칙이란 말만 '법칙'이지, 방금 전에 말한 대로 믿음에 속한 영역이다. 그래서 이 법칙은 인간의 논리와 학문으로 증명될 수는 없다. 그래도 한 번 나는 내가 아는 물리학의 개념과 연결하여 끌어당김의 본질에 대해 생각해보았다. 이것을 요약하자면 중력이 보이지 않아도 중력의 법칙이 실제로 작용하는 것처럼, 끌어당김의 힘이 작용한다는 것이다.

끌어당김의 법칙은 언뜻 중력의 법칙과 매우 비슷해 보인다. 중력은 우리가 살고 있는 시공간에서 질량을 가지고 있는 모든 물체가 가지고 있는 힘이다. 아인슈타인의 이론에 따르면, 지구가 우주 시공간에 존재함으로, 시공간에 거대한 굴곡을 만들어낸다. 그 결과 그 굴곡 안으로, 지구가 달을 잡아당기는 중력이 작용한다. 질량이 클수록 시공간의 굴곡은 더욱더 깊어지며 더 강한 중력이 발생한다. 또한 중력은 낮은 차원에서 높은 차원에 이르기까지 광범위하게 작용한다. 나는 다음과 같이 사고 실험을 해보았다. 나는 덤블링 표면과 같은 2차원 세상에 살고 있다. 그런데 갑자기 알 수 없는 이유로 어떤 무거운 물체가 내가 사는 세계 위에 놓였고 나의 세계에 커다란 굴곡이 만들어졌다. 나는 그 알 수 없는 굴곡 속으로 빨려들어갔다. 나는 2차원 세상에 살았고 2차원 세계가 전부인 줄 알았다. 하지만 중력에 의해 2차원의 세계에 굴곡이 생기자 2차원의 세계가 전부가 아니라는 것을 알게 되었다. 나는 더 높은 3차원의 세계가 있다는 것을 알게 되었다. 이와 마찬가지로, 어떤 물체가 4차원의 시공간에 존재할 때 시공간에 굴곡이 만들어지고 중력이 발생한다는 개념은 4차원보다 더 높은 차원이 있다는 것을 말해준다. 중력이란 4차원 시공간과 더 높은 차원 사이에 동시에 작용하는 힘이다.

영화 〈인터스텔라〉에서 블랙홀 5차원 공간에 들어간 아버지가 4차원 지구에 살고 있는 딸에게 메시지를 전한 방법이 바로 중력이었다. 중력을 통해 모스부호로 딸에게 메시지를 전했다.

과학적으로 중력이란 질량을 가진 모든 대상이 작용하는 끌어당기는 힘이다. 그런데 다시 아인슈타인에 따르면 모든 질량은 그에 상당하는 에너지를 가지고, 모든 에너지는 그에 상당하는 질량을 가진다. 아인슈타인은 "상대성이라는 특별한 이론을 근거로 질량과 에너지는 서로 다르지만 본질은 하나이다."라고 말했다. 이는 질량-에너지 등가 법칙으로 알려져 있으며 $E=MC^2$로 표현된다. 따라서 우리는 중력을 에너지를 가지고 있는 모든 대상이 가지고 있는 끌어당기는 힘이라고 표현할 수 있다. 그렇다면 생각은 에너지를 지니고 있는가? 과학적으로 에너지란 '일을 할 수 있는 능력'으로 정의된다. 그렇다면 우리의 생각은 일을 할 수 있는 능력을 가지는가? 우리 인간은 호모 사피엔스로 불리며 그 뜻은 지혜를 가진 사람이다. 우리는 지혜, 곧 슬기로운 생각을 통해 일을 하며 살아가는 존재이다. 당연히 우리의 생각은 일을 할 수 있는 능력 곧 에너지를 지니고 있다. 따라서 우리의 생각이 중력, 끌어당김의 힘을 가진다. 다시 말해서 끌어당김의 법칙이 진짜일 수 있는 것. 끌어당김의 법칙에 의해 우리의 삶은 우리가 생각한 것들의 결과라고 말할 수 있다.

나는 어떻게 하면 끌어당김의 법칙을 우리의 삶에 풍성하게 적용될 수 있을지 생각해보았다. 나는 끌어당김의 법칙과 관련된 수십 권의 책을 읽었다. 책의 지식들을 삶에 직접 적용해보면서 되는 지식과 되지 않는 지식을 분별했다. 그 결과, 끌어당김의 법칙을 내 삶에 강력하게 적용시킬 수 있는 세 가지 서술어를 찾아냈다. 그것은 "써라, 느껴라, 잡아라"이다.

첫째, 희망을 써라

첫 번째 방법은 '당신의 생각을 글로 적는 것'이다. 영국의 소설가 C. S. 루이스는 글을 쓰면 모든 것을 이룰 수 있다고 말했다. 글쓰기로 정말 모든 것을 만들 수 있다고? 당신의 주변에 있는 사물들을 둘러보라. 스마트폰, 헤드폰, IC카드, 가스레인지, 책상 등 서로 연관성이 없어 보이는 사물들이 보일 것이다. 이러한 사물들이 만들어지는 과정에서 글이 어떠한 역할을 했는지에 대해 생각해보자. 한 예로, 당신이 스마트폰을 만든다면 당신은 설계를 해야 한다. 당신은 컴퓨터 프로그램을 통해서 정확한 치수와 모양 그리고 기능대로 스마트폰을 설계한다. 그 설계대로 제조 장치는 스마트폰을 만들어낸다. 그런데 이 모든 과정은 컴퓨터 언어라는 글을 쓰면서 이루어진다. 이와 같이 우리는 글을 통해 무언가를 생각하고 구체화하고 만들어낼 수 있다. 미국에 살 때, 친구들 중 유대인 친구가 있었다. 어느 날 우리는 언어에 대해서 이야기를 했다. 유대교 랍비에게서 들은 이야기인데 그들의 성경인 '모세오경'의 첫 시작은 이렇게 시작된다고 한다. "베레쉿 바라 엘로힘 엣 하샤마임 베엣 하아레츠." 우리 말로 해석하자면 "태초에 하나님이 하늘과 땅을 창조했다"이다. 그런데 히브리어를 알아야만 보이는 게 있다고 한다. 첫 세 마디 '베레쉿 바라 엘로힘'은 '태초에 하나님이 창조했다'의 의미이다. 그다음에는 무엇을 창조했는지 목적어가 나와야 한다. 그 목적어는 '엣 하샤마임 베엣 하아레츠'이다. 여기서 '하샤마임 베엣 하아레츠'는 하늘과 땅을 의미한다. 그런데 이 말보다 먼저 나오는 말이 있으니 그것은 바로 '엣'이다. '엣'은 히브리어로 את으로 쓴다. 이 말을 구성하는 א(알레프)는 히브리 알파벳의 첫 번째 문자이며 ת(타브)는 히브리 알파벳의 마지막 문자이다.[14] 따라서 '엣'은 히브리 알파벳 문자 전체를 상징하며 유대인들은 이렇게 생각한다. 태초에 하나님이 가장 먼저 창조한 것은 바로 문자 곧 언어이다. 하나님은 언어를 통해서 하늘과 땅을 창조했다. 유대인 친구 말에 따르면 신 또한 글을 통해 모든 것을 만든 셈이 된다. 그 하나의 예로, 우리 신이 우리 인간을 만들었을 때 분명 어떠한 설계도를 써서 만들었을 것이다. 그 설계도가 최근 50년간 비약적으로 발전한 분자생물학에 의해 밝혀진 DNA 유전자염기서열인 것이다. 인간의 DNA는 네 종류의 염기인 아데닌(A), 타이민(T), 구아닌(G), 사이토신(C)의 약자인 A, T, G, C 네 개의 문자를 조합해서 쓰여진다.

글쓰기로 모든 것을 만들 수 있다는 C. S. Lewis의 말을 나는 다음과 같이 뒤집어보았다.

내가 무언가를 만들 수 없었다면 그 이유는 내가 그것을 글로 쓰지 못했기 때문이다. 이를 응용해보면 다음과 같이 말할 수 있다. "내가 이번에 발표를 제대로 할 수 없었던 것은 내가 발표를 글로 쓰지 못했기 때문이야!", "내가 과제를 잘 진행시키지 못하는 것은 내가 그 과제를 글로 쓰지 못했기 때문이야!", "내가 시험에 좋은 성적을 받지 못한 것은 내가 공부 대상을 글로 써내지 못했기 때문이야!", "나의 목표가 잘 이루어지지 않는 것은, 그 목표를 실현할 수 있는 방법에 대해서 구체적으로 글로 쓰지 못했기 때문이야!" 이와 같이 나는 내가 무언가를 원했지만 그것을 해내지 못한 이유를 글쓰기와 연관시켰다. 그리고 이는 내가 간절히 원하는 것을 구체적으로 글로 쓰는 계기가 되었다.

당신은 무엇을 이루고 싶은가? 무엇이 당신의 삶 속에 이루어지지 않고 있는가? 당신이 그것을 꼭 이루고 싶다면 먼저 그것을 글로 써보자. 세계적인 동기부여 강연가인 브라이언 트레이시는 사람에게 늘 이렇게 말한다. "목표를 글로 쓸 때, 목표가 달성될 확률이 10배 높아진다."[15] 당신이 무언가를 꼭 이루고 싶다면, 언제나 그것을 글로 써보자. 글쓰기에는 힘이 있다. 글쓰기의 힘은 당신의 꿈과 목표가 현실이 되도록 만들어줄 것이다. 영국 버크셔주 레딩이란 도시의 열한 살의 한 소녀가 있었다. 그녀는 하나님께 편지를 썼다고 한다.

"하나님, 저는 배우가 되고 싶습니다. 예쁜 장면에 등장하고요, 올리비아 뉴튼 존처럼 화장도 예쁘게 하고 싶어요. 레오나르도 디카프리오 같은 멋진 배우와의 키스도 부탁드려요. 언제나 배우 하고 싶은 마음 변치 않게 도와주세요.”

이 소녀가 바로 1997년 개봉한 영화 〈타이타닉〉의 주연 여배우 케이트 윈슬렛이다.

둘째, 상상을 느껴라

2015년, 1989년 개봉되어 전 세계적으로 흥행한 영화 〈백 투 더 퓨처 2〉가 큰 화제가 되었다. 그 이유는 〈백 투 더 퓨처 2〉의 주인공이 괴짜 브라운 박사의 타임머신을 타고 시간여행을 한 때가 바로 2015년이었기 때문이다. 영화는 30년 뒤 미래에 대해 당시 최고의 영화 기술로 그려냈다. 2015년을 맞이한 사람들은 〈백 투 더 퓨처 2〉의 상상이 실제로 얼마나 이루어졌는지를 알아보았다. 신기하게도 영화 속 상상 대부분은 현실로 이루어졌다: 신발끈 자동 묶는 신발[16], 3D 영화[17], 무인식당[18], 호버보드[19], 음성인식 TV[20], 영상 통화[21], 전자 안경[22](세부 정보는 주석을 참고하라).

구글의 기업 문화에는 “불가능한 것을 상상하라.”라는 말이 있다. 이는 한동안 기업 혁신의 전제 조건으로 인식되었다. 그런데 과거 여러 기업들의 혁신 사례를 살펴보면서 나는 좀 다르게 생각했다. 내 눈에는 사람들이 불가능한 것이 아니라 가능한 것을 미리 상상했고 그것이 제때에 이뤄진 것처럼 보였다. 인간의 거의 모든 상상은 때가 되면 누군가에 의해 실제로 이루어졌다. 어쩌면 이렇게 표현하는 것이 정확한 기술처럼 보인다.

"인간은 실제로 이루어지는 것을 상상해왔다."

1906년 파일로 판스워스(Philo Farnsworth)는 유타 남서쪽의 시골 농장의 오두막집에서 태어났다. 파일로는 어린 시절부터 아버지의 농장일보다는 과학과 공학 분야에 많은 관심을 가졌다. 그는 과학 잡지를 읽는 것[20]과 집 발전기, 라디오와 같은 전기 기계 만지는 것에 푹 빠져 있었다. 발전기가 고장 날 때면 어린 파일로가 손수 고칠 정도였고 마을에 버려진 고철 더미에서 모터를 떼어 내어 어머니의 수동 세탁기를 전기 작동 세탁기로 바꾸기도 했다. 시간이 날 때마다 파일로는 전기로 작동시킬 수 있는 기계 제품들을 상상했다. 1921년 어느 날 16세가 된 파일로는 아버지와 함께 감자밭을 갈다 세상을 바꿀 위대한 상상을 하기 시작했다. 그는 라디오 방송국이 소리를 공기 중에 보내고 그 소리를 라디오가 수신하는 것처럼, 소리가 아닌 사진 이미지를 공기 중에서 주고받는 장치를 상상했다. 파일로는 라디오가 가능하다면 사진 이미지를 주고받는 장치 또한 가능할 것이라 생각했다. 그 장치에 대해서 끊임없이 생각하다 지쳐버린 파일로는 머리를 식힐 겸 감자밭 농장에서 휴식을 취했다. 그리고 쟁기가 감자밭 위에 만들어놓은 선들을 보며 중요한 영감을 얻었다. 마치 사람이 책을 읽을 때 한 줄 한 줄 읽는 것처럼, 사진을 전자적으로 한 줄 한 줄 스캔하여 이미지를 포집한다는 생각이었다. 이 아이디어에 매우 고무된 파일로는 이후 온종일 그 장치를 상상했다. 그의 상상은 1초에 60번 빠른 속도로 이미지를 스캔하는 장치 그리고 그 이미지를 공기 중에 전송하는 장치로 구체화되었다. 이후 4년 뒤, 파일로는 정말 '그 장치'를 만들어 세상에 공개하겠다는 큰 결심을 한 뒤, 그의 고향 아이다호를 떠나 서부 캘리포니아로 옮겨 작은 연구소를 운영했다. 1926년, 샌프란시스코, 투자금이 필요했던 파일로는 투자가를 연구소에 초청해서 그가 개발하려는 장치의 컨셉을 소개했다.

"이 장치는 이미지를 스캔하여 공기 중에 무선으로 전송할 수 있는 장치입니다. 그리고 우리는 이 장치를 '텔레비전'이라 부릅니다."

그 자리에는 미국 대륙 횡단 열차 선로에 투자해서 큰돈을 벌었던 크라커 가문의 사람들이 있었다. 파일로의 아이디어에 고무된 크라커 가문은 파일로의 꿈에 2만5천 불을 투자했다. 그리고 이 돈으로 파일로는 직원들을 모았고 텔레비전 시제품을 만들기 시작했다. 그들은 첫 번째 시제품을 만들어 긴장 속에 장치의 스위치를 켰다. 하지만 전자 스캔 화면에 보인 것은 지저분한 신호뿐이었다. 가장 큰 문제는 이미지를 스캔한 전자들이 기본적으로 마이너스 전하를 띠며 이로 인해 서로 반발력을 가지고 있는데 이 전자들을 안전하게 스크린 표면에 달라붙게 만드는 것이었다. 파일로는 스크린 표면을 전자를 잘 잡는 물질로 코팅을 하면 해결할 수 있다고 생각했다. 그는 전자가 마이너스 전하를 띠고 있기 때문에 플러스 전하를 띠는 경향을 가진 물질을 코팅 후보로 생각했다. 결국 그가 찾은 것은 산화세슘이었다. 산화세슘 속의 세슘 원자는 빛을 받으면 쉽게 전자를 내어놓고 자신은 플러스 전하를 띠려는 성질이 있었다. 결국 이미지 스캔 전자들이 스크린 표면의 산화세슘과 충돌할 때, 충돌한 위치의 세슘 원자가 새로운 전자를 내어놓음으로써 이미지가 스크린에 전달될 수 있었다. 이를 통해 파일로는 세계 최초로 텔레비전을 개발한 사람이 되었다.

우리는 상상하는 대로 되고 상상하는 것을 하게 될 것이다. 지금 당신의 인생은 당신이 그동안 상상했던 것들의 결과이다. 그런데 우리 인간의 상상력에는 하나의 커다란 제한이 있다. 그것은 상상한 것을 믿는 능력이다. 믿음 없이 상상하는 것은 이루어지지 않을 것을 상상하는 것이다. 믿음 없는 상상은 이루어지지 않는다. 우리는 우리가 바라는 것이 진실인 것처럼 상상해야 한다. 하지만 많은 사람들은 이를 어려워한다. 사람들은 믿음이라는 말이 등장하면 그것을 현실성과는 동떨어진 난해한 종교적 개념으로 생각한다. 성경에는 믿음이란 "바라는 것을 확신하는 것"이라는 말이 있다.[24] 다른 말로 표현하자면, 믿음이란 상상한 것을 확신하는 기분을 느끼는 것이다. 네빌 고다드는 이렇게 말했다. "진실인 것처럼 상상하세요. 당신이 바라던 것이 이뤄진다면 어떤 기분일까요? 바로 그 기분을 지금 느끼는 것부터 시작하세요. 벌써 이루었다는 느낌, 이미 성취했다는 느낌을 지금 느끼는 것입니다. 그 느낌을 느끼고, 그것이 진실인 것 같은 분위기가 만들어지면 당신은 그것을 현실에서 보게 될 것입니다. 기분은 인간의 행운을 결정합니다. 행운으로 기분이 정해지는 것이 아닙니다. 하지만 인간은 자꾸 반대로 생각합니다. 사람들은 내가 백만장자가 된다면 그 기분은 끝내줄 거야 말합니다. 그리고 그 기분을 느끼지 않습니다. 당신이 백만장자가 되고 싶다면 백만장자가 된 당신의 기분을 먼저 느껴보세요. 그 기분이 당신의 바람을 물질적으로 현실적으로 창조해낼 것입니다."

셋째, 기회를 잡아라

당신이 정말 원하는 생각을 글로 썼고, 구체적으로 상상했다고 하자.

끌어당김의 법칙은 당신의 삶에 무엇을 끌어당기는 것일까? 나는 끌어당김의 법칙이 기회를 끌어당긴다고 생각한다. 만약 끌어당김이 이끌어준 기회들을 잡으려는 노력을 전혀 기울이지 않는다면, 그저 상상만 하고 있다면, 당신이 원하는 생각은 결코 이루어지지 않을 것이다. 바로 이 점이 수많은 자기계발 서적들을 읽어도 삶이 변화되지 않는 근본 원인이다. 다시 말하지만 끌어당김의 법칙의 가치는 당신의 성공을 보장해주는 것에 있는 것이 아니라 당신에게 성공할 기회를 제공하는 데 있다.

그렇다면 끌어당김의 법칙이 가져다주는 기회는 어떤 형태로 찾아오는가? 기회는 사람, 일, 그리고 지혜라는 세 가지 형태로 찾아온다. 그 세 가지 기회가 당신의 삶에 가시화되면 그 기회를 낚아채어 당신의 것으로 만들어라.

첫 번째 기회는 사람이다. 끌어당김의 법칙은 당신이 원하는 것을 이루는 데 필요한 귀인들을 당신에게 보내준다. 그래서 끌어당김의 법칙을 믿는 사람은 사람들을 대할 때, 그들이 나의 귀인일 수 있다는 마음으로 대해야 한다. 예를 들어, 표면 코팅 분야에서 박사 공부를 했던 나는 회사에 들어간 뒤, 표면 코팅 분야 전문성을 살려서 반도체 불량의 난제를 해결하겠다는 목표를 가지고 있었다. 그 목표를 구체적으로 작성해서 공식 개인 업무 목표로 올렸다. 그런데 내가 들어간 부서에서는 해당 분야에 대해 일을 추진해본 적이 없었고, 어떤 유관 부서와 협업해야 하는지에 대한 지식이 없었다. 목표를 올린 지 한 달쯤 지났을 때였다. 내 부서의 분석 담당자가 타 기술 요청으로 코팅 부품 분석을 하게 되었다. 그는 우연히 내가 부품 코팅 분야를 공부했다는 사실을 듣게 되었고 내게 조언을 구했다. 그를 통해 나는 분석 의뢰 내용과 분석 결과를 보게 되었다. 또한 그를 통해 분석 의뢰자 곧, 코팅 부품 전체를 총괄하는 담당자를 만날 수 있었다. 우리는 이번 코팅 분석 결과를 놓고 심도 있게 논의하는 회의를 진행했다. 그 회의에서 나는 내 전문성을 살려 현재 코팅 기술 동향에 있어 우리 회사가 사용하는 코팅 수준은 어느 수준이며 앞으로 어떤 식으로 개선한다면 좋을지 의견을 제시했다. 여기서 코팅 부품 담당자는 내 의견에 큰 인상을 받았다. 때마침 그가 속한 팀에서 코팅 부품 품질을 개선하는 과제가 시작되었다고 했다. 그리고 그는 내게 같이 협업할 것을 제안했다. 이를 계기로 우리는 회사 전체 코팅 부품 품질 개선 업무를 매년 협업했다. 우리는 매년 200억 원이 넘는 경영 기여 성과를 거둘 수 있었다. 나는 표면 코팅 분야 전문성을 살려 반도체 불량 난제를 해결하겠다는 목표를 글로 썼다. 끌어당김의 법칙은 이 목표를 달성하는 데 꼭 필요한 귀인들을 내게 이끌어주었다. 그리고 나는 그 귀인들에 최선을 다해 맞이했고 결국 그들과 함께 목표를 달성할 수 있었다.

두 번째 기회는 일이다. 당신이 끌어당김의 법칙을 믿는다면 당신에게 주어지는 일에 감사하는 태도로 대해야 한다. 끌어당김의 법칙이 당신이 원하는 것을 이루기 위해 필요한 일을 가져다주기 때문이다. 그런데 이 것은 말처럼 쉽지 않다. 왜냐하면 일하느라 너무 바쁜 사람들은 마음의 여유도 없고 새롭게 주어지는 일에 대해서 방어적인 태도로 대하기 때문이다.

"그거 안 해도 될 것 같은데요?"
"저희가 할 일은 아닌 것 같습니다!"
"바빠서 그 일은 하지 못할 것 같습니다."
"아…. 지금 수명 업무 해야 해서요…."

사람들은 수많은 이유를 가지고 새로운 일에 거부 반응을 보인다. 나 역시 바쁠 때면 이런 태도를 보였고 그 결과 그 태도에 상응하는 결과를 거두었다. 하지만 내가 일하는 곳에서 가장 성공했다는 사람들을 관찰해 보면 그들은 새로운 일에 대해서 다음과 같은 태도를 보였다.

"어, 그거 재미있겠는데요?"
"지금으로서는 가능할지 말할 수 없지만 할 수 있다면 정말 좋은 성과로 연결될 것 같습니다."
"네네, 지금 하고 있는 업무 빨리 끝내고 말씀하신 일 해보겠습니다."

"일이 중요해 보이는데, 언제까지 해서 공유해드리면 좋을까요?"

"우와~ 비슷한 일을 생각하고 있었는데 잘되었네요! 같이 해봅시다!"

"좋은 기회 주셔서 감사합니다!"

그들에게 새로운 일은 자신을 괴롭히게 만드는 일이 아니라 자신을 성공시켜줄 기회였다. 그들은 기회가 그들에게 찾아온 것에 대해서 감사했다. 끌어당김의 법칙을 믿을 때, 당신은 당신에게 찾아오는 모든 일들이 당신의 꿈을 이루게 만들 기회로 바라보게 될 것이다. 많은 사람들이 그들에게 찾아오는 기회를 기회로 여기지 못하고 돌려보내지만 끌어당김의 법칙을 믿는 당신은 다를 것이다. 당신에게 우연히 찾아오는 일에 대해서도 "혹시, 끌어당김의 법칙이 가져온 기회가 아닐까?" 하며 그 일을 긍정적으로 받아들이게 될 것이다. 그 기회를 잡음으로써 당신은 당신의 꿈에 한 발짝 더 가까워질 것이다.

세 번째 기회는 지혜이다. 지혜는 당신의 마음에 수시로 노크를 한다. 나는 작가 활동을 하면서 이를 자주 경험했다. 나는 글이 잘 안 써진다고 조급해하지 않고 끌어당김의 법칙이 가져다줄 지혜를 기다린다. 기다리다 보면 어김없이 지혜는 내 마음에 노크했고 나는 그 지혜를 글로 표현했다. 카페에서 친구와 대화를 하는 중에 지혜는 노크했고, 회사에서 업무를 하다가 지혜는 노크했다. 가족들과 저녁 때 산책을 하다가 지혜는 노크했고, 명상을 하다가 지혜는 노크했다. 출퇴근 길에 지혜는 노크했고, 우연히 TV 프로나 유튜브 영상을 보는 중에 지혜는 노크했다. 책을 읽는 중에 지혜는 노크했고, 기타를 치는 중에 지혜는 노크했다. 기도를 하는 중에 지혜는 노크했고, 세미나 강연을 듣는 중에 지혜는 노크했다. 이와 같이 내 삶의 모든 순간순간마다 끌어당김의 법칙은 항시 작동되어 내게 지혜를 가져다주었다. 나는 지혜란 집에 찾아와 문을 두드리는 손님과 같다고 생각한다. 지혜를 당신의 것으로 만들기 위해서는 문을 열고 손님을 집에 들여야 한다. 나는 지혜가 내 마음의 문을 두드리면 바로 그것을 적는다. 하나씩 하나씩 적어둔 지혜들이 쌓여 생각과 생각이 연결되고 더 큰 컨셉과 관념들을 만들어낸다.

지금까지 살펴본 세 가지 서술어 "써라, 느껴라, 잡아라."라는 즉, 당신이 원하는 것을 이루는 세 가지 원칙은 매우 간단하다. 하지만 이 세 가지는 분명 우리의 삶을 의미 있고 활력 있는 삶으로 만들어줄 것이다.

PART

2

성장

Growth
from
Trium

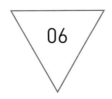

06

성장

마법의 성장 고리
만들기

아마존 플라이휠

이번 장은 아마존 창업자 제프 베이조스의 이야기로 시작하고자 한다. 왜냐하면 이번 장의 내용은 그를 벤치마킹하여 배운 것이기 때문이다. 1998년 1,500명이었던 아마존의 직원 수는 단 2년 만에 5배로 증가했다. 하지만 2000~2001년 닷컴 붕괴와 더불어 아마존은 사상 최대의 위기를 맞이했다. 닷컴 붕괴 이전, IT기업들은 비즈니스 모델이 좀 부족해도, IPO(기업 공개 상장)를 신속히 해내고 쉽게 자금을 조달할 수 있었다. 투자자들은 IT기업들을 장밋빛 색안경을 끼고 바라보았다. 그런데 엔론 (Enron) 파산 및 9 · 11테러와 같은 비극적인 사건들과 더불어 닷컴 버블이 터졌다. 수많은 닷컴 기업들이 파산하거나 합병을 하며 문을 닫았다. 아마존의 주가는 21개월간 지속적으로 바닥으로 떨어져나갔다. 땅에 떨어진 주가로 가치 없는 스톡옵션을 보유하게 된 직원들의 사기 또한 바닥에 떨어졌다. 격동의 2년 동안 지쳐버린 수많은 임직원들은 퇴사를 선택했다. 2001년, 베이조스는 이틀간 경영진들을 대상으로 연수를 열었다. 그는 당시 『좋은 기업을 넘어 위대한 기업으로』란 책을 출간할 예정이었던 짐 콜린스를 사내 초청했고 짐 콜린스는 '플라이휠(Flywheel)'이란 성장 사이클 모델에 대해 가르쳤다.[25]

플라이휠이란 엔진에 연결된 크랭크 샤프트 축에 달려 있는 큰 원판형의 장치이다. 플라이휠은 회전 에너지를 일시적으로 저장하며, 엔진의 연료 연소에 의한 에너지가 불규칙해도 저장된 회전 에너지를 가지고 회전 불균형 및 회전 진동을 억제한다. 쉽게 이야기하면 큰 원판의 무거운 플라이휠을 처음 돌리는 데는 폭발적인 힘이 필요하다. 하지만 플라이휠이 한 바퀴, 두 바퀴, 세 바퀴 돌기 시작하면 무거운 플라이휠에 저장된 에너지 관성에 의해 엔진이 스스로 안정적으로 돌아가게 된다. 짐 콜린스는 베이조스와 아마존의 임원들에게 플라이휠 효과를 설명하며 좋은 기업이 위대한 기업이 되려면 플라이휠이 꼭 필요하다고 역설했다. 즉,

셋으로 된 모든 것은 완벽하다

기업이 힘이 들고 어려운 상황에 놓여 있을지라도 올바른 방향으로 힘차게 성장해야 하며, 그 성장에 의한 플라이휠 효과에 의해 스스로 계속해서 성장해야 하는 것이다. 베이조스는 짐 콜린스의 플라이휠 개념을 즉시 이해했다. 그리고 그는 그 자리에서 아마존 성장을 위한 플라이휠 모델을 다음과 같이 그렸다.

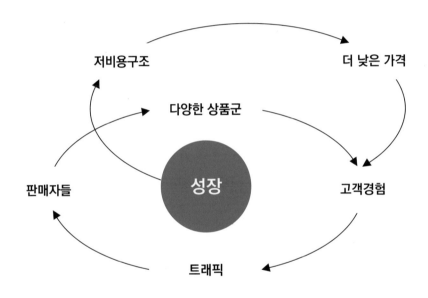

베이조스가 자신이 그린 플라이휠 모델을 공유하자, 임원들은 즉시 아마존이 어떤 사업을 추구해왔고 앞으로 어떤 방향을 향해 가야 할지를 직관적으로 깨달았다. 한 임원은 자신이 근무한 지 5년이 지나서야 마침내 아마존의 사업이 무엇인지를 이해했다고 말했다.

인터넷 쇼핑 플랫폼을 제패하려는 아마존은 훌륭한 고객 경험을 지속적으로 유지하려고 노력한다. 훌륭한 고객 경험은 홈페이지 트래픽 증가로 이어지고 이를 통해 다양한 상품 판매자가 증가하게 된다. 그 결과 소비자는 다양한 상품 선택을 할 수 있고 이로 인해 고객 경험의 질 또한 계속 상승하게 된다. 또한 이러한 선순환을 통해 성장 모멘텀을 얻은 아마존은 성장을 통해 고정비용이 낮아지고 효율성이 높아지는 저비용 구조를 얻게 된다. 그리고 저비용 구조에 의해 아마존은 더 낮은 가격을 소비자에게 제시할 수 있다. 이를 통해 고객 경험은 더욱더 좋아진다. 베이조스는 플라이휠 성장 모델의 어느 부분이라도 보강 및 강화해낼 수만 있다면 그것이 아마존 전체 성장 고리를 가속화할 수 있을 것이라 생각했다. 이 '아마존 플라이휠'은 모든 회의 문서 맨 앞장에 인쇄되었고 향후 아마존의 모든 사업이 성장하는 데 크게 기여한 동력이 되었다.

나만의 성장모델 : 플라이휠 + 셋의 원칙

나는 아마존의 플라이휠을 벤치마킹하고자 했다. 이것을 내 삶에 적용을 할 수 있다면 내가 더 크게 성장할 것으로 나는 생각했다. 그래서 나는 아마존 플라이휠처럼 나만의 성장 모델을 만들었고 이를 적용하고자 노력했다. 하지만 초기에 제대로 되는 것이 없었다. 그 이유로 두 가지가 있었다.

첫째는 성장 모델이 복잡해서 기억하기 어려웠다는 것이고, 둘째는 모델을 구성하는 요소들이 완전하게 연결되지 않았다는 것이다. 예를 들어, 나는 작가 역량을 향상시키기 위한 성장 모델을 다음과 같이 5단계로 작성한 뒤 실천해보고자 했다.

1. 인터넷에 좋은 글을 연재한다 → 2. 구독자들이 많이 생긴다 → 3. 출판사에 출간 제안을 한다 → 4. 책을 출간한다 → 5. 작가적 역량이 향상된다.

그런데 이 성장 사이클은 아무 때나 기억하기에는 좀 복잡했다. 또한 5단계를 구성하는 요소들이 유기적으로 연결되지 않았다. 구독자들이 많이 생기면 왜 그다음으로 출판사에 출간 제안을 하는지가 명확하지 않았다. 작가적 역량이 향상되면 왜 다시 인터넷에 좋은 글을 연재해야 하는지가 모호했다. 결국 이 복잡한 성장 모델은 첫 한 달 동안 적용되다가 어느새 내 머릿속에서 잊혔다. 나는 제대로 된 성장 모델을 만들기 위해서는 사이클을 구성하는 요소들이 최대한 단순해야 한다고 생각했다. 그리고 그 단순한 요소들이 뱀처럼 꼬리에 꼬리를 물고 있어야 한다고 나는 생각했다. 어떻게 말인가? 내 머릿속에서 떠오른 방법은 바로 '셋의 원칙'이었다. 나는 성장 모델을 완성하기 위해서 딱 세 가지 요소만을 남기고 나머지를 모조리 버렸다. 그 결과 작가 역량을 향상시키기 위한 나의 성장 모델이 완성되었다.

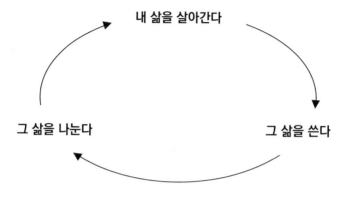

내 삶을 살아간다

그 삶을 쓴다

그 삶을 나눈다

셋의 원칙을 적용하니 성장 모델이 매우 간단해졌다. 첫째는 내가 원하는 삶을 살아가는 것이다. 다른 사람의 인생이 아니라 내가 살고 싶은 인생 말이다. 두 번째는 그 삶을 쓰는 것이다. 내가 살아간 삶을 쓰기 때문에, 내 글에 내 진심을 가득 담을 수 있고 내 글의 깊이 또한 깊어진다. 세 번째는 그 삶을 나누는 것이다. 내 블로그나 SNS를 통해서 그 삶을 나눌 때, 지인들이나 강연의 청중들에게 그 삶을 나눌 때, 책 출간을 통해서 그 삶을 나눌 때, 나는 그 삶을 더욱더 충실하게 살아낼 수 있다. 그리고 이를 통해 나는 계속해서 글을 쓸 동기를 얻을 수 있다.

바로 이 성장 모델을 돌리기 시작하자, 작가 활동에 대한 나의 인식이 변화되었다. 기존에 나는 작가로 성공하기 위해서는 글을 잘 써야 한다고 생각했고 언제나 '글'에 최대의 초점을 맞추어 작가 활동을 하였다. 그런데 새로운 성장 모델을 통해 작가 활동을 해보니, 내 초점은 '글'에서 '삶'으로 옮겨졌다. 나는 단순 글을 쓰는 작가가 아닌 삶을 쓰는 작가로 변화되었다. 나는 더 이상 내 삶과는 상관없이 이 책 저 책에서 본 내용들을 인용하고 단순 분량을 채우기 위한 글들을 쓰지 않았다. 나는 내가 삶에서 경험하고 피부 깊숙이 느끼고 깨달아 진심으로 전달하고 싶은 글들을 쓰기 시작했다. 내 글과 내 삶은 점점 더 하나가 되어갔다. 내 글은 내 삶이고 내 삶은 곧 내 글이 되었다. 내 삶의 깊이가 더해지는 만큼, 작가로서 쓰는 글들의 향기 또한 깊어졌다.

한편 3단계 성장 모델은 내가 회사에서 일을 할 때 커다란 혁신을 가져다주었다. 나는 직장에서 제품 생산 시 필연적으로 존재하는 불량을 개선하고 이를 통해 제품의 수율 및 품질을 향상시키는 일을 한다. 불량의 종류와 불량의 원인은 정말로 많고 불량을 개선하는 일 또한 복잡하고 어렵다. 이 업무를 딱 세 가지로 압축하여 성장 모델을 구성할 수 있을까? 정말로 많은 고민 끝에 다음의 간단한 성장 모델을 만들었다.

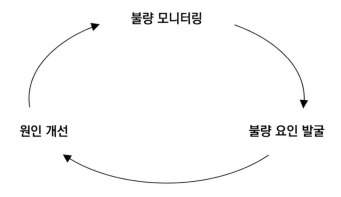

정말 많이 불량을 모니터링하면 불량에 대한 수많은 데이터가 쌓인다. 나는 계측 장비를 최대한 활용하는 선에서 불량 모니터링을 구축하고자 노력했다. 그 결과 빅데이터가 쌓이면 쌓일수록 불량의 속성에 대한 요인자를 가능한 많이 발굴할 수 있었다. 예를 들어, 불량이 어떤 특정한 공정이나 설비를 진행할 때 나오는지, 불량이 웨이퍼 어떤 특정한 위치에 분포하는지, 불량의 크기와 모양 그리고 성분은 무엇인지 등등의 요인자들을 파악하는 것이다. 이러한 요인자들을 최대한 빨리 그리고 최대한 많이 발굴한 뒤, 유관 부서들과 협업해서 불량 요인자들에 대한 참원인을 파악하고 이를 개선하면 된다. 그러면 이미 나는 불량을 정말 많이 모니터링하고 있기에 불량 개선 아이템의 개선 효과를 즉시 검증할 수 있게 된다.

매우 쉽고 간단하지 않은가? 이 3단계 성장 모델은 나의 업무 엔진이 되었고, 나는 이것을 회사에서 진행하고 있는 모든 과제에 적용했다. 회사 상황에 따라 내게 주어진 과제들이 달라져도, 나는 3단계 성장 모델을 통해 요동하지 않고 과제를 힘차게 추진해나갈 수 있었다. 내가 협업하는 사람들과 주요 불량에 대해서 커뮤니케이션할 때에도 내가 담당하는 직원들에게 불량 개선 방법을 교육할 때에도, 3단계 성장 모델이 나를 차별화시키는 큰 무기가 되었다. 내가 담당하는 팀원들 또한 3단계 성장 모델을 쉽게 이해하여 본인의 업무에 적용할 수 있게 되니 내 팀에서 많은 성과가 창출되었다.

나는 오랜 기간 불량이라는 것을 모니터링하고 그 원인을 찾고 개선하는 일을 했다. 그 과정에서 원인이 없는 불량이란 존재하지 않고, 개선할 수 없는 불량이란 역시 존재하지 않음을 경험적으로 터득했다. 자연스레 나에게 "모든 모니터링 가능한 것은 개선이 가능하다!"라는 믿음이 생겼다. 나는 다음과 같이 불량 개선 업무의 3단계 사이클을 일상 속 개선이 필요한 모든 분야에 적용하기 시작했다.

예를 들어, 내가 30대 중반이 되고 나서 가장 좋아하게 된 운동은 골프이다. 골프 실력을 키우기 위해 나는 늘 세 가지 모니터링을 해왔다.

첫째, 모든 골프 게임(스크린 골프, 필드 라운드) 스코어를 자체 엑셀 파일에 기록하여 모니터링하고, 스코어의 변동 사항(개선, 열화, 정체)에 대한 주요 변경점(폼, 전략, 도전)을 한 문장으로 기록한다.

둘째, 매번 골프 훈련을 할 때마다, 우측면에서 동영상 촬영을 한 뒤, 골프 프로의 폼과 비교하여 무엇이 다른지, 그리고 무엇이 같아지고 있는지를 수시로 모니터링한다(테이크백의 궤도, 다운 스윙의 궤도, 클럽 페이스의 방향을 확인한다).

셋째는 둘째와 동일한데 우측면 동영상 촬영이 아닌 정면 촬영을 한다

(주로 머리/하체의 흔들림, 오른쪽 팔꿈치와 허리 회전의 타이밍을 확인한다).

이렇게 세 가지 모니터링 및 원인 개선을 통해 나는 계속 뭔가를 늘 배울 수 있었고 골프 실력 또한 향상되었다. 골프에 입문한 지 1년 만에 나는 필드에서 100타를 깼다. 그리고 2년 뒤 평균 96타, 3년 뒤 평균 91타, 4년 뒤 평균 85타를 기록했다. 아직 싱글(82타 이내)을 경험해본 적은 없다. 하지만 나는 다양한 실력을 가진 사람들과 잘 어울릴 수 있는 충분한 실력을 갖추게 되어 정말 만족하고 있다.

생존이란 단 세 가지 단어로 요약된다.
Never Give Up!

– 베어 그릴스 –

07

가르침

모든 가르침의
만능 방법론

가르침의 중요성

가르치는 것은 선생님이나 교수님만의 업이 아니다. 가르침은 우리 일
상 속에서 필수불가결한 일 중 하나다. 사랑스런 내 두 자녀에게 자기 이
름 쓰는 것 알려주기, 자녀에게 때리는 것이나 물건을 던지는 것이 왜 나
쁜 것인지 알려주기, 자녀에게 '감사합니다'라고 표현하는 법을 알려주
기, 내게 맡겨진 신입들에게 업무 알려주기, 내가 신뢰하는 동료들에게
중요 과제 알려주기, 발표 효과적으로 하는 법 알려주기, 보고서 쓰는 법

알려주기, 블로그 독자들에게 유익한 지식 알려주기, 세미나에 참석하지 못한 친구에게 들었던 정보 알려주기, 친구에게 문제 푸는 법 알려주기, 할머니 할아버지에게 핸드폰 어플 설치 및 사용법 알려주기, 집안 잘 정리하는 법 알려주기, 주택 청약 가점 올리는 법 알려주기, 주식 및 비트코인 매매하는 법 알려주기, 시시각각 변하는 부동산 정책 현황 알려주기, 우선순위 정하는 법 알려주기, 지나가는 행인에게 관공서 가는 길을 알려주기 등등 우리는 수많은 사람들과 교류하며 그들에게 많은 좋은 것들을 가르치며 살아간다.

직장 이야기를 하자면, 효과적으로 가르치는 것은 영향력 있는 리더로 성장하기 위해서 가장 중요한 요소이다. 리더가 제대로 일을 가르치지 못하면 그와 함께 일하는 사람들은 명확하지 않은 초점을 가지고 일하게 된다. 그 결과 좋은 성과를 기대하는 것은 매우 어렵다. 반면 리더가 제대로 일을 가르치면, 사람들은 확실한 목표를 가지고 집중 있게 업무를 추진할 수 있다.

세 가지 가르침의 방식 : 왜, 어떻게, 그래서 뭐

회사에서의 경력이 많아지면서 나는 점점 더 많은 사람들을 담당하게 되었다. 나는 내가 좀 더 자격 있고, 사람들에게 더 큰 도움을 줄 수 있는 리더가 되고 싶었다. 그 과정에서 내게 가장 필요한 능력은 업무를 사람들에게 쉽게 가르치는 능력이었다. 어떻게 가르쳐야 사람들이 효과적으로 일을 하고 그 결과 실력이 성장할 수 있을까? 나는 고민을 많이 했다. 그리고 여러 시행착오를 경험했다. 나는 꼭 피해야 하는 세 가지 가르침의 방식을 알게 되었다.

첫 번째, 납득이 되지 않는 가르침은 밑 빠진 독에 물 붓기와 다름없다. "이것 왜 해야 하나요?"라는 질문에 대해서 "몰라요! 위에서 하라고 시켰어요!"라고 답변한다면 그 일을 배워서 해야 하는 사람은 어떤 태도로 일을 수행할까? 그는 어떠한 동기부여 없이 그 일을 대충 해치우려 할 것이다. 내 경험상 동기와 명분 그리고 이유를 모른 채 일을 하는 것은 거의 대부분 형편없는 결과로 이어진다.

일의 중요성이 크든 작든 어떠한 일을 수행하는 과정에서는 여러 변수들에 발생한다. 이러한 변수들에 대해서 해석하고 제어하면서 목표를 달성해야 하는데, 동기와 이유를 모르고 일을 하는 사람은 그렇게 하지 않는다. 그리고 그렇게 할 수도 없다.

한편 우리의 뇌의 가장 깊숙한 영역에는 파충류 모양처럼 닮은 크로커다일 뇌라는 부분이 존재한다고 한다. 이 영역은 뇌 중에서 최초로 발달된 영역이라고 하며 언어를 처리하는 능력이 없다. 대신 이 영역은 본능이나 두려움, 행복 등의 모든 감정들을 담당한다. 당신이 동기부여가 되어 무언가를 강렬하게 하고 싶다고 느낀다면 바로 크로커다일 뇌가 활성화된 것이다. 만약 당신이 어떤 일을 배웠는데 어떠한 동기나 이유에 대해서 배우지 않았다면 어떻게 될까? 먼저 크로커다일 뇌는 당신이 배운 일에 대해 전혀 흥미롭지 않다고 느낄 것이다. 그리고 크로커다일 뇌는 그 일을 종합적인 생각을 담당하는 신피질로 보낼 가치가 없다고 판단하고 걸러내 버릴 것이다.[26] 쉽게 말하면, 동기와 이유를 제대로 배우지 못하고 일을 하는 사람은 전혀 생각하지 않고 일한다는 것이다. 그래서 나는 일을 가르칠 때 가장 먼저 해야 하는 것은 왜 이 일을 해야 하는지에 대해 가르치는 것이라 생각한다.

두 번째, 방법을 제시하지 않는 가르침은 일을 맡기지 않는 것과 동일하다. "이번 일은 A, B, C의 이유로 중요하니까 이것 꼭 해봐! 그 방법은 알아서 찾고!"라는 식으로 팀원을 가르친다면 팀원이 조직에서 매우 탁월한 S급 인재(상위 10%) 정도가 아니라면, 거의 대부분 정해진 납기를 못 맞추거나 형편없는 결과로 끝이 난다. 조직의 리더도 성공할 방법을 모르는데 어떻게 팀원이 그 방법을 찾아 성공할 수 있겠는가? 나는 이렇게 생각한다. 이는 물고기를 잡으라고 하면서 물고기를 잡는 도구를 쥐여주지 않는 것과 동일하다. 나는 일을 가르칠 때 왜 이 일을 해야 하는지 뿐만 아니라 어떻게 이 일을 해야 하는지도 반드시 함께 가르쳐야 한다고 믿는다.

세 번째, 최종적으로 무엇을 해야 하는지가 빠진 가르침의 결과는 언제나 두루뭉실한 결과를 맺는다. 회사에서 일을 하다 보면 나에게 "어떻게 그 일을 하셨어요? 좀 알려주세요!"라고 질문하는 사람들을 만나게 된다. 나는 정성껏 내가 성공시킨 그 일을 어떻게 했는지 알려준다. 시간이 지나서 나에게 그 질문을 했던 사람들을 관찰해볼 때 크게 두 가지 유형이 있었다. 첫째는 내가 가르친 것을 자기 것으로 소화시킨 사람이고, 둘째는 내가 가르친 것을 완전히 잊어버린 사람이다. 이 둘의 차이점은 매우 간단했다. 그것은 내가 가르쳐준 방법을 실제로 자신의 일에 적용했는지의 유무였다. 배울 때 일의 방법에 대해서 아무리 잘 이해했어도 그 방법을 실제로 한 번도 적용하지 않았던 사람들은 아무리 머리가 좋을지라도 반드시 까먹거나 다시 처음부터 다시 가르쳐야 했다. 그래서 나는 일을 가르칠 때, 왜 일을 해야 하는지, 어떻게 일을 하는지, 그리고 마지막으로 '그래서 무엇을' 앞으로 해야 하는지를 꼭 가르쳐야 한다고 믿는다.

가르침에 대한 나의 세 가지 신념, 왜 해야 하는지, 어떻게 해야 하는지, 그래서 무엇을 해야 하는지를 가르치는 것은 '내가 어떻게 가르쳐야 하는가?'의 방법론이 되었다. 나는 이것을 'Why-How-So What(왜-어떻게-그래서 뭐)' 방법이라고 부른다. 이 방법은 어떤 종류의 가르침에 대해서도 바로 적용해서 써먹을 수 있다. 거의 만능 치트키에 해당한다.

예를 들어, 나는 팀원들에게 논문 스터디를 가르친 적이 있다. 그들은 석사나 박사 과정을 밟은 적이 없었고 논문 스터디를 통해 어떤 분야의 최신 동향을 파악해본 일이 없었다. 나는 가장 먼저 가르침의 첫 단계인 Why에 대해서 다음과 같이 말했다.

"지금까지 우리 회사가 계속 성공을 이어나갔던 배경은 현세대 제품에만 집중하는 것이 아니라 2년 뒤의 제품, 더 나아가 4년 뒤의 제품에 대해서 열심히 준비해왔기 때문이다. 우리 부서 또한 마찬가지이다. 지금 잘하고 있는 것에만 만족할 것이 아니라 앞으로 몇 년 뒤 부서에 있어 매우 중요해질 기술을 조기 발굴하고 이를 준비할 수 있어야 한다. 바로 이것이 논문 스터디를 해야만 하는 이유이다."

그다음 단계인 How에 대해서는 먼저 논문을 검색하는 방법과 논문의 일반적인 구조와 논문에서 원하는 정보를 빠르게 찾는 방법을 알려주었다. 이어서 나는 '배경-결과-아이디어'로 구성된 한 장 정리 양식을 만들었고 딱 한 장으로 하나의 논문을 정리하도록 지도했다. 마지막 단계로 모든 사람이 한 달에 한 건의 논문 스터디를 하도록 계획을 세워 성공적으로 논문 스터디를 진행했다.

또 다른 예로 나는 내 딸이 다섯 살이었을 때 다음과 같이 숫자를 가르쳤다. 먼저 Why에 대해서는 이렇게 대화로 유도했다.

"예서야, 너는 장난감 가게에서 뭐 사고 싶어?"

"콩순이 장난감도 사고 싶고, 시크릿쥬쥬 장난감도 사고 싶어."

"그럼 예서가 콩순이 장난감, 시크릿쥬쥬 장난감을 사려면 가게 아저씨에게 뭘 줘야 하지?"

"돈!"

"맞아 돈을 줘야 해. 바로 이것이 숫자야. 예서가 숫자만 알면 혼자서도 가게에 가서 장난감을 살 수 있어."

그다음 How에 대해서는 이케아에서 산 '물라'라는 주판놀이 제품을 가지고 다음과 같이 숫자 세는 법을 가르쳤다.

"자, 이것 돌 하나가 백 원이야. 알았지?"

"응!"

"그럼 하나씩 세어보자! 백 원 하나. 백 원 둘. 셋. 넷. 다섯. 여섯. 일곱. 여덟. 아홉. 열."

이런 식으로 반복해서 한 개에서 열 개까지의 개념을 잘 이해할 수 있도록 했다. 마지막으로 So What에 대해서는 집에 있는 예서의 물건을 가지고 오라고 해서, 장난감 가게 상황극 놀이를 했다. 주판놀이의 돌 열 개, 즉 백 원짜리 열 개를 예서에게 준 다음, 천 원을 가지고 장난감을 사는 과정을 연습해보았다.

"이거 토끼 인형 사고 싶어요!"
"네, 고객님, 이거 비싼 건데 300원이에요. 백 원 세 개 주세요."
"네, 여기 있어요! 세 개 맞죠?"
"네네, 고객님 확인되었습니다. 여기 토끼 인형입니다."

이런 방식으로 나는 내 딸에게 숫자를 가르쳤다. 그 결과 딸이 직접 돈을 정확하게 셀 수 있을 정도로 숫자 감각이 발달되었고, 계산대 점원에게 돈을 직접 낼 수 있는 정도로 성장했다.

이와 같이 가르침을 행하는 모든 활동에 대해서 나는 가능한 Why-How-So What 만능 치트키를 적용해서 가르치려고 한다. 만능 치트키를 사용하면, 내게 부담스럽게 느껴지는 가르침의 행위가 정말로 단순하고 쉬운 행위로 느껴진다. 또한 가르침의 효과가 사용하지 않을 때보다 몇 배는 더 향상된다.

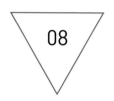

08

기분 전환

부정을 극복하는
세 가지 무기

꼬리에 꼬리를 물고 생기는 부정적인 생각

돈 벌기 참으로 쉽지 않은 현실 속에서 우리는 쉽게 부정적인 생각에 사로잡힌다.

"내년에 승진에 누락되면 어쩌지?", "괜히 도전했다가 실패하게 되면 어쩌지? 그냥 시도조차 하지 말까?", "아, 짜증 나! 그냥 다 때려치우고 싶네!", "왜 누구는 고생하지 않는 것 같은데 나만 이렇게 고생만 하는 것일까?", "이번 시험 망하는 거 아니야?", "아, 난 쓸모없는 사람인가?", "나는 해도 안 되는 걸까?", "내가 문제다!", "이번에도 실패하면 어쩌지?", "열심히 노력해봤자 결국에 달라지는 게 없을 텐데!"

마치 우리가 마시는 공기 속에 부정적인 생각의 입자가 떠다니는 것처럼 부정적인 생각은 늘 우리 주위에 있는 듯하다. 캘리포니아대학 신경영상 정보 연구소의 보고에 따르면, 사람은 하루에 7만 가지 정도의 생각을 한다고 한다. 그런데 그중에 80% 이상이 부정적인 생각들이라고 한다(그나마 20%의 긍정적인 생각들이 있기 때문에 우리가 치열한 삶 속에서 버티고 있는 것은 아닐까?).[27]

부정적인 생각의 특징은 꼬리에 꼬리를 물고 또 다른 부정적인 생각을 만들어낸다는 것이다. 마치 겨울철 산꼭대기에서 굴려 떨어뜨린 눈뭉치가 점점 커다란 눈덩이가 되는 것과 같다.

부정적인 생각은 엄청난 관성을 가지고 우리의 생각, 감정, 행동, 습관을 강력하게 통제하려고 한다. 또한 부정적인 생각은 우리에게 불안과 긴장, 스트레스를 유발한다. 이는 우리의 신체와 정신 건강에 피로, 요통, 면역력 저하, 자존감 저하, 열등감, 불안, 분노, 강박증, 불면증, 우울증, 소화 불량 등 정말로 다양한 형태로 악영향을 미친다고 한다. 우리는 뭔가 조치를 취해야만 한다.

가능한 빨리 부정의 영향권에서 탈출하라

반면 세상에는 긍정의 힘을 강조하며 긍정적으로 살아갈 때 성공할 수 있다는 가르침이 널리 퍼져 있다.

"긍정적인 생각은 당신의 현실 속에 그것을 끌어당긴다!", "마음으로 원하는 것을 생각하면 그것이 인생에 나타날 것이다.", "기분이 좋으면 당신이 모르는 사이에 좋은 일들이 당신에게 끌어당겨진다.", "긍정적인 생각은 마치 자석처럼 그와 비슷한 것들을 끌어당긴다.", "미래에 대해서 긍정적인 상상을 하면 그 미래는 현실이 된다.", "긍정적인 생각으로 사건의 미래를 미리 결정하라.", "당신이 원하는 것을 이미 이룬 것처럼 감사하고 행동하라!", "아침 일어날 때 이미 모든 것을 다 이룬 것처럼 감사하며 시작하라!", "세상에 부는 무한하며 그 부가 지금 나에게 오고 있다고 말하고 생각하라!"

나는 긍정의 힘을 믿는 사람이고 가능한 긍정적으로 행복하게 삶을 살아가고 싶다. 긍정적으로 살고 싶지 않은 사람이 있을까? "나는 부정적으로 인생을 살아갈래! 인생 망치고 싶어!"라고 원하는 사람은 아마도 없을 것이다. 문제는 우리는 긍정을 원하지만 부정적인 생각을 할 수밖에 없는 현실 속에서 살아간다는 것이다.

19년도 우리나라 젊은이들의 사망 원인 통계에 따르면 20대 사망의 51%가 자살이라는 결과가 보고되었다. 우리 우리나라의 자살률은 OECD 표준인구 10만 명당 23.0명이다. 이는 OECD 회원국 중 1등이며 OECD 평균(11.2명)보다 2.1배 높다. 안타까운 것은 인구 자살률은 계속해서 증가하고 있다는 것이다.[28]

한편 인구 1000명당 성형 수술 건수가 13.5건이며, 인구 대비 성형외과 의사 수도 한국이 1위라고 한다. 이는 우리나라 안에 얼마나 외모지상주의가 만연해 있는지를 보여준다. 우리나라 통근시간은 OECD 국가 26곳 중 1등인 평균 58분이다. 이는 서울 집값이 계속 오르면서 사람들이 서울을 떠나 서울 근교, 외곽으로 이주해 통근하고 있는 현실을 보여준다(한편 우리나라 근로 시간도 선두권에 있다). 또한 남녀 임금 격차는 36.7%로 여성이 남성보다 더 적은 임금을 받고 있다. 이 또한 OECD 국가 중 1등이다. 이 외에도 인구 10만 명 당 교통사고 사망자수도 10.8명으로 1등이며, 음주로 인한 대장암 지수도 인구 10만 명 당 45명으로 1등이다. 유엔아동기금 UNICEF에 따르면 한국 아동의 학업 스트레스 지수는 50.5%로 UNICEF 조사 대상 국가인 29개국 중 1등이었다.[29] 게다가 20년부터 창궐한 코로나가 만든 언택트 시대의 현실은 스트레스와 우울함을 더욱더 가중시키는 듯하다.

나는 부정의 힘이 만연해 있는 우리나라 현실 속에서 긍정의 힘을 쥐

어짜내는 것은 큰 효과가 없다고 생각한다. 내 전략은 긍정적인 생각을 하며 긍정적으로 살기 위해서는 부정적인 현실을 인정하고 가능한 빨리 부정의 영향권에서 탈출하는 것이다. 이에 우리가 부정 모드에 들어설 때마다 즉시 긍정 모드로 전환시키는 세 가지 강력한 무기를 이야기하고 싶다.

소(笑) : 일단 웃자!

내 프로필 사진에서 볼 수 있듯이 내 얼굴은 웃는 상이다. 어렸을 때부터 내 별명은 웃음과 관련이 많았다. 웃으면 눈이 하나도 보이지 않는다고 해서 '새우눈'이라 불렸고, 웃으면 하회탈을 쓴 것 같다고 '하회탈' 또는 '안동'(안동 지역에서 살아본 적도 없었지만)이라고 불렸다. 또 친구들은 나보고 'SM'이라고 부르기도 했는데 Smile Man의 뜻이었다. 나는 어려서부터 정말로 잘 웃었다. 이는 억지 웃음이 아니었다. 나는 코미디 프로그램을 보면 정말로 배꼽이 빠질 정도로 웃었다. 친구들의 이야기를 들을 때 거의 대부분 웃음으로 반기며 들어주었다.

중2 시절 사춘기 때였다. 당시 나는 부모님의 말을 거역하며 반항을 하고 있었다. "부모님이 내게 해준 것이 도대체 뭔데?" 외치면서 부모님 특히 어머니 속을 뒤집어놓곤 했다. 나는 "내가 잘하는 것이 도대체 뭘까? 내가 다른 사람들보다 특출난 게 뭐가 있을까?" 하는 물음에 푹 빠져 있었다. 나는 남들보다 특출난 머리가 있는 것도 아니었고, 부잣집의 자식으로 태어난 것도 아니었다. 남들보다 예체능 쪽이나 게임 쪽에 재능이 있는 것도 아니었고, 키가 크고 얼굴이 잘생긴 것도 아니었다. 나는 특출난 게 없다는 사실에 절망을 느꼈다. 그러던 중 내 방에 있던 거울에 비친 내 얼굴을 보게 되었다. 내 얼굴을 보자 나도 모르게 웃음이 나왔다. 거울에 비친 환한 웃음을 보면서 내 얼굴뿐만 아니라 내 마음 전체가 밝아지는 것을 느꼈다. 그때 나는 깨달았다. "부모님이 내게 최고의 재능을 주셨구나! 웃음 말이야!" 나는 내가 잘 웃을 수 있는 타고난 얼굴을 가지고 있다는 것을 자랑스러워했다. 나는 더욱더 밝게 웃었고 그렇게 웃으며 행복하게 살아야겠다는 생각을 했다.

나는 지난 수십 년간 전문적으로 웃으며 살다 보니 웃음에 대해 한 가지 사실을 발견했다. 그것은 행복하니까 웃는 것이 아니라 웃으니까 행복해지는 것이다. 말을 좀 바꿔 표현하자면, 좋은 일이 생겨서 웃는 것이 아니라 웃으니까 좋은 일이 생기는 것이다. 좋은 사람들이 있어서 웃는 것이 아니라 웃으니까 좋은 사람들이 있는 것이다. 불안하지 않으니까 웃는 것이 아니라 웃으니까 불안하지 않게 되는 것이다. 나는 웃음의 힘을 믿는다. 웃음은 순식간에 긴장과 불안과 스트레스 모드를 타파하고 긍정과 행복 모드로 전환해준다. 도저히 웃음이 나올 수가 없는 스트레스의 상황 속에서 억지로라도 웃으면 그 스트레스에서 벗어나 긍정적인 시각으로 상황을 새롭게 바라볼 수 있게 된다.

때때로 오후 세네 시쯤 나는 업무 피로가 몰려 모든 일이 귀찮고 짜증 날 때가 있다. 이 시간에 이를 악물고 일을 더 하려고 하는 것은 불난 집에 부채질하는 꼴이 된다. 한번은 오후 네 시 내 앞에 쌓인 업무량을 보면서 심한 불안 증세를 느꼈고 마치 내 주변에 산소가 부족한 것과 같은 호흡 곤란을 느끼기도 했다. 회사에서 일하기 싫을 때, 불안감이 찾아올 때, 업무 중압감이 나를 누를 때, 스트레스가 해소되지 않고 쌓이는 것 같을 때, 나는 잠시 모든 일을 내려놓고 그저 씨익 웃는다. 일단 웃으면 나는 불안과 긴장이 해소되고 마치 산소가 충만한 숲을 산책하는 것처럼 기분 전환을 할 수 있다.

문헌 조사를 해보니 웃음의 효과에 대해서 정말로 셀 수 없이 많은 의학 연구가 진행되었다. 웃음의 효능에 대한 세 가지 재미있는 연구 결과를 소개해본다.

첫 번째 연구는 웃음의 강도보다 웃음의 빈도가 스트레스를 줄이는데 결정적이라는 것이다. 미국 헌터칼리지의 잰더 셀렌버그 연구팀은 사람들이 스트레스 유발 사건을 경험할 때 웃음의 빈도와 웃음의 강도가 스트레스 증상을 얼마나 약화시키는지를 실험했다. 예상대로 스트레스 증상은 스트레스 유발 사건 당시 경험했던 웃음의 빈도에 의해 약화된다는 것이 밝혀졌다. 심지어 많이 웃었던 사람들의 경우 스트레스 유발 사건을 경험하고도 그 사건이 스트레스를 유발했다고 여기지 않았다. 그런데 놀랍게도 웃음의 강도는 스트레스 증상 완화에 어떠한 연관성이 없었다. 더 강하게 웃었다고 스트레스 증상이 더 완화되거나 하는 결과는 관찰되지 않았다.[30] 이 연구의 시사점은 우리의 일상에서 가능한 자주 웃으라는 것이다. 부정적인 생각이 고개를 들고 올라올 때마다 씨익 웃어보자.

두 번째 연구는 웃음이 스트레스 호르몬으로 알려진 코티졸의 양을 완화시켜준다는 것이다. 독일 콘스탄스 대학교 심리학과의 마리아 마이어 연구팀은 35명의 건강한 성인 대상자(여성 51%, 남성 49%)를 세 그룹으로 구분하였다.

세 그룹은 스트레스 테스트에 노출되기 전에 각각 웃음 요가 세션, 이완 호흡 요가 세션, 비간섭 제어 세션을 경험했다. 테스트 종료 후 즉시 사람들의 코티졸의 양이 측정되었다. 연구팀은 웃음 요가 세션, 이완 호흡 요가 세션을 경험한 사람들의 코티졸 양이 아무것도 하지 않은 사람들의 것보다 더 적을 것이고 웃음 요가 세션을 경험한 사람들의 코티졸 양이 가장 적을 것으로 예상했다. 실험 결과, 웃음 요가 세션을 경험한 사람들만 코티졸 양의 감소한 것으로 나타났다.[31] 이를 통해 우리는 웃음이라는 것이 실제로 스트레스를 해소시키고 스트레스에 대한 저항성을 높여준다는 사실을 알 수 있다.

　세 번째 연구는 잘 웃는 사람들이 더 오래 산다는 것이다. 노르웨이의 과기대 신경의학과 명예교수인 스벤 스베박 연구팀은 15년 간 5만3,556명의 사람들을 대상으로 유머 점수와 사망률 사이의 연관성을 연구하였다. 연구팀은 검증된 설문 조사를 통해 사람들이 얼마나 유머를 잘 인지하는지에 대한 유머 점수를 지수화했다. 그리고 유머 지수와 심장병, 감염, 암, 만성폐쇄성 폐질환 등 특정 원인에 따른 사망률의 관계를 분석했다.

　연구 결과, 여성의 경우 유머 점수가 높은 사람들의 사망률이 크게 감소되는 것으로 나타났다(모든 원인에 의한 사망률 48% 감소, 심장 질환에 의한 사망률 73% 감소, 감염에 의한 사망률 83% 감소). 남성들의 경우, 감염으로 인한 사망률만 연관성이 발견되었다. 유머 점수가 높은 남성들이 감염으로 인한 사망률 74% 감소를 보여주었다. 연구진들은 성별의 차이가 발생한 것에 대해서는 남성들이 나이가 들면서 유머 점수가 떨어졌기 때문이라고 제안했다(믿거나 말거나 말이다). 스베박 교수는 웃음이 스트레스 호르몬의 증가를 막으면서 면역력 감소가 방지된다고 말했다.[32] 이 연구가 시사하는 바는 유머를 잘 인지하고 잘 웃을 수 있는 사람들이 더 건강한 삶을 살 수 있다는 것이다.

목(目) : 눈을 크게 뜨자!

인간의 눈은 다른 동물들의 눈과 달리 매우 특별한 구조를 가지고 있다. 인간의 눈은 옆으로 길게 찢어져 있다. 또한 검은 동공을 흰자위라 불리는 흰색 공막이 둘러싸고 있는 구조이다. 지구상 동물 중 공막이 흰색인 동물은 우리 인간이 유일하다고 한다. 침팬지, 강아지, 고양이와 같은 동물의 경우, 동공과 공막이 모두 같은 색이다. 이로 인해 외부에서 그들이 어디를 바라보고 있는지 어떤 감정을 나타내는지 파악하기 어렵다. 하지만 인간의 경우 흰색 공막에 의해서 동공과 공막이 뚜렷하게 구별되며 눈을 통해서 타인의 시선을 읽고 타인이 느끼고 있는 감정을 확인할 수 있다. 막스플랑크 진화인류학연구소의 한 실험에서 유인원과 사람을 마주보게 한 뒤 사람이 머리와 눈을 여러 방향으로 향하게 할 때 유인원이 어떤 반응을 보이는 관찰했다. 실험 결과 유인원은 사람이 가리키는 눈 방향이 아닌 머리 방향에 주의를 기울여 반응했다고 한다. 반면 한 살의 유아들을 상대로 똑같은 실험을 했을 때 유아들은 사람의 머리 방향이 아닌 눈 방향에 주의를 기울여 반응했다고 한다. 실험에 따르면, 생후 7개월만 되어도 부모의 눈동자를 통해 부모의 감정을 파악하고 이를 통해 교감한다는 것이 밝혀졌다.[33]

우리 인간은 눈을 통해 서로의 감정을 교감하는 의사 소통 능력을 발전시켜왔다. 이를 다른 관점에서 바라보면 우리의 현재 감정 상태는 우리의 눈에 쓰여 있다. 사람들은 우리의 눈빛만 보더라도 우리가 지금 어떤 상태인지를 읽을 수 있다. 우리가 부정적인 생각 속에 사로잡혀 있고, 불안과 걱정, 긴장과 스트레스의 영향권 아래 있다면 우리의 눈빛은 생기가 없고, 힘이 없고, 초롱초롱하지 않으며, 피곤해 보이고, 흐리멍덩하게 보인다. 한 연구에 따르면 지속적으로 스트레스에 노출되어 코티졸 수치가 높은 상태인 경우 실제 시력 저하가 발생했다고 한다.[34]

여기까지 내가 말한 것들은 이미 학계에 보고되고 널리 알려진 내용이다. 이제부터 내가 말하고 싶은 것은 과학적으로 증명된 것은 아니지만 경험적으로 진짜라고 내가 믿고 있는 것이다. 바로 부정적인 생각에 사로잡힐 때 눈을 크게 뜨면 부정적인 모드를 긍정적인 모드로 바꾸는데 도움이 된다는 것이다. 예를 들어 내 바이오리듬상 나는 오후 시간에 짜증이 나고 부정적인 모드에 빠질 때가 많다. 표현은 못 하지만 내 속마음은 이렇게 외쳤다.

'이만큼 했으면 됐지 왜 또 이렇게까지 해야 해! 답답해!' '아휴, 짜증나! 그냥 다 때려치우고 싶다!', '왜 내 예상대로 진행되고 있는 일은 아무것도 없는 거지!?', '그냥 다 마음에 들지 않아!', '중요해 보이지도 않는데 나는 왜 이렇게 사소하고 가치 없는 일에 매달리고 있는 것일까?'

부정적인 모드에 빠지면 나는 더 이상 일에 제대로 집중하기 어려웠고, 내 안에 있는 창의적 에너지는 고갈되어버리는 것 같았다. 이럴 때면 내 눈빛은 십중팔구 빛과 생기를 잃었고 힘이 없었다. 그런 눈으로 일을 해보았자 업무가 제대로 진행될 리 없었다. 이럴 때면 나는 부정적인 모드에서 벗어나기 위해서 눈을 크게 뜬다. 그리고 속으로 이렇게 생각한다. '내 눈빛은 초롱초롱하다!', '나는 자신감이 넘친다.', '나는 어떠한 것도 두렵지 않다!', '나는 가장 창의적이다!' 이와 같이 일단 눈을 크게 뜨고 긍정적인 생각을 하면 나는 부정적인 기운을 즉시 끊어버리고 긍정적인 모드 속에서 일을 할 수 있었다. 피곤할 때면 의식적으로 눈을 크게 뜨고 일을 하다 보니 "많이 피곤해 보인다!", "힘들어 보인다!", "업무로 정말 고생이 많다!" 라는 동료들의 말이 많이 줄었다. 오히려 그들은 "컨디션이 참 좋아 보인다!", "요즘 일이 잘 풀리나 봐!", "오늘 엄청 기분이 좋아 보인다!"와 같은 말을 많이 건네주었다.

나는 왜 눈을 크게 뜨면 스트레스를 극복할 수 있는지에 대해서 다음과 같이 생각을 했다. 사람들이 스트레스 유발 사건 또는 사람을 만나면 불안을 느끼게 되며 이는 눈빛과 얼굴 표정에 드러난다. 그런데 피하고 싶은 사건과 사람을 항상 피할 수는 없기에 스트레스는 더욱더 가중된다. 이로 인해 사람들은 부정적인 생각과 감정에 사로잡히게 된다. 만약 당신이 눈을 크게 뜨고 스트레스를 유발하는 사건과 사람을 회피하려고 들지 않고 정확하게 직시할 때, 당신은 그것들에 대한 불안과 두려움을

셋으로 된 모든 것은 완벽하다

극복할 수 있다. 그 결과 당신은 긍정적이고 적극적으로, 건설적이고 높은 자신감을 가지고 행동할 수 있다. 과학적으로는 검증이 되지 않았지만 나는 감정 상태가 바뀌면 눈빛이 바뀌듯이 역으로 눈빛이 바뀌면 어떠한 신경과학적 근거에 의해 감정 상태가 바뀐다는 가설을 던져본다.

견(肩) : 어깨를 당당하게 펴자!

내가 미국에서 회사 임원 면접을 볼 때 있었던 이야기이다. 임원들은 내게 여러 질문을 던졌고 나는 내가 생각할 수 있는 한에서 최선을 다해 답을 했다. 그러다 한 임원이 이런 질문을 던졌다. "가장 잘하는 특기가 무엇이죠?" 나는 솔직하게 대답했다. "저는 글을 잘 씁니다. 저는 책도 한 권 출간했습니다." 나의 답을 받아 그 임원이 질문을 계속했다. "대단하군요. 만약 회사를 다니다 출간한 책이 대박이 난다면 회사를 그만둘 것인가요?" 나는 그 임원의 의도를 직관적으로 파악했고 질문의 틀에서 벗어나기 위해서 오히려 생뚱맞은 질문을 던졌다. "아인슈타인이 특수 상대성 논문을 쓸 때 직업이 무엇이었는지 아시나요?" 아무도 대답하지 못했다. 나는 2~3초 간의 적막한 회의실 공기를 340m/s 속도의 소리로 채웠다. "바로 특허청 직원이었습니다. 특허청에서도 인정받는 인재였습니다. 아인슈타인이 특허청에서 일도 잘하면서 특수 상대성 논문을 썼던 것처럼 저 또한 회사에서 열심히 일을 잘하면서 베스트셀러를 쓸 수 있다고 생각합니다." 회의실 분위기는 왁자지껄해졌다. 나는 면접 내내 임원들 앞에서 나의 나 된 모습을 자신 있게 표출했고 모든 질문에 대해서 아는 대로 성공적으로 답변할 수 있었다. 그렇게 나는 커다란 자신감을 안고 회사에 들어가게 되었다. 그리고 나는 언젠가 퇴사를 할 때까지 이 자신감을 잃지 않겠다는 다짐을 했다. 그 다짐의 표현은 '어깨를 당당하게 펴고 기죽지 않는 것'이다. 일에 대해 걱정이 들 때마다, 어떤 결과와 피드백을 받을지 몰라 불안할 때마다, 업무 스트레스로 힘이 쭉 빠질 때마다, 자신감이 떨어질 때마다, 나는 억지로라도 어깨를 활짝 펴기 위해 노력했다. 그러면 금세 불안과 걱정이 해소되고 그 자리에 놀라운 자신감이 샘솟는 것을 나는 경험했다.

경험적으로 어깨를 당당하게 펴면 세 가지 기이한 효과가 나타났다. 첫째, 사람에 대한 두려움이 감소한다. 특히 윗사람에 대해서 말이다. 나는 직급이 높은 사람들에 대해서 존중을 해야 하지만 두려워하면 안 된다고 생각을 한다. 하지만 그들이 나를 관찰하고 있고 나를 평가하고 있다는 구조 속에서 그들이 두렵게 느껴지고 긴장이 되곤 한다. 그럴 때마다 나는 억지로라도 어깨를 당당하게 편다. 어깨를 활짝 펴면 알 수 없는 어떠한 원리에 의해서 억눌렸던 자신감이 생기고 내가 상대해야 하는 사람들에 대한 두려움과 긴장이 해소된다. 내 앞에 있는 사람들이 지위가 아무리 높거나 능력이 아무리 탁월할지라도, (강연의 경우) 사람들의 수가 아무리 많더라도, 어깨를 활짝 펴면 자신감이 생긴다.

둘째, 사람들이 만만하게 보지 않는다(단 거만하게 보여서는 안 된다). 많은 사람들이 모여 있는 조직에서는 사람들이 강자에게는 약하고 약자에게는 강한 경향성을 가지고 있다. 보통 불안함은 자신의 부족함 그리고 약점과 연결되어 있다. 불안해하는 사람들은 위축된 자세, 확신이 부족한 목소리를 사람들에게 드러낸다. 그런데 문제는 조직 사회에서 불안해하는 사람들을 만만하게 여기고 약점을 찾아내서 공격하는 사람들이 있다는 것이다. 그래서 약점을 노출하지 않는 것이 유리하다. 이왕이면 어깨를 활짝 펴고 승자인 듯 당당하게 보이는 것이 좋다. 당신이 당당해 보이면 사람들은 당신을 만만하게 보지 않는다. 조던 피터슨 교수는 말했다. "뭔가를 해도 자신감 있어 보이는 쪽이 자신감 없어 보이는 쪽보다 유리하기에 최대한 어깨를 열고 등을 펴고 다니세요."

셋째, 위닝 멘탈리티를 가지고 적극적으로 행동한다. 방금 언급한 조던 피터슨 교수는 바닷가재 이야기를 했다. 바닷가재는 수많은 생물체 중에서도 뇌신경 구조가 매우 단순한 생물이며 무려 3억5천만 년 전부터 이 단순한 뇌신경 구조를 가지고 지구에서 생존해온 생물로 알려져 있다. 그래서 바닷가재는 진화생물학에 있어 중요한 연구 대상이며 바닷가재를 통해서 인간을 비롯한 다른 생물체의 생존과 적응의 원리를 이해할 수 있다. 바닷가재는 생존에 유리한 영역을 놓고 서로 자리 싸움을 한다. 싸움에서 승리한 바닷가재는 더듬이를 치켜세우며 당당한 자세를 유지한다. 반면 싸움에서 패배한 바닷가재는 더듬이를 아래로 깔며 위축되고 무기력한 모습으로 모래를 뻐끔뻐끔 내뿜으며 유유히 사라진다. 이는 인간 사회의 모습과 정말로 비슷한 것 같다. 서열 구조에서 성공한 사람은 자신감 넘치고 목소리에 힘이 있으며 허리를 꼿꼿이 세우고 어깨를 펴고 다닌다. 반면 서열 구조에서 패배나 실패를 경험한 사람은 자신감을 잃고 불안함 속에 있으며 대개 어깨가 처지고 고개를 숙이며 위축된 자세로 걷는다. 조던 피터슨 교수는 이를 극복하기 위해서 어깨를 활짝 펴고 다닐 것을 강조한다. 왜냐하면 양성 순환 고리(Positive Feedback)에 의해서 당신이 어깨를 활짝 펴고 자신감 넘치게 행동하면 사람들은 당신을 지위와 능력이 높은 사람으로 평가하고 그 결과 당신은 더욱더 어깨를 펴고 당당하게 행동하게 되기 때문이다. 결국 어깨를 펴고 다닌다는 것은 당신에게 위닝 멘탈리티를 갖게 해준다.

세 가지 가장 치명적이고 부정적인 감정은
화, 죄책감, 두려움입니다.

– 조이스 마이어 –

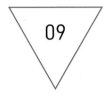

09

리더십

경영하는 리더의
세 가지 자질

경영: 방향, 방법, 메시지

나는 고등학교 졸업 후 화학공학과로 대학에 입학했다. 나는 여러 과학 분야 중에서 화학이 좋았고 화학을 통해 새로운 기술을 만들어내고 싶었다. 그런데 사실 나는 경영학을 전공하고 있는 인문계 친구들이 내심 부러웠다. 경영학을 전공하면, 전 세계 유명 기업 조직의 성공 사례를 누구보다 잘 알게 되고, 성공적인 리더십을 갖춰 언젠가 회사의 CEO 또는 회사의 중역으로 성공할 수 있을 것 같았다. 나는 경영학을 공부하지는 않았지만 도서관에 있는 경영학 관련 책들을 모조리 읽었다. 대학교 때 내가 과학, 공학 관련 읽은 책들의 수보다도 경영학 관련 읽은 책들의 수가 압도적으로 많았다(돌이켜보면, 이때 읽은 책들은 내가 작가가 되는 데 도움을 좀 준 것 같다). 사실 대학 졸업 후 지금까지도 나는 경영학 책들을 읽는다. 나는 줄곧 경영이란 무엇인가에 대해 나만의 정의를 찾고 싶었다. 피터 드러커, 해럴드 쿤츠, 제임스 스토너와 같은 수많은 경영학의 구루들은 경영이란 무엇인가에 대해 각기 다른 관점에서 정의했다.[35] 하지만 나는 경영의 본질은 매우 단순하며 이 본질은 경영에 대한 다양한 정의들 속에 공통적으로 포함되어 있을 것으로 생각했다. 내가 생각하는 경영의 본질은 다음과 같다.

'경영(經營)'이란 말을 파자하면, 경은 실 사(糸)와 물줄기 경(巠)이 합쳐진 말로, 실과 물줄기의 방향성을 의미한다. 영은 집 궁(宮) 위에 불 화(火) 두 개가 합쳐진 말로, 군대의 진영에 불을 환하게 밝히며 방법을 궁리하는 것을 의미한다. 내가 생각하는 경영이란 방향과 방법, 이 두 가지를 잘 세우는 일이다. 여기서 한 가지 더 추가하자면, 경영을 수행하는 리더는 혼자서 일을 해낼 수 없다. 그는 조직의 구성원들과 함께 일을 성취해야 한다. 리더가 아무리 방향과 방법을 잘 세워도 조직의 구성원들과 효과적으로 소통을 할 수 없다면 경영은 실패할 것이다. 따라서 내가 생각하는 경영의 본질이란 방향, 방법, 메시지로 확장된다. 이 세 가지는 바로 경영을 수행하는 자 곧 리더의 자질이다. 리더의 세 가지 자질, 방향성, 방법론, 메시지에 탁월해지는 법에 대해 구체적으로 알아보자.

방향성: 목표를 숫자로 파악하라

내가 일하는 회사에는 반도체인의 신조라는 것이 있다. 인터넷에 검색만 해도 열 가지 신조가 나온다. 일하는 데 도움될 만한 좋은 말들을 다 모아둔 것이라 생각하면 된다. 과거에는 마치 성경의 사도신조와 같이 모든 사원들이 달달달 외웠다고 한다(지금은 다행히 그렇지 않다). 반도체의 열 가지 신조 중에서 내가 가장 중요하다고 생각하는 것이 하나 있다. 그것은 '무엇이든 숫자로 파악하라'이다. 나는 이 말이 리더의 첫 번째 자질인 '방향성'을 키우는 것과 깊이 연결되어 있다고 생각한다.

당신이 자동차를 운전해서 여행의 목적지에 간다고 하자. 당신은 여러 고속도로와 수많은 국도를 지나게 될 것이다. 북쪽길로 가다가 동쪽길로 그러다 동남쪽길을 타다가 다시 동쪽길로, 북동쪽길로 가다가 북서쪽길로…. 이렇게 당신은 시시각각 방향이 바뀌는 복잡한 길들을 지나게 되지만 결국 당신이 원하는 목적지에 도착하게 될 것이다. 그 이유는 당신의 내비게이션에 여행 목적지를 정확하게 입력했기 때문이다. 나는 리더의 '방향성'이 바로 이와 같다고 생각한다. 리더의 방향성을 키우기 위해서는 목표를 분명하게 세워야 한다. 몰입 전도사, 서울대 공과대학 황농문 교수는 뚜렷하고 강한 목표를 가지고 있을 때, 성공에 대한 긍정적인 보상이 커지고 목적을 향한 신체의 노력이 극대화된다고 말했다. 황농문 교수는 목표를 가지고 일을 수행할 때, 우리의 신체와 뇌는 목표 달성을 성공하기 위해 비상사태에 돌입한다고 한다. 바로 이 상태에서 몰입이 시작되고 최대의 능력과 성과가 만들어지는 것이다.[36] 실제로 올림픽 금메달리스트들과 같이 스포츠 분야에 위대한 업적을 남긴 선수들은 마지막 단 한 번의 승부에서 놀라운 집중력을 가지고 승리했다.

우리나라 역대 올림픽 금메달리스트의 25%를 인터뷰한 김도윤 작가는 올림픽 금메달리스트들의 공통점은 분명한 자기 목표를 가지고 있다는 점이라고 말했다.[37] 2004 아테네 올림픽 탁구 금메달리스트, 대한민국 IOC 위원인 유승민 선수는 목표에 대해 이렇게 말했다. "일단 자기가 목표를 정하면 마음가짐, 체력, 생활 방식, 운동량 등 그 모든 것이 새롭게 설정이 된다." 예를 들어 올림픽 금메달을 목표로 하는 선수는 금메달을 따기 위한 정신 수련, 체력 훈련, 생활 방식 및 루틴 형성, 매일 운동량 세팅 등 그 모든 것이 금메달에 초점을 두어 설정된다. 목표를 분명하게 세우고 이를 제대로 달성하려면 목표를 숫자로 파악할 수 있어야 한다. 실무적으로 말하자면, 목표를 KPI(핵심 성과 지표, Key Performance

Index)로 나타내는 것이다. KPI를 가지고 목표를 달성하는 삼 단계 과정에 대해서 알아보자.

첫 번째 단계는 KPI를 수립하는 것이다. 당신이 생각하는 숫자가 KPI가 되려면 기본 세 가지 조건인 측정 가능성, 모니터링 가능성, 대표성을 만족시켜야 한다. 측정 가능성이란 말 그대로 측정해서 숫자로 나타낼 수 있는 것이다. 모니터링 가능성은 일회성이 아닌 정기적인 측정을 통해 KPI를 수시로 확인할 수 있는 것이다. 대표성은 모니터링된 KPI가 당신이 원하는 목표의 달성 과정을 대변해주는 것이다. 쉬운 예를 들어서 피트니스 운동을 한다고 하자. 당신의 목표는 TV 속 연예인들처럼 멋진 몸매를 가지는 것 즉, 몸짱이 되는 것이다. 이 목표를 위해 많은 사람들이 사용하는 KPI는 체지방률(%, 체중에서 지방이 차지하는 비율)이다. 체지방률은 인바디를 통해서 측정 가능하며, 매 운동을 할 때마다 정기적으로 측정해서 모니터링이 가능하다. 그리고 열심히 운동하면 할수록 체중에서 지방은 타 없어지고 근육량은 증가함에 따라 체지방률은 낮아지게 되며, 따라서 체지방률은 몸짱이 되는 목표를 잘 대변해준다. 보통 몸 관리 잘하는 연예인들이나 모델의 체지방률은 10~12%로 알려져 있으며 피트니스 선수들의 체지방률은 8% 이하라고 한다.

두 번째 단계는 KPI 달성 목표를 수립하는 것이다. 영화 배우 덴젤 워싱턴은 이런 말을 했다. "목표가 없는 꿈은 그냥 꿈일 뿐이다!" 그동안 회사에서 여러 경험들을 하면서 많이 후회했던 것 중에 하나가 목표가 없이 열심히 일을 했던 것이다. 나는 근면 성실의 미덕을 부정하려는 것이 아니다. 열심히 일을 하면 분명 좀 더 많은 것을 얻을 확률이 높아진다. 그런데 내가 목표 없이 열심히 일을 했을 때, 내가 들인 노력이 헛수고가 되었던 적이 많았다. 과거에 나는 제품 수율 품질의 체력을 끌어올린다는 명목으로 제품 양산 설비와 공정의 불합리를 모조리 찾아내 하나하나 개선했던 적이 있었다. 나는 그동안 잘 보고되지 않았던 불합리를 파악하는 등 정말로 열심히 일을 했다. 문제는 목표와 KPI가 없었던 것이다.

나중에 업무 복기를 했을 때, 목표가 없었기에 개인적으로는 열심히 일을 했어도 조직 전체적으로 가치가 크지 않은 일을 해낸 셈이 되었다. 또한 KPI가 없었기에 열심히 일해 얻은 성과를 증명할 방법이 없었다. 나는 내가 무엇을 위해서 이렇게 열심히 일을 했는가 하고 생각하며 내가 일한 방식에 대해 크게 후회를 했다. 만약 내가 이 업무를 조직의 리더로서 수행했다면 나는 많은 사람들을 실망하게 하고(방향성이 없어) 우왕좌왕하게 만드는 리더가 되었을 것이다. 이 경험 이후 나는 중요한 업무를 할 때 반드시 KPI와 KPI 달성 목표를 제대로 준비한 다음 일을 추진한다. 목표가 없는 일은 그냥 일일 뿐이다. 하지만 목표가 있는 일은 특별한 성과가 된다.

세 번째 단계는 목표 납기를 정하는 것이다. KPI를 수립했고 KPI 목표를 정했다고 끝이 아니다. 언제까지 목표를 달성하겠다는 납기가 있어야 한다. 나는 개인적으로 납기가 없는 목표는 달성하지 않겠다는 목표라고 여긴다. 따라서 내가 진행하는 회의에서 액션 아이템이 논의될 때마다 나는 항상 묻는다. "이것 언제까지 할 수 있나요?" 또는 "이것 언제까지 해야 하나요?" 사람들 중에는 "언젠가는 해결되겠지."라는 생각을 가지고 납기 없이 편하게 일을 하려고 하는 사람들이 있다. 이 경우 거의 대부분 허송세월하면서 시간을 소비하거나 대충 일을 한 결과, 허술한 결과가 만들어진다. 만약 당신이 여러 사람들과 협업을 추진하는 데 납기 없이 일을 하는 경우, 당신의 업무는 반복적으로 미뤄질 것이고 이로 인해 밀접하게 얽혀 있는 다른 사람들의 업무들 또한 모두 밀리게 되는 나쁜 효과가 발생할 것이다. 조직 생활에 있어서, 납기를 준수하지 않음은 자신의 신뢰성을 떨어뜨리는 가장 빠른 지름길이다. 물론 납기를 정할 때 한 달 동안에 할 수 있는 일을 며칠 만에 하겠다는 식으로 말도 안되는 납기를 정하면 안 된다. 이것은 당신, 그리고 당신과 함께 일하는 모든 사람들의 사기와 의욕을 완전히 꺾어버리는 안 좋은 행태이다. 반대로 한 달 동안에 충분히 해낼 수 있는 일을 1년 안에 하겠다는 식으로 지나치게 풀어진 납기를 정하면 안 된다. 이 경우 사람들은 전혀 긴장하지 않고 일을 대충하거나 일을 계속해서 미룰 것이다. 납기를 정하는 최고의 기준은 '충분히 도전적인가'의 여부이다. 기존 이력이 있는 납기보다 좀 더 빠르게, 현시점에서 예상되는 때보다 '좀 더 빠르게'와 같이 충분히 가능하고 도전적인 납기를 선정하자.

방법론: 목표를 분절화하라

라틴어로 '지식, 앎'을 뜻하는 말은 '시엔치아(scientia)'로 그 어원은 라틴어 '시(sci)'이며 이는 '쪼개다'라는 의미를 가지고 있다. 고대 로마 사람들은 지식 또는 안다는 것이란 '쪼개어 아는 것' 즉, 한 가지 대상에 대해 세밀하게 분절화하여 깊이 있게 해석하는 것으로 생각했다. 쪼개어 알때, 당신은 한 가지에 대해서 정말로 깊이 있는 이해를 얻을 수 있다. 마찬가지로 리더가 원하는 목표를 달성하기 위한 방법을 얻기 위해 정말로 중요한 것은 목표를 쪼개는 것 곧, 목표를 분절화하는 것이다. 목표를 분절화할 때 목표를 잘 이해할 수 있고 이 과정에서 각 목표를 효과적으로 달성해낼 수 있는 방법론이 태동한다.

당신이 목표를 어떻게 분절화하느냐에 따라서 일의 범위, 목적, 마감일 등 일의 속성과 격이 달라진다. 목표를 분절화하는 것은 곧 업무를 설계하는 것을 의미한다. 목표 분절화를 위해 가장 널리 사용되는 기준이 있는데 바로 'MECE(미씨)'이다. MECE란 'Mutually Exclusive

Collectively Exhaustive'라는 말의 앞 글자에서 따온 것이다. 직역하자면 MECE는 '서로 배타적이면서 동시에 합하면 전체를 차지하도록'이라는 의미를 가진다. 좀 더 직관적으로 MECE를 의역하자면 '중복되지도 않게, 누락되지도 않게 모든 경우의 수로 쪼개는 것'을 의미한다. 예를 들어, 우리나라 인구를 60세 이상과 60세 미만으로 쪼개는 것, 축구 경기를 전반전과 후반전으로 쪼개는 것, 부동산을 수도권과 비수도권으로 쪼개는 것, 영업부를 국내 영업부와 해외 영업부로 쪼개는 것, 하루를 24시간으로 쪼개는 것, 골프 코스를 파3, 파4, 파5로 쪼개는 것 등이 MECE 기준으로 쪼갠 것이다. MECE 사고법의 대표적인 사례로 맥도날드의 맥모닝 개발이 있다. 매출 증가를 목표로 방법을 모색한 맥도날드는 MECE 기준으로 영업 시간을 쪼개어보았다. 그 결과 맥도날드는 그들이 점심 때 문을 열기 시작해 점심과 저녁 메뉴만을 서비스했다는 것을 인식했다. 바로 아침 메뉴가 빠진 것이다. 이에 맥도날드는 출근 전 밥을 제대로 챙겨 먹지 못한 직장인들을 대상으로 2006년 맥모닝을 개발했고 맥모닝은 엄청난 성공을 거두었다. 이와 같이 당신의 목표를 MECE 기준으로 분절화해보자. 예를 들어, 당신이 스마트 TV 제조 공장에서 생산 수율을 책임지는 팀에서 일을 하고 있다고 하자. 팀의 금년 목표는 제조 수율을 92%에서 95%로 끌어올려 3,000억의 경영 성과를 창출해내는 것이고 당신이 일하는 부서는 TV 제조 과정에서 발생하는 패턴 불량률을 줄이는 것이다. 최종 생산 시 불량 TV 제품을 전수 분석한 끝에 패턴 불량률은 전체 불량률 8%(=100%-92%) 중에서 3%를 차지한다는 것이 밝혀졌다. 그리고 이 3% 중에서 1%는 소재기인 불량이고 1%는 입자기인 불량 그리고 나머지 1%는 TV 제조 공정 산포 기인 불량이었다. 이에 당신이 맡고 있는 분과는 입자기인 불량률을 1%에서 0.5%로 줄여 500억 경영 기여하는 목표를 세웠다. 또한 입자 기인 불량률 1%를 추가로 분절화한 결과, 공정 기인 입자가 0.5%, 설비 노화 기인 입자가 0.3%, 부품 세정 기인 입자가 0.2%로 분석이 되었다. 이에 당신은 분과를 공정 담당, 설비 담당, 부품 담당, 이렇게 세 가지로 나누었고 공정 담당은 공정 불합리 개선 및 공정 최적화, 설비 담당은 설비 경시 변화 최적화, 부품 담당은 부품 세정 방식 최적화 및 부품 세정 주기 수립을 하는 방법론을 세워서 업무를 열심히 추진했다.

메시지: 분명하게 말하라

[수술 Scene 1 - 〈슬기로운 의사생활 2〉 2화]

송화 : 튜머(종양)가 어드히젼(협착)이 심한데. 아, 다이섹션(정상조직에서 떼어내는 것)이 힘드네.

석민 : 제가 튜머 이쪽 부분 리트렉터(수술부를 넓게 벌리는 기구)로 당겨보고 있을까요?

송화 : 어, 그래.

송화 : 마취과 선생님, 피가 많이 나네요. 혈압 어때요?

마취과 선생님 : 혈압 떨어집니다. 90에 70입니다.

송화 : 우리 피 준비된 것 있으면 빨리 주세요.

간호사 : 네.

송화 : 종양 잘 제거된 거 보이지?

선빈 : 네, 교수님.

송화 : 이제 마이크로 빼주세요.

간호사 : 네.

송화 : BP(혈압) 얼마인가요? 피 잘 들어가나요?

마취과 의사 : 예, 잘 들어가고 있습니다.

송화 : 아우, 힘들었다.

석민 : 듀라(뇌를 싸고 있는 막)부턴 저희가 닫겠습니다.

송화 : 어, CSF(뇌 척수액) 안 새게, 듀라 꼼꼼하게 닫아주고 블리딩 컨트롤 잘하고 마무리 잘해줘.

[수술 Scene 2 – 〈슬기로운 의사생활 2〉 2화]

준환 : 심장 쓸데없이 건들지 마! 피브릴레이션(심실세동) 오잖아. 페리카디움 텐팅(심낭 텐팅) 할 것 주세요.

준환 : 거의 된 것 같은데.

전공의 : 네, 교수님 예쁘게 잘 붙었는데요?

창민 : 심장이 잘 뛰고 있습니다, 교수님.

준환 : 가슴도 닫고 에크모도 안 달아도 되겠다. 마무리 잘하자.

전공의 : 네.

드라마 〈슬기로운 의사생활〉의 수술 장면 대사이다. 이와 같이 긴급한 수술 상황에서는 의사와 간호사 간에 분명하고 정확한 의사 소통이 필요하다. 수술 중에 절대로 허술하고 애매모호한 표현으로 의사소통해서는 안 된다. 의사와 간호사가 분명하게 소통하지 않으면 환자는 죽거나 생명이 위태로워진다. 나는 조직을 이끄는 리더는 수술실의 의사를 닮아야 한다고 생각한다. 리더는 일에 대해 명확하게 정의를 내리고 일의 방향과 일의 방법에 관하여 분명한 메시지를 던져야 한다. 그렇지 않으면 조직은 필요 이상으로 비효율적이고 서로 각기 다른 방식으로 일을 하게 된다. 리더의 입을 통해서 흘러나오는 불분명한 메시지, 모호한 메시지, 롤러코스터와 같은 일관성 없는 메시지는 조직에 악영향을 끼친다. 조직을 혼란에 빠뜨리고 조직에 손해를 끼치며, 쉬운 문제를 난제로 만든다.

한 예로, 한 때 휴렛패커드(HP)의 기대 받는 CEO였지만 회사에 엄청난 경영 손실을 일으켜 이사회로부터 축출당한 칼리 피오리나의 이야기가 있다. 1999년 휴렛패커드로부터 CEO로 전격 영입된 후 피오리나는 대대적인 상하 조직 문화 개편이 필요하다고 생각했다. 아직 사장단 교체, 조직 개편, 해고 및 실직에 대한 분명한 플랜을 수립하기 전이었지만 피오리나는 고위 사장단 임원들을 소집해서 자신의 조직 개편에 대한 생각을 먼저 전달했다.

피오리나의 첫 메시지 이후, 사람들은 곧 닥치게 될 조직 개편에 대한 두려움으로 극도의 긴장 속에서 일을 했다. 피오리나는 공식적으로 조직 개편안을 첫 메시지로부터 두 달 뒤에 발표했다. 그 동안 두려움에 빠진 직원들은 업무에 제대로 집중할 수 없었고 수많은 업무가 지연되거나 중단되었다. 중간 관리자들은 방향성을 잃었고 동기와 사기가 곤두박질쳤다. 조직 개편 후 누가 어느 부서를 관리하게 될지 아무도 몰랐기 때문에 여러 비정규직 근로자들이 계약을 연장하지 못하고 해고되기도 했다. 결국 휴렛패커드는 두 달 간의 시간 그리고 조직 개편안이 적용된 한 달의 시간, 즉 한 분기의 시간을 손해 보았다. 만약 피오리나가 조직 개편에 대한 플랜을 구체적으로 세운 뒤, 그녀의 비전과 함께 조직 개편안을 제시했다면 어땠을까?

어떻게 분명하게 메시지를 전달할 수 있을까?

조직을 이끄는 리더는 방향성과 전략에 대해 탁월해야 하며 이에 버금

가게 메시지를 분명하게 전달해야 한다. "신의 가호 아래 이 땅에 새로운 자유가 탄생할 것을, 국민의, 국민에 의한, 국민을 위한 정부가 지구상에서 결코 사라지지 않을 것을 굳게 다짐해야 합니다!"라고 말했던 에이브러햄 링컨과 "절대로 포기하지 마시오. 절대로 포기하지 마시오. 절대, 절대, 절대, 절대로! 엄청난 일이건 작은 일이건, 크건 하찮건 상관 말고, 명예로움과 분별에 대한 강한 확신이 있는 경우들이 아니라면, 절대 포기하지 마시오!"라고 말했던 윈스턴 처칠, 그리고 "네 소원(所願)이 무엇이냐 하고 하느님이 내게 물으시면, 나는 서슴지 않고, '내 소원은 대한 독립(大韓獨立)이오.' 하고 대답할 것이다. 그다음 소원은 무엇이냐 하면, 나는 또 '우리 나라의 독립이오.' 할 것이요, 또 그다음 소원이 무엇이냐 하는 세 번째 물음에도, 나는 더욱 소리를 높여서, '나의 소원은 우리 나라 대한의 완전한 자주 독립(自主獨立)이오.' 하고 대답할 것이다."라고 말했던 김구와 같이 시대 속 위대한 리더들은 그 시대의 사람들에게 꼭 필요한 메시지를 분명하게 전달했다.

우리는 어떻게 분명하게 메시지를 전달할 수 있을까? 나는 분명한 메시지를 위한 세 가지 C를 이야기하고자 한다.

첫 번째 C는 명확하게 말하기(Clear)이고 두 번째는 C는 간결하게 말하기(Concise)이며, 세 번째 C는 일관성 있게 말하기(Consistent)이다.

명확하게 전달하라(Clear)

메시지를 전달할 때 명확하게 말해야 한다는 것을 모르는 리더는 없다. 그런데 리더마다 차이가 나는 부분은 명확성의 기준을 누구에게 두는가이다. 결론부터 말하자면 명확성의 기준은 메시지를 전달하는 리더 자신이 아니라 메시지를 듣는 사람들이 되어야 한다. 수많은 리더들이 실수하는 점은 본인에게 명확한 메시지는 조직원들에게도 명확할 것이라 착각하는 것이다. "어떤 메시지를 전달할지 완전 명확하다! 앞으로 내가 제시하는 방향과 방법대로 우리 조직이 만들어갈 업무와 성과가 벌써부터 기대가 된다!" 리더는 이렇게 긍정적인 마음을 먹는다. 하지만 사람들은 리더의 메시지를 제대로 이해하지 못하고 우왕좌왕하며 리더가 원하는 방향이 아닌 곳을 향해 달려가기 십상이다. 리더는 메시지를 준비할 때, 반드시 '내 메시지가 그들에게 명확한가?'를 계속해서 물어야 한다. 그리고 이를 위해 리더는 먼저 청중이 누구인가에 대해 파악해야 한다.

예를 들어 듣는 사람이 임원이냐 부장이냐 과장이냐 대리이냐 사원이냐에 따라서, 그리고 한 명이냐 열 명이냐 백 명이냐에 따라서, 당신이 전달하려는 것에 대한 사전 지식을 가지고 있느냐 없느냐에 따라서 당신은 다르게 메시지를 준비해야 한다. 나는 청중 파악이 제대로 안 된 채로 메시지를 전달했을 때 이런 피드백을 듣곤 했다.

"그것 이미 했던 것 아닌가요? 다른 게 뭐죠? 차별화 포인트 말입니다.", "그런 일을 해본 경험도 없고 도통 무슨 말인지 이해가 되지 않네요.", "이미 다 알고 있는 건데요, 가능한 한 진부한 말들은 하지 않았으면 좋겠습니다.", "저희가 듣고 싶었던 방향과는 좀 다른 것 같습니다."

청중 파악이 끝난 뒤 당신이 해야 할 일은 바로 그 청중이 되어 계속해서 '명확한가?'라고 물어보는 것이다. 조금이라도 명확하지 않다는 생각이 든다면, 실제는 더욱더 그들에게 명확하지 않을 것이기에 바로 메시지를 다듬어야 한다. 이 과정에서 당신은 문맥 또는 사전 지식을 제공할 준비를 해야 할 수 있고, 이해가 안 되거나 정신을 산만하게 만드는 말들은 모조리 빼야 할 수 있다. 또한 당신은 비유적으로 또는 우회적으로 말을 해야 할 수 있고, 단도직입적으로 핵심만을 이야기해야 할 수 있다.

간결하게 전달하라(Concise)

'오컴의 면도날'이라는 철학 용어가 있다. 이 용어는 14세기 영국의 논리학자이자 프란치스코회의 수도자였던 오컴 출신의 귀족 윌리엄[38]이 남긴 말에 기원했다. 오컴의 윌리엄은 논리를 전개하는 데 있어 "필요하지 않은 경우에까지 많은 것을 가정하면 안 된다. 보다 적은 수의 논리로 설명이 가능한 경우, 많은 수의 논리를 세우지 말라"고 말했다. 예를 들어, 천체는 왜 끊임없이 회전하는가에 대해서 오컴은 '신의 천사들이 천체를 회전시킨다는 기존의 가정'을 불필요한 가정이라고 여겼다. 성서에 천체의 운동을 주관하는 지적 존재에 관한 기록이 없는데 천사라는 존재를 가정하는 것은 불필요하다는 것이었다. 오컴에 따르면, 천체가 끊임없이 회전하는 것은 신이 천지를 창조할 때 천체가 얻었던 추동력이 손실되지 않고 유지되었기 때문이다. 이후 14세기 장 뷔리당은 천체의 추동력이 시간이 손실되지 않는 이유는 우주에 공기 저항이 없기 때문이라는 과학적인 근거를 제시했다. 또 다른 예로, 만약 C라는 결론을 증명하는 데 있어 다음 두 가지 올바른 논증이 있다고 하자.

(1) A–B–C

(2) K–I–H–F–E–Z–C .

비록 두 가지 논증이 모두 참인 결론을 이끌어냈지만, 오컴의 면도날 위에 올려놓으면, 첫 번째 논증이 더욱더 직관적이고 실용적인 것으로 채택된다. 오컴의 면도날은 수학 및 근대/현대 과학의 이론 구성의 기본 지침이 되었고 심지어 컴퓨터 프로그래밍에 있어서도 같은 동작을 수행하는 두 개의 코드가 있을 때, 더 간결하고 것이 더 좋은 코딩으로 여겨진다.

오컴의 면도날을 메시지에도 적용할 수 있다. 더 복잡하고 어렵게 말할수록 메시지를 잘 전달한다고 생각하는 리더들이 있다. 하지만 이것은 완전한 착각이다. 짧게 할 수 있는 말을 길게 늘일수록 듣는 사람들은 더 피곤해지고 집중하기 어렵다. 또한 당신이 전달하고자 하는 핵심 논점은 더 흐려진다. 리더는 메시지를 전달할 때 오컴의 면도날 위에 서야 하며 이를 통해서 최대한 간결한 메시지, 직관적인 메시지를 던져야 한다. 앞서 당신이 청중의 편에 서서 "분명한가?"를 물었다면, 이제 당신은 "꼭 필요한가?"를 묻고 꼭 필요하지 않은 것들을 가지치기하듯 쳐내보자.

일관성 있게 전달하라(Consistent)

메시지의 일관성은 메시지 전달의 반복과 일치율에 비례한다. 당신의 메시지를 반복하는 것에 대해서 부담 갖지 말라. 메시지가 중요할수록 당신은 그 메시지를 사람들이 명확하게 이해할 때까지 반복을 해야 한다. 단 한 번 메시지를 전달하기만 하면 사람들이 당신의 뜻을 온전하게 이해할 것이라 생각하지 말라. 많은 경우, 리더들이 "내가 말한 것 듣긴 했어요?", "내가 말한 지가 언제인데 아직도 그것이 안되고 있나요?", "우리 팀이 실력이 없군요!"라며 후회와 비판을 하는 것을 나는 많이 경험했다. 메시지를 반복하는 것은 양치기가 양을 치는 것과 비슷하다. 양은 다른 포유류와 대비해 시력이 매우 약한 동물로 방향 감각 없이 눈앞에 보이는 대로 졸졸 따라가는 특징을 가진다. 양의 생존을 위해서는 목자가 반드시 필요하며, 목자는 양 무리들이 목표에서 벗어날 때마다 양무리를 치며 옳은 길로 인도해야 한다. 때때로 한두 마리의 양들이 무리에서 이탈하는 경우가 생긴다, 목자는 잠시 양의 무리를 멈추게 한 뒤, 큰 소리로 이탈한 양들에게 돌아오라는 소리를 외치거나 양치기 개에게 양들을 데려오라고 지시를 해서 이탈한 양들을 무리로 데려온다. 이와 같이 리더는 조직이 올바른 방향과 방법을 따르지 않을 때마다 반복적으로 메시지를 전달해야 하며, 소수의 사람이 뒤처지는 것 같으면 그들을 따로 만나 도와줘야 한다. 또한 메시지의 일관성을 확보하기 위해서는 일치된 메시지를 반복해야 한다. 한 주는 "이 방향으로 갑시다."라고 했다가 그다음 주에는 "저 방향으로 갑시다!"라며 일치되지 않은 메시지를 보내면, 조직의 사람들은 방향감각을 잃고 혼란에 빠지게 될 것이다.

리더는 충분한 시간을 가지고 방향성과 방법론을 검토해야 하며, 그 결과 방향성과 방법론이 결정되면, 일관성 있게 그 방향성과 방법론을 지지해주는 메시지를 전달해야 한다.

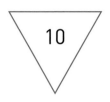

변화

변화를 가로막는
세 가지 개구리

변화에 대비하지 못하고 적응하지 못하는 우리 안에 내재된 본성

최근 4차 산업혁명에 의한 엄청난 변화 속에서 우리는 살아가고 있다. 인공지능, 빅데이터, 사물인터넷, 나노기술, 바이오기술 등으로 대표되는 첨단 기술이 경제, 사회, 문화, 정치 등 우리를 둘러싸는 생활 속에 융합되어 엄청난 변화를 만들어내고 있다. 이러한 변화에서 살아남거나, 흐름을 주도하기 위해서 기업 조직과 개인 모두 엄청난 혁신에 혁신을 더하고 있다. 다시 말해서, 우리 모두는 변화에 적응하고자 애를 쓰고 있다. 변화

와 적응, 이것은 언제나 자연계를 지배하는 법칙이었다. 다윈의 『종의 기원』에 따르면, 살아남는 자는 가장 똑똑하고 영리한 개체도, 가장 강한 자도 아니라, 변화하는 환경에 최고로 잘 변화시키고 적응하는 개체였다. 심지어 인류 역사에 오래 살아남았던 문명들 모두 물리적, 사회적, 정치적 변화에 잘 적응했던 문명들이었다. 변화의 폭이 클수록 적응이란 개념은 더욱더 우리에게 중요해진다. 하지만 문제는 적응하기가 생각보다 매우 어렵다는 것이다. 변화의 폭이 크면, 변화의 흐름을 따르지 못해 적응하지 못하고, 변화의 폭이 작아도, 변화에 대비할 필요성을 느끼지 못해 미적지근하게 반응하다 결국 적응하지 못한다. 어떻게 우리는 변화에 잘 적응할 수 있을까? 이를 쉽게 설명하기 위해 세 가지 개구리 이야기를 들려주고자 한다. 세 가지 개구리는 변화에 대비하지 못하고 적응하지 못하는 우리 안에 내재된 본성을 상징한다. 이 세 가지 개구리를 극복할 수 있어야 변화에 대한 적응력을 갖출 수 있다고 나는 생각한다.

첫째, 끓는 물 속의 개구리

미지근한 온도의 물이 담긴 냄비에 개구리 한 마리가 들어왔다. 그런데 그 냄비는 불로 서서히 가열되고 있는 중이었다. 개구리는 미지근한 물을 만족스러워했다. 그리고 물이 서서히 따뜻해지는 것이 개구리에겐 더욱더 좋았다. 그렇게 뜨거워지고 있는 물속에서 탈출하지 않았던 개구리는 물이 급작스럽게 뜨거워지며 끓기 시작하자, 탈출하려는 마음을 먹어보았다. 하지만 뒷다리의 근육은 움직이지 않았다. 그렇게 끓는 물 속에서 탈출하지 못하고 개구리는 자신의 생을 마감했다. 끓는 물 속의 개구리 이야기는 오랫동안 변화를 인식하지 못하고 적응하지 못하는 상황을 빗댈 때 많이 사용되어왔다. 그런데 나는 이 이야기에 대해서 한 가지 궁금증을 가지고 있었다. 왜 개구리는 물이 끓는 변화를 제대로 인지하지 못했을까?

개구리는 서서히 가열되는 물 냄비 속에 있다. 그런데 물의 시간에 따른 온도 곡선은 S자 모양을 그린다. 물 온도는 일정 비율로 기하급수적 성장을 한다. 가열 초기, 물 온도 곡선은 매우 완만하며, 그 결과 개구리는 물이 적절하게 따뜻해지고 있으며 그 상태가 계속해서 유지될 것으로 착각을 했을 것이다. 하지만 물 온도는 기하급수적으로 성장하고 있다. 따라서 어느 정도 뜨거운 물 온도에 이르게 되면 물은 엄청난 속도로 뜨거워진다. 개구리 입장에서는 급격한 물 온도 상승에 대처하지 못하게 되었을 것이다. 이와 같이 기하급수적인 변화란 처음에는 눈에 잘 보이지 않지만 어느 순간 급격한 변화로 다가온다. 그리고 우리 인간은 오랜 인류 역사 동안 세대를 거듭해도 크게 달라지지 않는 선형적인 변화를 경험해왔기 때문에, 이러한 기하급수적 변화 인지에 매우 서투르다.

재미있는 퀴즈가 있다. 수련이 떠 있는 호수가 있는데, 수련으로 덮인 면적은 매일 2배씩 증가하며 17일이 지나면 호수가 수련으로 완전히 덮인다고 한다. 그렇다면 수련이 호수 절반의 면적을 덮이려면 며칠이 걸릴까? 정답은 16일이다. 매일 2배씩 증가하기 때문에 17일 째에 호수 전체 면적을 뒤덮었다면 16일 째에는 호수 절반의 면적을 뒤덮인다($2^{17}\div2=2^{16}$). 매우 간단한 문제 같지만 대부분의 사람들은 퀴즈를 풀기 위해 무턱대고 계산을 시도하며 쉽게 정답을 못 맞힌다고 한다.

또 다른 문제가 있다. 당신이 25세에 직장 생활을 시작해 65세에 은퇴를 한다고 하자. 그리고 매년 인플레이션이 4%라고 하자. 그렇다면 구매력은 몇 %로 감소하는가? 25세 때 10,000원에 산 물건이 1년 뒤에는 10,400원이 되고, 2년 뒤에는 10,810원이 되어, 구매력이 5% 정도밖에 감소하지 않는다. 그래서 인플레이션 초기에는 생활하는 데 크게 문제가 되지 않는다며 걱정 없다고 생각한다. 하지만 기하급수적인 물가 상승이 40년 동안 지속되면 물가는 48,010원으로 상승하고 당신의 구매력은 80%나 감소된다. 당신이 열심히 일해도 은퇴 자금을 저축해두어도 물가가 비싸서 그 돈으로 살 수 있는 게 없게 된다. 만약 인플레이션이 4%가 아닌 10%, 20%, 40%로 상승한다면 어떨까? 이러한 기하급수적 성장에 의해서, 3세기 로마 경제, 13세기의 중국 경제, 16세기 스페인 경제, 18세기 프랑스 경제, 1920년 독일 바이마르 공화국의 경제, 2009년 짐바브웨의 경제, 2016년 베네수엘라 경제 등 수많은 국가의 경제 체제가 마비되

고 무너졌다. 이처럼 기하급수적 변화의 파괴력은 엄청나다.[39]

레이 커즈와일은 그의 책『특이점이 온다』에서 이렇게 말했다. "미래는 상당히 오해를 받고 있다. 우리의 선조들은 과거와 비슷했던 현재를 보고 미래도 현재와 비슷할 것이라고 예측했다." 한때, 필름 카메라로 전 세계 카메라 시장을 석권한 코닥. 하지만 2000년 대부터 코닥이 급격히 쇠락했고 결국 2012년 파산 보호 신청을 했다. 그 이유는 그들이 IT 기술 발전과 더불어 기학급수적으로 성장하고 있는 디지털 카메라를 과소평가했기 때문이다. 아이러니한 것은 바로 코닥이 세계 최초의 디지털 카메라를 만들었다는 사실이다.

1975년 코닥의 연구소에서 근무하던 스티븐 새슨이 무게가 4킬로그램에 크기가 토스터 기계만 한 0.01메가픽셀 화질의 디지털 카메라를 만들었다. 하지만 코닥의 경영진은 당시 코닥이 카메라 시장에서 전 세계 압도적인 점유율을 가지고 있는데 왜 굳이 필름을 위협할 기술에 집중하느냐는 태도를 보였다. 디지털 카메라의 초기 성능이 0.01메가픽셀 수준에서 0.02로, 다시 0.02에서 0.04로, 그리고 0.04에서 0.08로 증가했지만 그 결과가 너무 미비한 수준이기에 디지털 카메라가 더 발전해봤자 결코 아날로그 필름형 카메라를 넘을 수 없을 것이라 코닥은 판단했다.

이와 같이 기하급수적 변화의 초기에는 변화의 폭이 매우 작아 눈에 띄지 않는 '기만화' 현상이 나타난다. 하지만 기하급수적 성장이 정수(1,

2, 3, 4, 5 …)에 이르게 되면 2배 성장이 20회만 일어나도 백만 배의 성장이 일어나고 30회 일어나면 10억 배의 성장이 일어난다. 코닥은 혁신 기술의 기만화 현상 속에서 잘못된 판단을 내렸고 이는 회복할 수 없는 몰락의 원인이 되었다. 반면 소니, 니콘, 캐논, 올림푸스, 카시오 같은 일본 디지털 카메라 기업들은 디지털 카메라의 성장 잠재력을 바라보았고 디지털 카메라 사업에 성장 동력을 집중했다. 그 결과 그들은 기하급수적 성장을 경험하고 전 세계 디지털 카메라 시장을 주도하며 승승장구했다.

우리는 기하급수적 변화를 인지하고 예측하는 데 매우 취약하며 본능적으로 선형적 변화를 인지하고 예측하려는 실수를 한다. 그 결과 우리는 끓는 물 속의 개구리가 되기 쉽다. 이것은 우리 주위의 생활 속에서 쉽게 볼 수 있는 현상이다. 예를 들어, 우리는 주식 투자를 할 때 현재의 상황이 지속될 것이라는 선형적 예측으로 투자하려는 실수를 한다. 주가가 떨어지고 있을 때, 겁을 먹은 선형적 예측자들은 계속해서 가격이 떨어질 것으로 생각을 하며 투자를 시도하지 않는다. 주가가 계속 조정되어 유지되고 있을 때, 선형적 예측자들은 계속해서 가격이 오르지도 내리지도 않을 것이라 판단하고 역시 투자를 시도하지 않는다. 또한 주가가 엄청 오르고 있을 때, 선형적 예측자들은 계속해서 주가가 올라갈 것이라 판단을 하고 뒤늦게 엄청난 돈을 투자한다. 하지만 이미 오를 대로 오른 주가는 폭락하며 엄청난 손실을 선형적 예측자들에게 안겨준다. 이러한 경험을 했거나 하고 있는 일반 투자자들이 우리 주위에 부지기수로 존재한다. 어떻게 하면 선형적 변화 인지 모드에서 벗어나 기하급수적 변화를 잘 인지하고 이에 잘 대처할 수 있을까? 이를 위해 기하급수적 변화에 대한 세 가지 중요한 사실을 꼭 기억해야 한다.

첫째, 기하급수적 변화는 S자 곡선을 그리며 성장을 한다. 예를 들어, RnD, 기초 연구, 소프트웨어, 시뮬레이션, 디자인, 건축, 제조기술 등 거의 모든 분야의 기술 혁신 사례는 다음과 같이 도입기–성장기–성숙기라는 S자 곡선을 그리며 성장을 한다(S–곡선 이론). 도입기의 경우(투자 초기/ 기술 시험기), 기하급수적 기술 혁신이 이루어져도 절대적 기술 성과(기술 속도, 생산성, 내구성, 집적도, 연비 등등) 수준이 미비해 보이며, 기술의 발전 속도가 더디게 보이는 기만화 현상이 나타난다. 하지만 성장기에 이르러, 기만화 현상에서 벗어나면(성과의 수준이 높아졌기 때문에, 도입기와 같은 비율(%)로 기하급수적 성장을 해도 변화의 양은 훨씬 더 높아진다), 기하급수적 성장은 가시적으로 엄청난 변화를 만들어내며 투자 효용 가치는 극대화된다. 마지막으로 성숙기에서는 기술의 한계, 현실적인 제약, 기술 경쟁으로 인해 성과 곡선이 완만해지며 투자 효용 가치는 점점 더 떨어지기 시작한다. 만약 성숙기에서 추가적인 기술 혁신이 이루어지지 않아 기하급수적 성장이 멈추게 되면, 결국 그 기술은 다른 기하급수적 기술에 의해서 대체된다. S자 곡선은 감염병 발생 현황, IT 서비스 이용량 등 기하급수적 변화가 일어나는 모든 분야에서 관찰된다. 따라서 S자 곡선의 도입기-성장기-성숙기 단계에 맞추어, 당신은 기하급수적 변화가 현재 어떤 단계에 있는지를 진단할 수 있고, 앞으로의 방향성을 예측할 수 있다.

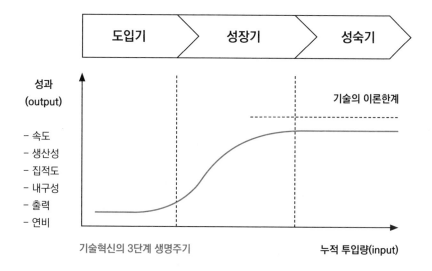

기술혁신의 3단계 생명주기

둘째, 성숙기에서의 자만은 실패를 초래한다. 성숙기에 가장 먼저 도달했다는 것은 당시 최고의 성과를 거두었다는 좋은 소식과 성장 속도가 느려졌다는 나쁜 소식을 모두 의미한다. 하지만 자신이 제일이라는 자만에 빠져 창조적 도전을 소홀히 하면, 코닥의 사례처럼 반드시 무너지게 되어 있다. 따라서 지속적인 기하급수적 성장을 위한 끊임없는 도전은 선택이 아니라 필수인 셈이다. 한 예로, 80년대의 세계 반도체 시장의 헤게모니는 일본 업체가 쥐고 있었다. 도시바를 비롯한 일본 업체들은 기업에서 사용되는 대형 컴퓨터용 고성능 DRAM을 세계 최고로 잘 만들었다. 안정성이 중요한 대형 컴퓨터에 있어, 일본 업체의 DRAM 품질은 매우 우수했다. 그 결과 일본 업체들은 기업용 메모리 시장에서 최고의 시장 점유율을 달성하며, 성숙기를 경험했다. 하지만 80년대 말부터 IT 패러다임이 기업용 컴퓨터에서 개인용 PC로 바뀌기 시작하면서, 개인용 PC 수요는 기하급수적으로 증가하기 시작했다. 이에 따라, 개인 PC용 저사양 성능을 갖춘 DRAM을 저비용으로 제조하는 것이 DRAM 제조사에게 요구되었지만, 일본 업체들은 과거 혁신 기술 성공에 취해, 90년대에도 기업용 고성능 고품질 메모리 생산에 주력했다.[40] 그 결과, 차세계 4메가 DRAM 제조에 주력한 일본은 개인 PC용 1메가 DRAM 제조에 주력한 삼성전자에 DRAM 시장 점유율을 빼앗겼고, PC용 DRAM 수요가 기하급수적으로 증가함에 따라 삼성전자는 막대한 성공을 거두었다. 이 성공을 바탕으로, 삼성전자는 일본 업체들이 혼란스러워할 때, 끊임없는 기술 혁신을 달성하여, 92년 64메가 DRAM, 94년 256메가 DRAM, 96년 1기가 DRAM을 3세대 연달아 세계 최초 개발하여 일본과의 초격차를 벌려놓았다.[41]

셋째, 기하급수적 변화에 의한 대체는 불연속적으로 이루어진다. 일본 DRAM 메모리 사례와 같이 선발 주자 A기술은 성숙기에 있을 때, 기하급수적 성장기에 오른 후발 주자 B기술에 의해 불연속적으로 대체된다. 그렇게 불연속적인 대체가 끊임없이 이루어지면서 전체적인 기하급수적 성장 수준이 높아진다.

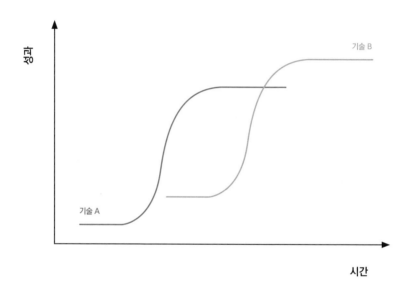

둘째, 우물 안 개구리

동양 고전인 『장자』 「외편(外編)」에는 우리가 우물 안의 개구리라고 말하는 속담의 이야기가 담겨 있다. 내용은 다음과 같다.

중국 황하의 신 하백(河伯)은 자신이 다스리는 황하가 물이 불어 끝없이 펼쳐져 있는 것을 보고는 매우 흡족했다. 그런데 얼마 지나지 않아 바다를 보고는 경악해버렸다. 이 모습을 본 바다의 신 약(若)이 하백에게 세 가지 충고를 했다. "우물 안에 있는 개구리에게는 바다에 대해 설명할 수 없습니다. 그 개구리는 우물이라는 공간에 갇혀 있기 때문입니다. 한여름에만 사는 여름 곤충에게는 얼음에 대해 설명해줄 수 없습니다. 그 곤충은 자신이 사는 여름이라는 시간만 고집하기 때문입니다. 편협한 지식인에게는 진정한 도의 세계를 설명해줄 수 없습니다. 그 사람은 자신이 알고 있는 가르침에 묶여 있기 때문입니다."

또한 『장자』 「외편」에는 우물 안 개구리 이야기가 하나 더 있다. 이번에는 개구리가 주인공이다. 동해에서 살고 있는 거북이가 우물 안 개구리를 찾아왔다. 개구리가 거북이에게 자신이 살고 있는 우물을 자랑하자, 거북이는 동해 바다의 규모가 얼마나 크고 깊고 넓은지를 이야기해주었다. 그러자 충격을 먹은 개구리는 놀라서 정신을 잃었다.

우물 안 개구리는 고정 관념에 사로잡혀 있는 인간을 상징한다. 우물 안 개구리는 자신이 가진 지식, 역량, 소속에 안주하며 현상 유지만으로도 앞으로 계속 성공할 것이라 자만한다. 그 결과 새로운 변화와 혁신을 추구하지 않으며, 기하급수적 변화의 파도에 밀려올 때 제대로 대응하거나 적응하지 못한다. 내가 혹시 우물 안에 있는 것은 아닌지, 내가 속한 공간과 시간 그리고 내가 가진 지식의 그물 속에 갇혀, 더 크고 넓은 것을 못 보고 있는 것은 아닌지 우리는 계속해서 자문자답해야 한다.

오늘날 우리는 4차 산업혁명이라는 거대한 시대의 조류 속에 살고 있다. 인공지능, 블록체인, 사물인터넷(Internet of things), 빅데이터 분석(Big data analytics) 등의 첨단 기하급수적 기술들이 동시다발적으로 융합 및 연결되고 있으며 그 결과 기술 주도형 사회 대혁명이 일어나고 있다. 4차 산업혁명은 전 세계 모든 나라의 산업 제반에 걸쳐 생산, 제조, 마케팅, 관리 시스템의 대혁신을 이끌고 있고 동시에 정치, 경제, 문화, 사회 시스템까지도 재편하고 있다.

4차 산업혁명이 가져오는 미래에 대해 다보스포럼 회장 클라우스 슈바프는 역사상 가장 큰 성공의 가능성과 가장 큰 위험의 가능성이 있다며 다음과 같이 말했다. "만약 기업이 이 거대한 변화 앞에 새롭게 적응하고 혁신하지 않는다면 살아남기 어렵고 추락할 가능성이 크다. 하지만 기업이 이 현실을 직면하고 스스로 개혁하여 새로운 시대에 적응한다면 상상할 수 없는 풍요의 시대를 열 것이다." 따라서 우리는 우물 안 개구리에서 벗어나 4차 산업혁명이라는 거대한 흐름을 이해해야 한다. 4차 산업혁명을 이해하고자 할 때 3차 산업혁명 곧, 정보화 혁명을 이해할 필요가 있다. 지식 기반형 사회 변화를 이끈 3차 산업혁명의 혁신 기술들이 4차 산업혁명의 중요한 기반이 되기 때문이다. 3차 산업혁명을 이끈 주요 기술로, 사물인터넷(Internet of Things, IoT), 클라우드(Cloud), 빅데이터

(Big Data), 모바일/스마트폰, 로봇, 랩온어칩 등이 있는데 이러한 기술들은 현재 4차 산업혁명의 주요 혁신 기술이기도 하다. 겉보기에 4차 산업혁명은 3차 산업혁명의 연장에 불과하다는 생각이 들 수 있다. 그렇다면 도대체 3차 산업혁명과 4차 산업혁명 간에 무슨 차이점이 있는가? 다음 세 가지가 근본적으로 다르다.

첫째, 인공지능화

3차 산업혁명 시대에서 인간의 지능은 컴퓨터를 만나 엄청난 기술 및 산업 발전을 이룩해냈다. 그리고 지금 4차 산업혁명 시대에서는 독립적인 지능인 '인공지능'이 출현하였고 이를 통해 인간의 지능 수준에 특이적 성장이 일어나고 있다. 인공지능은 자율주행 자동차에서부터 비행기의 자동항법 장치, 드론, 번역 및 투자 소프트웨어, 구글의 알파고(Alphago)에 이르기까지 전 분야에 걸쳐 활용되고 있다. 컴퓨터 공학의 기하급수적 발전과 디지털 혁명에 의한 방대한 양의 정보에 의해서, 인공지능은 나날이 정교하게 진화하고 있다. 게다가 인공지능은 로봇 기술과 결합하여 인류의 활동 영역에 속한 수많은 직업과 일들에 투입되어 인간의 활동을 증진시키고 있다.

다보스포럼의 보고서에 따르면 앞으로 2030년 안으로 텔레마케팅, 회계, 소매업, 부동산 중개업, 경제 및 투자 분석가, 제조업, 경영, 교육, 소방, 경찰, 제약, 트레이너, 수술, 화학 기계 엔지니어 등의 대부분의 직업과 일들에 인공지능이 활용된다고 한다.

한 예로, 취리히 연방공과대학교의 물리학자 레나토 레너 박사의 연구팀은 인간의 뉴런 네트워크를 모방한 인공지능을 개발하여 대량의 물리적 정보를 해석하고 압축하여 $E=MC^2$와 같은 물리 법칙을 예측하도록 학습시켰다. 연구팀은 인공지능 시스템에 지구에서 바라본 화성과 태양의 운동 데이터를 주입시켰고, 인공지능이 태양계의 운동에 대해 스스로 학습할 수 있도록 했다.

사실, 인류는 수십 세기 동안 지구가 태양계의 중심인 천동설을 믿어왔다. 하지만 지구가 중심이 되는 우주관에서는, 화성이 궤도에서 주기적으로 역행하는 현상을 제대로 기술하기 어려웠다. 16세기에 이르러서야 니콜라스 코페르니쿠스에 의해서 지구가 태양 중심을 도는 지동설 우주관이 제시되었고 이를 통해 화성을 비롯한 천체의 움직임을 정확하게 설명할 수 있었다. 그런데 인류가 수십 세기 만에 밝혀낸 지동설 우주관을 레너 박사 연구팀의 인공지능은 단 며칠 만에 제시하여 전 세계 과학자들을 놀라게 했다. 이어 레너 박사는 인공지능을 활용하여 양자역학의 풀리지 않는 난제를 해결하겠다는 포부를 밝혀, 인공지능의 학문적 기여에 대한 기대감을 높였다.[42] 이러한 사례들과 같이 인공지능이라는 새로운 지능은 인류가 보지 못했던, 경험하지 못했던 새로운 가능성의 미래를 열어가고 있다.

둘째, 디지털화

과거 디지털화란 물체, 사진, 소리, 문서, 신호 등의 정보를 0과 1의 디지털 컴퓨터 표현으로 전환하는 것을 의미했으며 디지털 기술이란 아날로그 기술의 반대 개념으로 컴퓨터 및 전자 기기를 제조하며, 인터넷 통신 네트워크를 구축하고 활용하는 것을 의미했다. 하지만 4차 산업의 시대에서 디지털화란 실제 세계와 가상 세계의 통합화 곧, 가상현실화라는 광의의 개념을 가지게 되었다. 이제 디지털 기술이란 가상 공간 속에서 실제 세계의 실체를 자동으로 관리하고 운영하는 프로세스 기술을 의미한다. 디지털 기술을 통해서, 우리는 실제 세계의 제품, 설비 기기, 인프라, 주택, 쇼핑몰 등을 가상 공간에 동일하게 구축할 수 있고, 실제 공간에서 발생하는 빅데이터 정보를 인공지능을 통해 가상 공간에서 실시간 분석 및 시뮬레이션화하여 변화에 대응할 수 있다. 하나의 예로 가상현실을 통한 쇼핑 문화 혁신이 있다.

미국 아마존으로 대표되는 이커머스 쇼핑몰들에 의해서 최근 소비의 헤게모니는 소매에서 온라인 쇼핑으로 넘어간 듯하다. 하지만 인터넷 리테일러에 의하면, 2018년 온라인 쇼핑 매출은 전체 소매 매출의 14.3%를 차지하며 웹사이트 방문객의 구매 결정력이 2.8%에 불과하다고 조사되었다. 이에 대해 가상현실 스타트업 옵세스(Obsess)의 창업자 네하 싱은 다음과 같이 말했다. "94년 아마존 창업 이후, 아마존은 전자상거래 인터페이스는 표준이 되었지만, 과연 아마존의 인터페이스가 온라인 판매를 위한 최선의 것인지 재고해볼 필요가 있습니다." 옵세스는 조만간 스마트폰-가상현실 융합 기술이 보급화될 것이며, 가상현실을 통한 온라인 쇼핑 경험을 통해 소비자의 구매 결정력은 비약적으로 증가할 것으로 예측한다.

2019년 옵세스는 2019년 올해의 색으로 선정된 '리빙 코랄' 색 제품을 컨셉으로 수중 매장을 만들었다. 물론 가상 현실 속에 존재한다. 매장 중앙에는 거대한 산호초가 자리잡고 있으며 산호초 주위를 상의, 드레스, 핸드백 등의 의류 제품들이 둘러싸고 있다. 수중 매장 뒤에는 거대한 바다의 풍경이 그대로 펼쳐져 있어 탄성을 자아내기에 충분하다. 차별화된 가상현실 쇼핑 플랫폼을 보유한 옵세스는 아마존의 제프 베조스, 마크 주커버그, 빌 게이츠로부터 9천억 원 이상의 시드 머니를 투자받았고 2017년 이후 연속해서 몇 배의 연매출 성장을 달성했다. 현재 옵세스는 크리스찬 디올, 코치, 드비어스, 랄프 로렌, 토미 힐피거 등 유명 브랜드에 메타버스 쇼핑 서비스를 제공하고 있다. 앞으로 옵세스가 그려낼 온라인 쇼핑의 미래가 매우 기대된다.[43]

셋째, 초연결화

2009년 11월 28일 아이폰이 우리나라에 상륙한 이후, 우리 모두는 SNS 앱을 통해 급격한 속도로 사람과 사람이 연결되는 것을 경험했다. 지나가는 거리마다 '깨톡! 깨톡!' 하는 소리가 들렸다. 실제로 나를 포함해서 당시 수많은 사람들이 카카오톡을 하기 위해서 스마트폰을 구매했다.

플랫폼 시장은 '승자 독식(Winner takes it all)'의 한 가지 특징을 가진다. 카카오톡은 우리나라 모바일 메신저의 90%를 독식하며 급성장했고, 카카오톡의 성공을 기반으로 카카오는 인터넷 포탈, 광고, 언론, 미디어, 온라인 결제, 은행, 택시, 교통 등의 광범위한 분야로 확장하였다. 카카오의 성공 이유를 한 문장으로 요약하자면 '사람과 사람을 효과적으로 연결시키는 플랫폼을 구축했다'는 것이다. 카카오의 사례와 같이, 3차 산업혁명의 시대 속 사람들을 잘 연결시킨 플랫폼을 구축한 기업들, 예를 들어, 페이스북, 구글, 아마존과 같은 기업들이 전 세계 IT 산업을 이끌었다는 것을 우리는 잘 알고 있다.

이제 4차 산업혁명의 시대는 사람과 사람이 연결의 수준을 뛰어넘는다. 사물과 사물, 사람과 사물이 모두 연결되는 초연결사회의 시대가 왔다. 예를 들어, 2020년도에 전 세계 자동차의 22%(대략 2,900억 대)가 인터넷에 의해 연결되어 있고 이를 통해 자동차 사이의 교통 정보를 교환함으로써 더욱 안전한 도로 주행이 가능해졌다.[44]

IT 전문가들은 2020년 전 세계 30억 명 이상의 사람들과 500억 개가 넘는 스마트 디바이스들이 인터넷을 통해 연결되어 있다고 분석하며 4차 산업혁명의 시대는 초연결화 플랫폼을 구축한 IT 기업들이 주도할 것으로 보고 있다. 예를 들어 자율주행 전기자동차 플랫폼을 구축한 미국의 테슬라와 구글이 4차 산업혁명 속 자동차 산업을 이끌고 있으며, 최근 전 세계 최고의 성공을 거두고 있는 미국의 FANG(Facebook, Amazon, Netflix, Google), 중국의 알리바바, 텐센트, 하이얼과 같은 기업들은 모두 초연결 플랫폼을 주도하는 IT 기업들이다.[45] 지금 전 세계는 모든 사물과 인간들이 연결되는 초연결화 사회를 향해 고속 전진 중에 있다. 이러한 경향 속에서 우리는 필연적으로 빅데이터 정보를 분석하고 처리하는 능력과 빅데이터 정보의 보안 이슈 해결 능력을 준비해야 할 것이다.

셋째, 청개구리

우리 대부분은 어렸을 적에 청개구리 우화를 들으며 자랐을 것이다. 청개구리 우화를 다시 상기시키자면 이렇다. 엄마 말을 도무지 듣지 않는 청개구리가 있었다. 엄마가 무언가를 말하면 그 반대로 행동을 하는 철딱서니 없는 청개구리. 엄마 개구리가 산에 가서 놀라고 하면 청개구리는 냇가에 가서 논다. 어느덧 세월이 지나, 엄마 개구리가 죽을 때가 되자, 엄마 개구리는 엄마 말 안 듣는 아들을 생각해 산이 아니라 냇가에 자기를 묻어 달라고 한다. 엄마는 그렇게 말해야 아들이 자신을 산에 묻을 것이라고 생각하며 죽었다. 하지만 아들 개구리는 엄마의 마지막 소원을 듣고자 엄마를 냇가에 묻었다. 그리고 비가 올 때면 혹시 무덤이 빗물에 떠내려갈까봐 냇가에서 개굴개굴 울었다.

기하급수적 변화가 우리 삶에 가시적인 변화를 만들어내기 시작해도 청개구리와 같은 태도를 가진 사람들이 존재한다. 그들은 그 변화와 충고를 듣지 않으며 기존에 있던 방식을 고수한다. 인공지능, 디지털화, 초연결화가 이끄는 4차 산업혁명에 의해 글로벌 시장과 국내 시장에 가시적인 변화가 찾아와도 청개구리 태도를 가진 사람들은 그 변화는 단기적인 유행일 뿐, 심각하게 대응할 필요가 없으며 따라서 변화를 추구할 필요가 없다고 잘못 판단한다. 우리는 청개구리 태도를 벗어나 미래에 대해 긍정적인 태도로 풍요로운 미래를 맞이할 준비를 해야 한다.

첫째, 우리는 먼저 미래에 대한 염세적 관점에 맞서 이성적 낙관주의를 옹호해야 한다. 옥스퍼드대학의 동물학자인 맷 리들리 박사 이어 리들리 박사는 『이성적 낙관주의자(The Rational Optimist)』라는 책에서 번영(Prosperity)이란 개념을 우리가 아낀 시간의 관점에서 측정될 수 있다고 말한다. 예를 들어, 오늘날 한 시간의 빛을 사기 위해서 우리는 평균적으로 0.5초의 시간 동안 일을 하면 된다. 등유램프를 사용했던 1880년대의 경우 당신이 이와 같은 양의 빛을 사기 위해서 15분 동안 일을 했어야 했고, 수지양초를 사용했던 1800년대에서는 무려 6시간 넘게 일을 했어야 했다. 더욱이 기원전 1750년 참깨 기름 램프를 썼던 바빌론 시대에 살았다면 15시간 동안 일했어야 했다.

이와 같이 우리 인류는 기술 진보를 통해서 시간을 아낄 수 있었고 그 아낀 시간으로 번영의 시대를 열었고 수백 년 전보다 더 안전하고 건강한 삶을 살게 되었다.[46]

스웨덴의 저명한 학자, 한스 로슬링은 산업화된 국가에서 시간이 지날수록 인구 증가율이 점점 감소하면서 국민의 건강이 비약적으로 향상되었다는 것과 전 세계 기술 진보로 인해서 대부분의 나라가 최근 몇십 년 동안 더욱더 부유해졌다는 놀라운 통계 발표를 보고했다.[47] 우리들이 살고 있는 세상은 역사상 그 어느 때보다도, 우리의 조상들이 꿈꾸고 상상했던 수준 이상으로 더 진보했으며 앞으로도 더 진보할 것이다.

둘째, 당신의 상상력에 혁신 기술의 옷을 입혀라. 레이 커즈와일은 당신의 상상력과 아이디어가 기술의 진보와 만날 때 어떠한 문제도 해결할 수 있다고 말한다. 과거 컴퓨터 시스템, 네트워크, 센서, 인공지능, 로봇, 생명, 3D 프린팅, 나노과학, 생명공학, 인간-기계 인터페이스 등의 혁신 기술들은 과거 부유한 사람들, 권력 있는 사람들만 누리는 것이었다. 하지만 기술 진보를 통해 이제 누구나 이러한 기술들을 풍요롭게 이용할 수 있다. 과거 정부만이 해결할 수 있었던 문제들(깨끗한 물, 건강한 음식, 양질의 교육, 건강 시설, 미세먼지, 대체 에너지 등등)을 바로 당신이 상상력과 혁신 기술의 융합을 통해 해결할 수 있다.

예를 들어, 미국의 빅 그린 이노베이션의 창업자, 피터 윌리엄스는 스마트 센서를 물 공급 파이프라인에 연결하여 실시간으로 물의 누출과 파이프의 결함을 모니터링하는 기술을 개발하였고 이 기술을 통해 미국이 현재 사용하는 물의 양의 50%를 줄일 수 있다고 한다. 또 다른 예로, 발명가 딘 카멘은 라이프세이버(Lifesaver)라는 필터가 장착된 핸드 펌프(hand pump) 제품을 만들었는데 더러운 물에 핸드펌프를 이용하여 물을 길으면 핸드 펌프에 장착된 나노필터(15나노미터 직경의 구멍을 가짐)가 바이러스와 박테리아를 잡아낼 수 있다. 라이프세이버 하나로 네 사람이 3년간 마실 수 있는 물을 공급할 수 있다고 한다.[48]

셋째, 세상을 이롭게 하는 사람이 되어라. 앞으로 우리가 살아갈 세계는 70억 인구의 전 세계인 혁신 기술을 통해 초연결되는 세상이다. 이에 대해 피터 디아맨디스는 이렇게 자주 말하곤 한다. "정말로 갑부가 되고 싶은가? 갑부가 되는 최고의 방법은 빌리언 인구의 문제를 해결하는 것이다." 그는 세계의 골치 아픈 문제를 해결하는 것이 최고의 비즈니스 기회가 될 수 있다고 말한다. 1,000년 전 국가와 지역의 문제를 해결할 수 있는 사람은 왕이었다. 100년 전에는 기업가들이 나타나 지역의 경제를 변화시키고 국가적인 문제를 해결했다. 하지만 오늘날에는 어느 누구든 꿈을 가지고 열정적으로 글로벌 문제에 도전한다면 그것을 해결하고 글로벌 영향력을 끼칠 수 있다.

오늘날 기하급수적으로 발전하는 4차 산업의 혁신 기술들, 즉 사물인터넷 · 빅데이터 · 센서 · 인공지능 · 로봇 · 3D 프린팅 · 랩온어칩 · 나노과학 · 바이오 같은 혁신 기술들을 통해 누구나 식수, 식량, 에너지, 교육, 건강 진단, 치료, 자유 인권 보호와 같은 글로벌 필요를 채우고 더 풍요롭고 행복한 세상을 만들 수 있다.

사람들은 세 가지로 분류된다:
도저히 움직이지 않는 자, 움직일 수 있는 자
그리고 움직이고 있는 자이다.

– 아랍 속담 –

PART

3

실행

Act
in
Trium

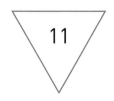

관찰

혁신적 문제 해결의
원동력

탐정의 놀라운 추리력은 어디서 오는가?

셜록 홈즈는 그의 파트너 왓슨 박사가 그와 같은 예리한 눈을 가지고 있다고 말하자, 이렇게 반박했다. [49]

셜록 : "자네는 보기는 하지만 관찰하지는 않아. 예를 들어 자네는 현관에서 이 방으로 올라오는 계단을 수도 없이 봤을 거야."

왓슨 : "그렇지. 자주 보았지."

셜록 : "얼마나 자주 봤지?"

왓슨 : "글쎄 수백 번쯤?"

셜록 : "그럼 계단이 몇 칸이지?"

왓슨 : "몇 칸? 당연히 모르지."

셜록 : "거 봐! 자네는 보기는 했지만 관찰하지 않았어. 나는 계단이 열일곱 칸인 걸 알아. 왜냐구? 나는 보기도 하고 관찰도 하니까 말이야."

1986년 영국 포츠머스에서 의사 겸 작가 생활을 했던 코난 도일은 새로운 작품에 매달리고 있었다. 그 덕에 그의 병원은 유명하지 않아, 그를 많이 찾지도 않았고, 그 덕에 그는 많은 시간을 할애해 글을 쓸 수 있었다. 그는 기존에 시도되지 않았던 추리소설을 시도해볼 생각이었는데, 제일 중요한 관건은 놀라운 추리력을 가지고 불가능한 문제를 척척 해결해나가는 주인공을 만들어내는 것이었다. 코난 도일의 머릿속에 바로 생각나는 한 사람이 있었는데 바로 그의 의과 대학 스승이자 셜록 홈즈의 실제 모델인 조셉 벨 의대 교수였다.

당시 영국의 의학계에서 조셉 벨 박사를 모르면 간첩이었다. 왜냐하면 그가 진료실에 들어가는 환자들을 한눈에 보고 순식간에 환자에 대한 모든 것을 간파해버렸기 때문이었다. 일화로 사복 차림의 환자가 조셉 벨의 진료실에 들어갔다.

조셉 벨 박사는 그를 순식간에 관찰하고는 이렇게 질문했다.[50]

"전직 장교신가요? 아하, 최근에 해고당하신 것 같군요. 스코틀랜드 육군 하사관 출신 같군요. 아마 바베이도스에서 복무하셨죠?"

조셉 벨 박사가 이렇게 질문할 수 있었던 것은 그의 특출난 관찰력 덕분이었다. 그를 찾은 환자는 자신의 모든 것을 꿰뚫은 조셉 벨 박사에 놀라며, 도대체 어떻게 그 모든 것을 알 수 있었는지 물었다. 조셉 벨 박사는 말했다.

"모자를 벗지 않은 채 예를 갖추셨죠? 군대 습관입니다. 군대 습관이 아직도 몸에 남아 있다는 것은 당신이 제대한 지 얼마 안 되었다는 것을 말합니다. 당신이 지닌 군대식 권위적인 분위기는 당신이 스코틀랜드 군인이란 사실을 드러냅니다. 마지막으로 바베이도스를 알 수 있었던 것은 당신이 상피병을 치료하려고 병원에 찾은 것 때문입니다. 영국에서는 상피병에 잘 걸리지 않습니다. 상피병은 서인도 제도의 풍토병이며, 스코틀랜드 육군이 바로 그곳에 있습니다."

이렇게 놀라운 관찰력과 추론을 통해 조셉 벨 박사는 많은 의학적 난제들을 해결했고 왕립진료소의 의사로 활약했다.

관찰, 혁신적 문제 해결의 원동력

동서양을 막론하고 역사적으로 관찰은 혁신적인 문제를 해결하는 최고의 원동력이었다. 고대 그리스의 아르키메데스는 왕으로부터 왕관이 순금인지 아니면 은이 섞였는지 알아내라는 문제를 받았다. 머리가 복잡해진 그는 목욕을 하려고 몸을 욕조에 담갔다. 그가 물에 들어가자 그가 물에 들어간 만큼 수면이 올랐고, 그는 이 현상을 보며 '유레카!'를 외쳤다. 그는 물질마다 밀도(=질량/부피)가 다르기 때문에, 만약 왕관이 은이 섞인 왕관이라면, 그것은 동일한 무게의 순금과 부피가 다를 것이며 물에 담갔을 때 수면이 상승한 높이가 다를 것으로 생각했다. 이렇게 그는 왕의 왕관이 순금이 아님을 증명해냈다.

이순신은 멸망할 위기에 있는 조선을 구하기 위해 어느 때보다도 정확하게 아군, 적군, 지형을 관찰했다. 이순신은 조선 수군과 일본 수군의 주력 전선(戰線)의 차이를 정확하게 파악했다. 바닥이 평평한 조선의 전선, 판옥선은 속도가 느린 대신 방향을 바꾸기가 용이했다. 반면 바닥이 오목한 일본의 전선, 안택선은 속도가 빠른 대신 급격하게 회전하거나 방향을 바꾸기가 어려웠다. 또한 조선의 주력 무기는 천자총통, 지자총통, 현자총통과 같은 대포였고 일본의 주력 무기는 조총과 전면전 칼이었다. 따라서 이순신은 판옥선에 대포를 실어 장거리 사격을 하게 했고 대포를 쏜 뒤 재장전하는 동안 판옥선을 180도 회전시켜 지체 없이 대포를 쏘는 전략을 취했다. 이순신은 지형에 대해서도 상세하게 파악했는데 암초의 위치와 조류 방향 및 세기를 정확하게 파악했다. 이순신은 치고 빠지는 전략으로 일본 수군을 끊임없이 유인했고, 조선 수군이 싸우기 유리한 지형에서만 싸울 수 있었다. 그 결과 23전 23승이라는 전무후무한 해전 기록을 남겼다.[51]

어린 시절 시골에서 자랐던 사람들은 산우엉바늘을 경험해봤을 것이다. 산우엉풀에 옷이 스치기만 해도 수많은 산우엉바늘이 옷에 달라붙어 떼어내기가 어려워진다. 1941년 스위스의 전기 기술자 조르주 드 메스트랄은 사냥개와 함께 산과 들을 누비며 사냥을 하고 있었다. 그는 산토끼를 발견한 사냥개를 뒤쫓던 중 산우엉풀이 우거진 숲에 가게 되었는데 이윽고 자신의 바지와 사냥개 털에 수많은 산우엉바늘이 달라붙었다. 그는 산우엉바늘을 떼어내려고 했지만 잘 떨어지지 않는 것을 발견했다. 호기심이 생긴 메스트랄은 집에 있는 현미경을 통해 산우엉바늘의 모양을 자세하게 관찰하기 시작했다. 현미경으로 산우엉바늘을 확대해서 보니 바늘 끝이 갈고리 모양으로 생겼다는 것을 알게 되었다. 갈고리 모양의 산우엉바늘이 옷 섬유 사이에 끼여 잘 떨어지지 않던 것이다. 그는 이 관찰을 통해 재미있는 생각을 했다. "만약 수많은 갈고리 섬유로 구성된 테이프를 만들면 어떻게 될까?" 그는 다니던 직장을 그만두면서까지 이 새로운 아이디어를 실현시키기 위해서 노력했다. 10년의 노력 끝에 메스트랄은 상업적 가치 있는 제품을 개발하는 데 성공했고 벨크로사를 설립했다. 이 제품은 바로 국내에서 찍찍이로 알려진 '벨크로'다. 벨크로는 접착제 없이 붙였다 뗐다를 무한 반복할 수 있기에 신발, 의류, 포장, 심지어 우주 공학에 이르기까지 널리 활용되고 있다. 그 덕분에 벨크로사는 세계 100대 기업 중 하나로 군림하고 있다.

이와 같이, 관찰은 문제를 해결하는 가장 기초적이고 중요한 원동력이 된다. 그렇다면 어떻게 관찰의 힘을 기를 수 있을까? 나는 세 가지 보는 방법에 대해 이야기하고자 한다.

뷰자데(Vu ja de)

분명히 처음 경험해보는 장소와 상황인데 어딘가 매우 낯익은 느낌을 받았던 적이 있었을 것이다. 이러한 현상을 데자뷰(De ja vu)라고 한다. 반면, 수백 번 수천 번 경험을 했는데도 불구하고 마치 처음 보는 것처럼 낯설게 보는 행동을 뷰자데(Vu ja de)라고 부른다. 와튼스쿨의 최연소 종신 교수, 애덤 그랜트에 따르면, 누구나 같은 경험을 하지만 아무나 경험을 혁신적인 아이디어로 바꾸지 못한다고 한다. 그는 혁신적인 아이디어를 얻기 위해서 필요한 것이 뷰자데라고 말한다.

Airbnb의 공동 창업자 조 게비아는 TED 강연에서 자신이 친구와 함께 Airbnb를 창업한 이야기를 소개했다. 디자인 학교를 갓 졸업한 조 게비아는 마당에서 벼룩시장을 열고 사람들이 자신의 작품을 사주기를 기다렸다. 그러던 중 빨간 마즈다 자동차를 탄 한 청년이 내리더니 그의 작품들을 살펴보기 시작했다. 알고 보니 그는 곧 평화봉사단에 파견 예정이었는데 가기 전에 국경을 넘는 여행을 하는 중이었다. 조는 청년에게 같이 맥주를 마시자고 했고 그 둘은 맥주를 마시며 시간이 가는 줄 모르고 이야기했다. 날이 어둑해지자 조는 피곤해졌고 그 청년에게 물었다. "어디서 묵을 예정인가요?" 그러자 그 청년은 말했다. "사실, 잘 곳이 없어요." 처음 만난 사람에 대한 두려움이 있었지만 조는 말했다. "내 거실에 누워 잘 수 있는 공기 침대가 있는데요. 이용하실래요?" 그렇게 조는 청년에게 최초로 하루 숙박을 제공했다.

그로부터 2년 뒤, 실업자가 된 조는 직업도 돈도 없었다. 룸메이트는 이사 나갔고 월세도 올랐기 때문에 재정적으로 위기 상태였다. 그때 한 디자인 컨퍼런스가 그가 사는 지역에 개최되었는데 조는 모든 호텔이 매진되었다는 소식을 우연히 듣게 되었다. 순간 2년 전 평화봉사단 청년에게 숙박을 제공한 경험을 떠올린 조는 자신의 방을 낯설게 보기 시작했다. 그가 볼 때, 그의 집은 호텔과 비교하면 매우 형편없었지만 호텔을 구하지 못해 발을 동동 구르는 사람들에게는 최고의 숙박 시설이었다. 그래서 그는 단짝 친구이자 새 룸메이트인 브라이언 체스키에게 말했다.

"우리 집을 디자이너용 조식 제공 숙소로 바꾸면 어떨까? 우리 마을에 온 젊은 디자이너에게 값싸게 제공하는 거야. 인터넷도 작은 책상도, 침대 매트리스도, 그리고 조식도 매일 제공하는 거야."

이렇게 공기침대 조식 제공 숙박업소가 탄생했다. 젊은 디자이너들은 20달러짜리 공기침대와 조식 햄치즈오믈렛에 만족했다. 무엇보다도 젊은 손님들과 교감을 나누며 친구를 사귈 수 있다는 것이 조의 마음을 뜨겁게 했다. 이렇게 시작된 Airbnb는 전 세계로 퍼져 현재 191개국의 78만 5천 명의 사람들이 낯선 사람 집에서 지내거나 낯선 사람을 집에 맞아들이고 있다.[52]

Airbnb 이야기에서 볼 수 있듯이, 당신에게 익숙한 것을 낯설게 보기 시작할 때, 기존에는 발견할 수 없었던, 놀라운 기회를 관찰하게 된다.

당신에게 익숙한 것은 무엇인가? 오래전부터 늘 당신 곁에 있었지만 당신이 너무나 당연하게 생각해 집중하지 못했던 것들은 무엇인가? 이제 그 익숙한 것들을, 그 당연한 것들을 마치 처음 접하는 것처럼 낯설게 보기 시작해보자. 마치 화가가 예술가의 눈으로 세상을 낯설게 바라보고 묘사하듯, 당신 주위에 존재하는 그 모든 것을 낯설게 바라보고 당신의 언어로 묘사해보라.

자세히 보기

『우아한 관찰주의자』의 저자 에이미 허먼은 14년 간, NYPD 13개 부서 경찰관들, 워싱턴 D.C., 시카고, 필라델피아, 버지니아주, 오하이오의 경찰관들을 대상으로 관찰하는 법을 가르쳤다. 그의 강의가 빠르게 입소문을 타면서 그는 FBI, 국토안보부, 미국육군, 해군, 주방위군, 연방보안관실, 연방준비제도, 법무부, 국무부까지 강의를 했다. 한 FBI 요원은 그를 통해 관찰하는 법을 배워, 마피아 조직을 검거하고 그들의 유죄를 입증할 증거를 찾았다고 한다. 에이미 허먼은 유능하고 두뇌가 명석한 사람들일수록 종종 결정적이고 중요한 정보를 놓치는 실수를 저지른다고 말한다. 그는 자세하게 관찰하는 힘을 기를 때, 당신이 직업과 상관없이 놀라운 성장과 발전을 경험할 수 있다고 말한다. 그럼 어떻게 자세히 관찰하는 힘을 기를 수 있을까? 그가 제안하는 방법은 매우 간단하다. 그것은 미술관에 가서 또는 미술책을 열어 미술 작품에 대해 자세히 관찰하는 것이다. 어떠한 편견 없이, 그림의 세부 정보를 가능한 한 자세히 관찰하면 된다. 그리고 당신의 눈에 무엇이 보이는지 스스로 설명해보라. 이 간단한 연습을 통해서 당신은 뭔가를 본다는 것이 얼마나 풍성하고 재미있는 일이 될 수 있는지 깨닫게 된다.

다음 작품은 이중섭의 〈길 떠나는 가족〉이다. 이 작품을 가능한 자세히 관찰해보자. 그리고 충분히 관찰했다면 다음의 질문들에 답을 해보자.

이중섭 〈길 떠나는 가족〉, 1954년

"작품 등장인물을 보았는가? 총 몇 명이고 각각 누구라고 생각하는가?

여인과 두 아이들은 어디 위에 있었는가? 여인이 흥겨운 듯 몸을 흔드는 것을 보았는가? 오른쪽 아이가 하얀 새를 바람에 날려 보내는 것을 보았는가? 소달구지에 타고 있는 두 아이가 벌거벗은 채 즐거워하는 것을 보았는가? 왼쪽의 키 큰 남자가 손을 하늘 위로 번쩍 들고 있는 것을 보았는가? 왼쪽의 키 큰 남자가 이끄는 대로 황소가 힘차게 왼쪽으로 걷고 있고, 황소의 등이 꽃으로 장식되어 있는 것을 보았는가? 그리고 실바람이 불어와 구름이 흩어지고 꽃잎들이 흩날리는 것을 보았는가?"

자세하게 대상을 관찰할 때, 당신은 바라보는 대상을 깊이 있게 파악할 수 있다. 화가 이중섭은 2년 동안 일본인 아내와 두 아들과 함께 전쟁 피난 생활을 버텼다고 한다. 하지만 결국 그는 1952년 아내와 두 아들을 일본으로 보냈고 2년 뒤 가족을 그리워하며 작품 〈길 떠나는 가족〉을 그렸다. 만약 당신이 작품을 자세히 관찰해서 아버지, 아내, 두 아들의 흥겨운 모습들, 소의 경쾌하고 힘찬 발걸음, 자신감 넘치는 듯 대담한 붓 터치, 소망을 실은 듯 꽃이 흩날리는 것과 비둘기를 바람으로 날리는 것을 보았다면, 고통과 고난 속에서 작가가 얼마나 가족을 그리워했을지를 느낄 수 있었을 것이다.

다르게 보기

누구나 자신만의 관점을 가지고 세상을 바라본다. 이 관점에는 당신이 살아온 환경, 가족, 친구, 선생님, 전공, 분야 등 당신에게 영향을 준 모든 것들이 반영되어 있다. 그래서 관점이 한 번 형성되면 쉽사리 바뀌지 않는다. 문제는 당신의 관점이 편협한 경우, 바로 그 관점 때문에 세상을 좁게만 보게 된다는 것이다. 이것은 마치 둥근 어항 속이 물고기가 어항 밖의 세상을 둥글게 왜곡되게 바라보는 것과 마찬가지다. 당신이 고정된 관점에 매몰되어 다른 가능성에 대해서 보지 못하게 될 경우, 문제의 핵심에 제대로 초점을 맞추기 어렵고 해결의 실마리를 찾지 못하게 된다.

1950년대 주류 의학계는 위궤양이 발생하는 이유가 스트레스 때문이라 생각했다. 위 내부에 다량의 소화효소와 염산이 분비되어 있기 때문에 스트레스가 많아질 경우 위산 분비량이 많아져 위궤양이 발생한다는 것이다. 따라서 당시 제약 업계는 위궤양 치료제로 늘 위산을 억제하는 약만을 만들었다. 제약 업계는 위산 억제 약으로 연간 60억 달러라는 엄청난 돈을 벌어들였다. 하지만 그 누구도 위궤양의 진짜 원인이 박테리아라는 것을 생각하지 못했다. 1981년 웨스턴오스트레일리아 로열 퍼스 병원에서 근무하던 20대 젊은 레지던트 의사인 배리 마셜은 위염 환자를 테트라사이클린이라는 항생제로 치료했다. 치료 경과를 지켜본 마셜은 14일 후 환자의 위염이 깨끗하게 사라진 사실을 관찰했다. 마셜은 항생제가 위염과 아무런 상관성이 없다는 당시 주류 이론과 다른 결과에 주목했다.[53] 마셜은 위궤양이 어쩌면 스트레스가 아닌 이유로 발생할 수 있다는 다른 관점을 갖게 되었다. 마셜은 위내벽 조직 샘플을 구해 패트리 접시에 두었고 박테리아가 서식하도록 만드는 실험을 했다. 결국 마셜은 전자현미경으로 군체를 형성하는 새로운 종류의 박테리아, 헬리코박터 파일로리균을 발견했다. 그리고 그는 이 박테리아가 위 점액질 내벽 사이를 뚫고 들어가 강한 산성 환경으로 스스로를 보호한다는 사실과 박테리아의 유독성 배설물이 분비될 때, 위 내벽에 위궤양이 발생하는 사실을 최초로 규명했다. 기존의 관점을 거부하고 다른 관점으로 현상을 관찰한 마셜은 헬리코박터 파일로리균을 발견한 공로로 2005년 노벨 생리의학상을 수상했다.[54]

작가는 상상, 관찰, 경험이라는 세 가지 출처를 가지고 있다.

– 윌리엄스 폴크너 –

12

집중력

한 가지 대상에 의식과
에너지를 기울이는 것

집중이 생산성을 높인다

이번 장을 본격적으로 열기 전에 질문들을 던져보고 싶다. 혹시 이러한 질문에 대해서 생각한 적이 있었는가?

"금년 초 내가 목표로 잡은 것들이 왜 제대로 진행되지 않는 것일까?"
"이번 주 중요한 일을 꼭 마무리해야지 다짐했는데 왜 중요하지 않은 일들 대응하다 결국 그 일을 해내지 못했을까?"

"왜 세상에는 나의 소중한 시간을 빼앗는 것들로 가득 차 있을까?"

"정작 핵심적인 일을 하려고 할 때, 왜 나의 에너지 레벨은 바닥 상태에 있는 것 같을까?"

"조금만 더 노력하면 목표를 달성하는데 왜 그 문턱에서 자주 좌절하는가?"

"왜 여행을 가야 깊이 있는 자기 성찰과 깨달음을 얻을 수 있을까?"

"공부를 하다 왜 자꾸 스마트폰에 시선이 가는가?"

"시험공부 할 때만 되면 왜 자꾸 딴짓을 더 하고 싶은 것일까?"

"똑같은 시간 열심히 일해도 뒤처지는 이유는 무엇인가?"

"나는 하루 중 몇 시에 가장 효율적으로 일을 하는가? 반대로 몇 시에 가장 일이 잘 안되는가?"

"진심으로 즐거워 아무런 잡생각 없이, 시간 가는 줄 모르고 일을 한 적이 언제인가?"

"중요한 일을 앞두고 꼭 수행하는 나만의 의식이 있는가?"

"성공하는 사람들은 어떻게 수많은 사람들이 주목하는 상황 속에서 놀라운 성과를 달성해내는가? 그 비결은 무엇인가?"

"올림픽 국가대표 금메달리스트들이 타선수들에 비해서 월등히 높은 능력은 무엇일까?"

"내가 하는 일을 통해 큰 희열과 보람을 느끼는가? 그 일을 통해서 더 성공할 수 있고 더 성장할 수 있다고 믿고 있는가?"

이 질문들의 핵심은 무엇일까? 그것은 바로 '집중'이다. '집중하다'의 영어 단어 'Concentrate'은 프랑스어 'Concentrer'에서 기원한 것으로 '중심에 두다'라는 의미를 가진다. 또한 집중의 한자어 '集中'은 '중심에 모으다'는 의미를 가진다. 따라서 집중이란 한 가지 대상에만 당신의 의식과 에너지를 기울이는 것이라고 정의할 수 있다. 집중력이 부족할 때, 인간이 의식적으로 행하는 일들은 제대로 수행되지 않는다. 당신이 한 가지 대상에 대해 집중할 수 있을 때, 당신은 그 대상을 통해 즐거움을 느끼고 시간 가는 줄 모르고 에너지를 쏟게 된다. 이 집중의 과정 속에서 당신의 두뇌가 활성화되고 놀라운 생산성을 가지고 일의 목표를 달성할 수 있다.[55,56]

집중력이 부족할 때의 세 가지 특징

집중력이 부족한 사람들에게는 어떤 특징이 있을까? 그 대표적인 세 가지 유형에 대해서 알아보자. 만약 당신에게 하나 이상 해당이 된다면, 놀라고 슬퍼하지 마라. 왜냐하면 노력을 통해 충분히 집중력을 개선할 수 있기 때문이다.

첫째, 보아도 보고 있지 않다!
인간의 모든 신경망은 연결되어 있다. 당신의 감정의 변화가 얼굴에 나타나듯이 집중력 부족은 당신의 시선에 바로 나타난다. 집중력이 부족할 때, 사람들의 시선은 어느 한 곳을 주시하지 못한 채 안절부절못하는 상태가 된다. 이럴 때, 사람들의 심리 또한 불안정한 상태가 되어 주의가 분산되어버린다. 결국 무엇인가를 보아도 보고 있지 않는 것과 같다.

집중력이 부족한 학생은 교수가 강의하는 칠판 쪽으로 시선을 향하고 있더라도 실제로 칠판에 적힌 내용을 전혀 보고 있지 않다. 집중력이 부족한 운동 선수는 패배에 대한 두려움, 징크스, 컨디션 등 수많은 요소들에 주의를 빼앗기고 그 결과 상대 선수의 움직임을 정확하게 파악하지 못한다. 보고도 보고 있지 않는 무(無)집중 상태는 기업에게 있어 때때로 치명적인 손해와 실수를 초래하기도 한다.

하인리히의 법칙에 대해서 들어보았는가? 1:29:300의 법칙으로도 알려진 하인리히의 법칙은 하나의 대형 사고가 발생하기 전에 29번 정도의 경미한 사고와 300번 정도의 징후들이 반드시 나타난다는 통계적 법칙이다.[57] 하인리히의 법칙대로 그동안 기업에서 발생한 대형 사고들(예를 들어 2018년 라오스 댐 붕괴, 2007년 태안 기름 유출 사건, 1995년 삼풍백화점 붕괴 등)은 갑자기 우연하게 발생하는 것이 아니었다. 대형 사고가 발생하기 전 일정 기간 반복적으로 수많은 경미 사고와 징후들이 발생했다. 문제는 경미한 사고와 징후들을 보고도 보지 않았던 기업의 집중력 부족이었다. 기업은 경미 사고와 징후들이 사소한 것이라고 중요하지 않을 것이라고 치부하고 방치해버려 원인 분석과 대책 마련(관리 운용 규정, SOP)을 하지 않았다.

한편 집중력 부족은 비단 시각적 주의 산만뿐만 아니라 청각의 주의 산만으로도 나타난다. 집중력이 부족한 사람은 듣고도 듣지 않는다. 예를 들어 문제 해결을 위한 회의, 고객 상담, 세미나, 주요 안건 토론 중, 상대방이 중요한 이야기를 하고 있을 때 집중력이 부족하면 한 귀로 듣지만 다른 귀로 바로 흘러나와 대화의 흐름을 놓치게 되고, 참여도, 품격을 떨어뜨리게 된다. 또한 집중력이 부족할 때, 상대방이 말한 정보를 잘못 들어 오해를 초래할 수 있다. 이 모든 것은 개인과 조직에 있어 큰 손해를 초래한다.

둘째, 일해도 일하고 있지 않다!

집중력이 부족한 상태로 일을 하는 것은 생산성을 저하시키는 대표적인 원인이다. 이는 일해도 일하고 있지 않은 상태를 만들어낸다. 오늘날, 사람과 사물이 인터넷을 통해 연결된 초연결 사회 속에서는 이메일, 메신저, 소셜 미디어, 인터넷, 스마트폰 등 집중력을 저하시키는 요소들이 정말로 많다. 집중해서 일하기 참으로 힘든 시대이며 동시에 어느 때보다도 집중력이 요구되는 시대에 우리는 살고 있다.[58]

2014년 OECD 보고서에 따르면 한국인의 연평균 근로시간은 2,163시간으로 멕시코(2,228시간)에 이어 OECD국가 중 두 번째로 많은 시간으로 조사되었다. 그리고 2017년 OECD보고서에 따르면 한국인은 연평균 2,024시간을 일했고 이는 멕시코(2,257 시간)와 코스타리카(2,157시간)에 이어 세 번째였다. OECD 국가들의 평균 연근로시간인 1,759시간과 비교해볼 때 한국인은 265시간 더 일을 많이 했다. 이 격차는 독일인(1,356시간), 일본인(1,719시간), 미국인(1,780시간)과 비교 시 더 벌어진다. 우리나라 GDP는 독일 GDP의 1/3 수준이지만 우리나라 근로자는 독일의 근로자보다 연간 4개월 더 일했다.[59] OECD 통계 보고서가 말해주는 시사점은 생산성이란 일하는 시간의 양에 비례하지 않는다는 것이다. 왜 정말 많은 시간을 들이고도 업무 효율이 떨어지고 높은 생산성을 달성하지 못할까?

『원씽』의 저자 게리 켈러는 한 가지 일에 집중하지 않고 여러 가지 일에 집중을 분산시킬 경우(즉, 멀티태스킹을 할 경우) 생산성이 급격하게 떨어진다고 말했다. 그리고 그 이유에 대해서 그는 다음과 같이 세 가지로 분석했다. 첫째, 일의 흐름이 끊어지면 다른 일에 집중하기까지 시간이 많이 걸린다. 둘째, 일을 바꿀 경우 원래의 중요한 일로 돌아오지 못할 위험성이 높다. 셋째, 멀티태스킹 작업 시 하나의 일을 완성하는 데 더 많은 시간이 걸린다.[60]

게리 켈러의 말을 따르자면 우리는 한 가지 일, 즉 원씽에 집중해야 한다. 하지만 현실적으로 우리는 일을 할 때 멀티태스킹을 해야만 하는 상황들에 놓인다. 한 지인의 하루 생활을 예로 들어본다. 그는 아침 일찍 일어나 오늘은 꼭 중요한 일을 마무리해야지 하고 마음을 먹고 회사에 갔다. 회사 컴퓨터를 켠 순간 수많은 메일들이 그를 기다렸다. 메일의 대부분은 그의 업무와 전혀 관련이 없는 홍보성 메일이었고 나머지 메일들도 그가 정말로 집중하고 싶은 가장 중요한 일과는 상관이 없었다. 메일들을 가려내고 주요 메일을 읽고 답장하고 있노라면 메신저 알람이 반짝반짝 켜진다. 회사 동료들로부터 업무 협업을 위한 메시지가 온 것이었다. 이렇게 그가 이메일과 메신저에 대응하면서 점점 집중력이 흐트러졌고 스트레스가 올라갔다. 그런데 아직 끝이 아니었다. 그가 하고 싶은 중요한 일을 하려고 했더니 선배가 음료수 한잔하자고 했다. 거절을 잘 못하는 그는 선배와 함께 사내 카페에 가서 이런저런 이야기를 하고 돌아왔다. 어느덧 점심시간이 다가왔다. 그는 업무에 집중하기 어려웠다. 점심시간까지 짧은 시간 동안 그는 스마트폰을 꺼내 인터넷 기사를 확인하고 페이스북, 인스타그램에 들어가 전날 그가 올린 포스트의 반응들을 확인했다. 그리고 그가 산 주식 포트폴리오 실적이 어떻게 되었는지 확인했다. 점심시간 이후 그는 집중해서 일을 하리라고 다짐했다.

하지만 갑자기 그의 자리에 부장이 오더니 팀장으로부터 수명 업무가 떨어졌다고 하며 그에 대응하기 위한 숙제를 잔뜩 던지고 갔다. 결국 오후시간 내내 계획에 없던 팀장 수명 업무만을 대응했다. 팀장 수명 업무를 마무리하고 나서 퇴근까지 한 시간 남짓 남았는데 그의 에너지는 바닥이 났다. 그는 더 이상 자신의 일에 집중할 수 없었고 결국 그의 실적과 승진에 직결되는 가장 중요한 일을 전혀 하지 못했다. 이것은 나의 지인만의 이야기가 아니다. 정도의 차이가 있을 뿐이지 많은 직장인들이 비슷한 경험을 하고 있다고 나는 생각한다.

셋째, 중요한 순간에 실수한다!

운동선수들에게 결승전 무대의 순간, 지고 이기는 치열한 경쟁의 순간, 한 번 더 포인트를 잃으면 탈락하는 위기의 순간, 한 포인트를 따내면 우승하는 결정적인 순간, 집중력 저하는 곧 실수와 패배를 의미한다. 또한 너무 긴장한 나머지 선수가 평소 훈련 때보다 훨씬 큰 힘과 에너지를 가지고 경기에 임해도 실수를 하고 패배하게 된다. 앞서 언급했지만 집중이란 한 가지 대상에 당신의 의식과 에너지를 기울이는 것이다. 그리고 집중을 잘한다는 것은 대상에 대한 의식과 에너지를 잃지 않는 것과 동시에 의식과 에너지가 과도하지 않도록 최적의 상태로 유지하는 것을 의미한다.

세계 정상급 선수들과 올림픽 메달리스트들의 공통점은 집중력을 잃지 않고 일관된 자세로 매 경기에 임할 수 있다는 점이다. 그들은 매 경기 평정심을 잃지 않고 집중력을 유지하기 위해서 훈련 때부터 엄청난 노력을 기울인다. 그 대표적인 예가 바로 루틴이다. 대부분의 최고 선수들은 매순간 집중할 때 습관적으로 정해놓은 동작인 루틴(Routine)을 실행한다. 대표적인 예로 메이저리그 10년 연속 200안타, 통산 3,000안타의 대기록을 달성한 이치로 선수의 루틴이 있다. 그는 항상 타석에 들어서기 전에 잠시 쪼그려 앉았다가 어깨를 들고 일어선다. 이어서 그는 타석 플레이트 쪽으로 걸어간 뒤, 깊이 숨을 들이마시고 오른손으로 배트를 들어 투수 쪽으로 겨냥하고 왼손으로 오른쪽 어깨를 잡는다.

또 다른 예로 단일 그랜드슬램에서 13회의 우승(La Decimotercera)을 달성한 전무후무한 테니스선수 라파엘 나달 선수의 루틴이다. 그에게 유명한 루틴이 두 가지 있는데 하나는 서브를 넣기 전에 바지 엉덩이 쪽을 잡아당기고 옷의 양 어깨 부분을 잡아당긴 뒤 코를 두 번 만지고 양 귀 옆 머리를 쓸어서 넘기기이고, 다른 하나는 벤치에서 휴식을 마친 뒤 물병들을 정확히 일렬로 세우는 것이다. 재미있는 사실은 이치로와 나달 선수 모두 루틴을 시합 때뿐만 아니라 개인 훈련 때에도 항상 실행한다는 것이다.

이렇게 최고의 선수들이 항상 루틴을 실행하는 이유는 매 경기 매순간 스스로 평안한 상태를 만들어 평정심을 잃지 않고 집중력을 얻기 위해서이다. 그들은 결정적인 순간에도 훈련 때와 같은 집중력을 가지고 경기를 한다. 따라서 그들은 일반 선수들과 비교해 기복이 없고 중요한 순간일수록 더 높은 성공 확률을 보인다. 늘 가장 편안한 상태의 컨디션을 유지하는 집중력, 바로 그것이 최고의 선수들과 일반 선수들의 사이에서 나타나는 차이다.

당신의 경우는 어떤가? 평상시에는 정말 잘하는데 결정적인 순간이 오면 능력이 제대로 발휘되지 않았던 적은 없는가? 발표 연습할 때는 최고였는데 막상 프리젠테이션 당일 여러 가지 변수들에 주의가 분산되어 연습 때만큼의 능력이 나타나지 않았던 적은 없었는가? 중요한 순간 긴장한 나머지 지나치게 힘과 에너지를 기울여 실수하거나 일을 그르친 적은 없었는가? 만약 그렇다면 당신은 집중력을 한 단계 도약시킬 필요가 있다. 당신은 집중력을 잃지 않을 뿐만 아니라 당신이 가장 편안했을 때의 집중력을 매순간 유지할 수 있는 능력을 갖추어야 한다.

과학은 집중에 대해 무엇을 말하는가?

집중을 높이는 세 가지 방법에 대해서 말하기 전에, 나는 먼저 집중에 대해 과학이 무엇을 밝혀냈는지 말하고 싶다. 집중에 대한 과학적 사실들을 분석함으로써 우리는 집중력을 향상시키는 근본 원리를 잘 이해할 수 있을 것이다.

첫째, 집중력은 모든 인간 안에 내재화된 능력이다.

오랜 기간 심리학자들은 집중(혹은 주목)에 대해서 수많은 질문들을 던졌다. 그 대표적인 질문은 우리 인간이 집중 없이 존재할 수 있는가였다.

이 질문에 대한 심리학자들의 연구 결과는 "그럴 수 없다"이다. 우리 인간의 뇌는 매순간 본능적으로 또는 선택적으로 늘 집중을 한다. 인간과 집중은 떼려야 뗄 수 없는 관계인 것이다. 예를 들어, 마음에 드는 이성이 당신에게 나타났을 때를 떠올려보자. 당신은 본능적으로 평소보다 더 큰 눈동자를 가지고 그 이성이 하는 말과 행동 모든 것에 집중했을 것이다. 아무리 시끄러운 곳에 있었을지라도 마법에 걸린 것처럼 다른 모든 소음은 차단되고 그 사람의 말만 뚜렷하게 당신의 귀에 들렸을 것이다.

또 다른 예로 자신의 타석에 서 있는 야구선수를 보자. 그는 투수가 뿌린 시속 140~150km 정도의 빠른 공을 치기 위해 선택적으로 공에만 모든 주의를 기울인다. 조금이라도 집중이 분산되면 순식간에 공은 포수의 미트 속으로 들어가 아웃 당하기 때문에 선수는 공에 초집중 상태를 유지한다. 열정적으로 응원하는 관중들의 큰 소리는 공에 집중하는 동안 들리지 않을 정도다.

우리의 일상 속에서 또한 마찬가지다. 취미 생활을 하고 있는 순간에는 취미에 집중한 나머지, 스트레스와 업무를 완전히 잊어버리고 시간이 가는 줄 모르고 시간을 보낸다. 위험할 뻔한 찰나의 순간에 우리는 엄청난 속도로 위험 요소들을 파악하고 위험에서 벗어나기 위한 방법을 찾아낸다. 그리고 마음 힐링을 위해 숲 속을 거니는 순간에는 평소에 잘 듣지 않는 물 흐르는 소리, 새소리, 곤충들 비벼대는 소리 등 온갖 소리들이 하모니를 이루어 오케스트라를 이루어내는 것을 생생하게 듣게 된다.

심리학자 스티븐 얀테스는 이렇게 말했다. "뉴런 집합체들은 훨씬 많은 대상을 표현할 수 있지만 한 번에 모든 것을 할 수는 없다. 우리는 선택을 해야만 한다. 그렇지 않으면 뉴런이 선택할 것이다." 다시 말해서, 집중은 모든 인간 안에 내재화된 능력이자 매순간 본능적으로 그리고 선택적으로 활용되는 능력이다. 그러면 우리는 왜 집중하는 것일까? 그것은 우리의 뇌가 전능하지 않기 때문이다. 우리의 뇌는 컴퓨터 CPU처럼 수많은 정보들을 동시 처리하는 데 한계가 있고 멀티태스킹할 때 효율이 급격하게 떨어진다. 따라서 우리의 뇌는 많은 정보들이 결집해 있을 때, 특정 대상, 가치 있거나 흥미로운 대상에 집중하기로 선택하고 강화함으로써 그 나머지 대상, 주위 노이즈들을 무시하거나 제거해버리는 방향으로 진화했다. 인간은 누구나 집중을 통해서 외적 그리고 내적에서 일어나는 일들을 자신에게 적합한 방식으로 제어하는 능력을 가지고 있는 것이다.

둘째, 집중은 제로섬 게임이다.

1999년 하버드대 심리학과 조교수 대니얼 사이먼스와 대학원생 크리스토퍼 차브리스는 한 가지 재미있는 심리학 실험을 진행했다. 그들은 빌딩 엘리베이터 앞 공간에 흰색 셔츠를 입은 팀 3명 그리고 검은색 셔츠를 입은 팀 3명을 두었고 같은 팀끼리 자유롭게 움직이며 농구공을 패스하게 했다. 그리고 실험 참가자에게 25초 동안 흰색 셔츠팀의 패스 횟수를 정확하게 세도록 지시했다. 정답은 바로 15번! 하지만 이 실험에서 정작 중요한 핵심은 패스 횟수가 아니었다. 사이먼스와 차브리스는 실험 진행 10초가 경과한 시간부터 대략 10초 정도 검은색 고릴라 복장을 한 학생이 두 팀 사이를 천천히 지나가도록 했다. 심지어 고릴라는 가슴을 쿵쿵 두두리는 큰 동작을 취하기도 했다. 그런데 정말로 흥미로운 점은 실험 참여자들 절반이 패스 횟수를 세는 것에 집중한 나머지 고릴라가 지나갔다는 사실을 전혀 인지하지 못했다는 것이다.[61,62]

이러한 현상을 심리학적으로 부주의맹 현상(Inattention blindness)이라 부른다. 즉 한 가지 대상에 집중하게 되면 집중하지 않는 대상에 대한 인식 능력이 현저하게 낮아진다는 현상이다. 부주의맹 현상은 일상 속 운전이나 보행 시 스마트폰을 사용하는 것이 얼마나 위험한 것인지 그리고 TV를 보고 있으면 왜 엄마의 잔소리가 하나도 들리지 않는지, 공부할 때 SNS 알람이 눈에 들어오면 왜 공부에 집중이 되지 않는지, 성공에 너무 초점을 두면 왜 실패한 사례들을 무시하는 경향이 있는지 등 집중력이 저하되는 수많은 사례들을 설명해준다.

앞에서 집중이란 모든 인간 안에 내재화된 능력이라고 했다. 그렇다면 도대체 왜 집중력이 저하되는 것일까? 집중력이 떨어진다고 상식적으로 여겨지는 사람들의 이유는 무엇일까? 그것은 부주의맹 현상에서 볼 수 있듯이 집중이란 우리의 뇌에서 제로섬 게임처럼 작동하기 때문이다. 제로섬 게임 참가자가 제각기 선택하는 행동이 무엇이든 각 참가자의 이득과 손실의 총합이 제로가 된다. 즉 누군가 이득을 얻으면 다른 누군가는 그만큼 손해를 보게 된다는 것이다. 우리 뇌의 기억 용량과 성능에는 한계가 있다. 그 결과, 우리의 뇌는 한 가지 대상에 집중하면 동시에 다른 대상들은 자동 포기되거나 억제되는 제로섬 방식으로 작동한다. 따라서 어떤 사람의 집중력이 부족하다는 말의 의미는 특정 한 가지 대상에만 집중하지 못하고 쉽게 다른 대상에 주의를 빼앗기는 것을 말한다. 우리는 집중력이 없는 것이 아니라 집중력을 빼앗긴 것이다.

셋째, 당신의 삶은 바로 당신이 집중한 대상들의 결과이다.

당신이 과거 어떤 대상을 선택해서 집중해왔는가는 바로 당신이 현재 살아가고 있는 삶을 형성한다. 그리고 지금 당신이 무엇에 집중하느냐는 당신의 미래의 삶을 형성할 것이다. 이렇게 당신의 삶은 바로 당신이 집중한 대상들의 결과이다. 당신이 특정 대상에 집중한 결과 그 대상에 대한 경험이 생산되고 이것이 당신의 자아를 형성해 기억 속에 저장된다. 사람마다 자기 고유의 개성을 가지고 있듯이 사람마다 자기만의 집중 체계를 가지고 있고 그 집중 체계에 따라 가치 있는 대상들을 선택한다. 결국 사람마다 각각 집중하는 대상이 다르고 관점과 생각 또한 다르다. 또한 이러한 집중 선택과 행동들이 하나하나 모여 각 사람 고유의 세계를 구성한다. 바로 집중에 의해 사람들은 모두 다른 세계에서 살아간다.

집중력을 높이는 세 가지 방법

우리는 이제 집중이란 한 가지 대상에만 당신의 의식과 에너지를 기울이는 행위라는 것을 배웠고 이 집중은 본래 모든 사람 속에 내재화되어 있다는 사실을 배웠다. 문제는 집중력이 없는 것이 아니라 부족하다는 사실이다. 특별히 수많은 정보와 자극에 노출되는 현대인에게는 특정 한 가지 대상에 오랫동안 집중하기가 참으로 어렵다. 그렇다면 어떻게 집중력을 높일 수 있을까? 그 세 가지 방법을 알아보자.

첫째, 감각을 한곳에 모아라

집중력이 부족한 상태일 때 나타나는 불안정한 심리 상태는 당신의 감각에 그대로 반영된다. 집중력이 떨어지면 대표적으로 당신의 시각과 청각은 불안정한 상태가 된다. 당신은 어느 한곳을 주시하지 못하며 또한 한 가지 대상에 귀 기울이기 어렵다. 큰 문제는 집중력 저하에 의해 당신의 감각이 산만해지면 뇌가 처리하고 주목하고자 하는 대상들이 급격하게 많아지게 된다는 것이다. 그 결과, 당신의 집중력은 기하급수적으로 떨어져 바닥을 치게 된다. 그런데 만약 당신이 이것을 역발상으로 생각한다면 당신의 집중력을 끌어올리는 좋은 전략을 만들어낼 수 있다. 당신의 집중력이 떨어진다고 생각이 될 때마다 당신의 산만한 감각들을 한곳에 모아보아라. 이를 통해 당신은 집중력을 끌어올릴 수 있다.

예를 들어, 당신이 있는 곳에서 보이는 대상 중 하나를 지목해서 뚫어지게 바라봐라. 그 대상은 당신의 손등에 있는 점이 될 수 있고, 거울에 비친 당신의 눈동자가 될 수 있다. 또한 그것은 당신이 적어놓은 좌우명이나 목표 글귀가 될 수 있고, 창밖에 보이는 나무나 꽃이 될 수도 있다. 그 대상은 자유롭게 당신이 정할 수 있는데 중요한 것은 10초~30초 정도 바로 그 대상만을 집중적으로 바라보는 것이다. 만약 당신이 청각을 한곳에 모으겠다면 잠시 눈을 감고 당신의 귀에 들리는 수많은 소리 중 하나의 소리만을 10초~30초 정도 집중적으로 들어라. 그것은 한 동료의 말, 구두 소리, 물소리, 곤충 소리, 바람소리, 에어콘 작동 소리 등 수천 가지의 소리가 될 수 있다. 이렇게 당신의 감각들을 한곳에 모으는 훈련을 통해 급격하게 떨어지는 집중력을 순식간에 부스트업시킬 수 있다. 실제로 집중력이 좋고 두뇌가 명석한 사람들을 관찰하면, 깊은 생각에 몰두한 이후 특정 대상에 시선을 고정한 채 멍하니 바라보고 있는 경우가 많다.

20세기 최고 지성인 물리학자 알베르트 아인슈타인, 천재 수학자 스리니바사 라마누잔, 수학자들을 위한 수학자로 불린 존 폰 노이만 등 놀라운 집중력을 가지고 많은 업적을 달성한 사람들은 종종 멍하니 한 곳을 응시한 채 집중하는 습관이 있었다. 이를 통해 그들은 감각을 한곳에 모아 고도의 집중력을 계속해서 유지할 수 있었던 것이다. 감각 한곳 모으기는 매우 쉽지만 그 효과는 매우 강력하다. 일본 최고의 집중력 전문가,

『기적의 집중력』의 저자인 모리 겐지로는 감각 한곳 모으기를 통해 많은 사람들의 집중력을 극대화할 수 있었다.[60] 예를 들어, 수험생이 시험 문제를 풀 때마다 감각 한곳 모으기를 실행했더니 수험생의 실수율을 최소화할 수 있었고, 집중력이 부족해서 책상에 오래 앉기 힘든 학생들이 감각 한곳 모으기를 실행했더니 오래 책상에 앉아 공부할 수 있는 학생들로 변화되었다. 또한 한 배구팀이 득점을 할 때 그리고 실점을 할 때마다 감각 한곳 모으기를 실행했더니 경기 끝까지 방심하지 않고 흐트러짐 없이 경기 운영을 했고 이를 통해 대회에서 우승하기까지 했다.

둘째, 감정이 아닌 실행에 초점을 맞춰라

2012 런던 올림픽을 앞두고 기자와 인터뷰를 한 김현우 선수는 이렇게 말했다. "나보다 더 땀을 흘린 선수가 있다면, 금메달을 가져가도 좋다." 그리고 그는 당당하게 금메달을 따냈다. 김현우 선수와 같이 정상급 선수들은 최고 자리를 유지하기 위해서 매일 고강도의 훈련을 한다. 스즈키 이치로 선수는 "나와의 약속을 한 번도 어긴 적이 없다"는 말을 남겼다. 그가 뉴욕 양키즈 시절 동료였던 사바시아 선수는 이치로의 훈련량에 놀라 이렇게 말을 했다. "이치로는 시즌이 끝난 바로 다음 날 그리고 크리스마스날만 쉬고는 매일 훈련합니다." 이 말을 듣고 이치로는 이렇게 되받아쳤다. "저는 마흔 살 넘으면서 달라졌습니다. 하루 더 쉬고 있죠." 이치로 선수는 이렇게 1년 365일 중 2~3일을 제외하고 매일 같이

훈련을 했다. 그는 선수로 은퇴하기까지 이러한 삶을 30년 넘게 유지했다.

하루 연습을 쉬면 내 몸이 알고 이틀 연습을 쉬면 상대 선수가 안다는 말이 있다. 즉, 아무리 연습이 힘들고 어려워도 정상급 선수들은 땀은 배신하지 않는다는 일념으로 연습을 게을리하지 않는다. 이 과정에서 감정의 기복이 생길 수 있다. 정말 하고 싶지 않다고 포기하고 싶다는 마음이 들 때도 있다. 하지만 그들은 이러한 부정적인 감정이 뿌리내리기 전에 먼저 행동한다. 그들은 감정이 아닌 실행에 초점을 맞춰 집중력을 잃지 않는다. 공부 또한 마찬가지다. 공부를 잘 못하는 학생들은 감정에 이끌려 공부를 하는 경향이 있다. 그들은 과제나 공부를 수행할 때 자신이 그것을 하고 싶은지 그렇지 않은지 그 기분을 따진 다음 실행에 옮긴다. 따라서 그들은 날마다 오르락거리는 감정에 이끌려 집중력 있게 공부하기 어렵다. 반면 공부를 잘하는 학생들은 먼저 감정에 이끌리지 않고 실행에 초점을 맞춰 공부를 한다. 그들은 먼저 공부를 실행한 뒤 흔들리는 감정을 이끈다. 따라서 그들은 장기간 집중력을 잃지 않고 공부할 수 있는 것이다.

심리학에 부정편향성(Negativity Bias)이라는 개념이 있다. 사람의 뇌는 긍정적인 감정보다 공포, 분노, 우울, 슬픔, 복잡함 등 부정적인 감정에 더 심각하게 몰두하는 경향이 있다는 것이다. 즉, 부정적인 감정은 당신의 집중력을 빼앗을 가능성이 매우 높다. 부정적인 감정을 컨트롤하다 지나치게 많은 시간을 소비해 결국 중요한 일에 집중하기 어려운 것이다. 정상급 선수들, 공부 잘하는 학생들, 우수한 성과를 달성한 직장인들은 부정편향성을 극복하여 집중력을 유지하는 비결을 알고 있다. 그들은 부정적인 감정에 편향되어 에너지레벨이 떨어지기 전에 먼저 해야 할 일을 실행에 옮긴다. 그리고 그 결과 발생하는 성취감, 동기를 가지고 그들은 부정적인 감정을 긍정적인 감정으로 변화시킨다. 꾸준히 집중하고 싶은가? 그러면 감정이 아닌 실행에 초점을 맞추라.

셋째, 제약을 만들어라

아무리 집중력이 없다고 주장하는 사람이라도 게임을 하라고 하면 잠재된 집중력이 폭발하는 것을 볼 수 있다. 게임을 할 때 왜 사람들은 쉽게 집중할 수 있는 것일까? 게임을 국어사전에서 찾아보면 다음과 같은 의미를 가진다.

게임 : 규칙을 정해 놓고 승부를 겨루는 놀이.

이 정의를 통해서 게임에 대해 알 수 있는 것은 모든 게임에는 언제나 제약(규칙)이 있고 플레이어들은 제약 속에서 특정한 목표를 달성해야 한다. 제약과 목표가 없는 게임은 존재하지 않는다. 그래서 게임의 3요소를 제약, 목표, 보상이라고도 말하는 것이다. 제약과 목표가 있을 때 플레이어들은 게임에 고도로 집중할 수 있다. 내 주위 사람들 중에는 적절한 압박과 제약이 있을 때 일에 집중이 잘된다고 말하는 사람들이 많다. 이런 사람들은 목표와 마감일을 지켜야 하는 긴장과 압박 속에서 고도의 집중력을 가지고 높은 성과를 만들어낸다. 반대의 사례 또한 있다. 목표는 분명하지만 제약이 없을 경우, 긴장감과 책임감이 부족해 업무가 자주 지연되거나 중단되어버린다. 게임의 원리가 알려주듯이, 집중력을 위해서는 목표뿐만 아니라 제약을 만들어야 한다. 시간적, 재정적, 자원적, 인적 제약을 적당히 만들어 그 속에서 목표를 향해 일하기 시작할 때 놀라운 집중력이 만들어질 수 있다.

1970년 4월 11일 오후 13시 13분, 미국 케네디 우주센터에서 아폴로 13호는 힘차게 발사되었다. 그런데 시작부터 아폴로 13호는 삐그덕대기 시작했다. 2단계 추진을 하는 상황에서 중앙 로켓 엔진이 프로그램된 시간보다 2분 일찍 꺼졌던 것이다. 그리고 4월 13일 지구 상공 321,860km 궤도에 도착했을 때, 갑자기 기계선의 산소 탱크가 폭발하는 사고가 터졌다. 이 사고 때문에 사령선의 산소는 급격한 속도로 누출되고 있었고 아폴로 13호 대원들과 나사 본부는 달 착륙 임무를 포기하고 신선한 산소가 있는 달착륙선에 올라타 지구로 복귀한다는 긴박한 미션을 설정하게 된다. 우주비행사를 어떻게 지구로 생환시킬 것인가? 이 목표 달성에는 두 가지 치명적인 제약이 존재했다. 부족한 전력으로 인해 자동조종장치를 사용할 수 없다는 것 그리고 2인 탑승용 달 탐사선을 3명이 탑승함으로 인해 산소가 부족하고 이산화탄소 농도가 높아지고 있다는 것이었다.

미션컨트롤센터 본부 전원, 모든 엔지니어와 과학자들은 비상 사태에 돌입했고 퇴근을 포기하고 밤을 지새우며 방법을 함께 강구하기 시작했다. 그들은 수동조종장치를 사용해야 하는 아폴로 13호 달착륙선의 궤도가 자꾸 틀어지는 것을 끊임없이 모니터링했고 수정궤도를 일일이 계산해 송신했다. 그리고 착륙선 기내에 있는 것과 동일한 부품들을 가지고 작업하면서 탑승 우주비행사가 쉽게 복제하여 사용할 수 있는 정화시스템 구축법을 만들기 시작했다. 밤을 지새우며 초집중을 발휘한 덕에 미션컨트롤센터 본부는 우주비행사들의 양말과 도관용 테이프, 그리고 두꺼운 비행 매뉴얼 등을 가지고 투박해 보이지만 제대로 작동하는 공기정화시스템을 만들어냈다. 이를 통해 이산화탄소 농도 문제를 해결했다. 결국 우주비행사와 미션컨트롤센터 본부의 초인적인 노력에 의해서 아폴로 13호는 4월 17일 지구로 귀환하게 되었다.

하버드 경영대학원 교수 테레사 애머빌 교수는 제약 속에서 놀라운 집중력이 만들어지는 것에 대해서 이렇게 설명한다. 높은 제약이 있는 압박감 속에서 중요한 목표를 가진 사람들은 마치 사명을 띤 것처럼 느끼고 놀라운 창의력을 만들어낸다. 놀라운 집중력을 얻기 위해서 목표를

설정했는가? 그렇다면 그 집중력을 더욱더 고도화할 수 있도록 목표에

제약을 두어라. 사용할 수 있는 시간과 물적 인적 자원에 제약을 두어라.

그럴 때 놀라운 집중과 창의성이 발휘될 것이다.[64]

나의 세 가지 원칙은 이것이다. 올바른 일을 한다.
그 일에 최선을 다한다. 그 일을 아끼는 사람들에게 보여준다.

– 로우 홀츠 –

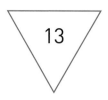

13

과학

새로운 지식을
탐구하는 과정

과학이란 무엇인가?

오늘날 대부분의 분야에 과학이라는 말이 뒤따른다. 물리학, 화학, 생
물학, 수학, 재료공학, 화학공학과 같이 자연과학 또는 응용과학뿐만 아
니라 인지과학, 사회과학, 심리과학, 예술과학, 스포츠과학 등 수많은 분
야들이 과학을 기초로 구축되었다. 과학의 분야가 많은 만큼 현대 사회
의 진보와 발전에 있어 과학이 차지하는 부분은 압도적이다. 하지만 과
학만큼 그것이 무엇인지 오해하는 경우가 많은 분야는 없을 것이다. "과

학이란 무엇인가?" 당신에게 묻는다면 당신은 체계적으로 답을 할 수 있는가? 내가 카이스트 박사 과정 중에 있을 때 나는 당연히 과학을 알고 있다고 생각했다. 왜냐하면 내가 하고 있는 것이 과학이었기 때문이었다.

어느 날이었다. 인문학 배경의 친구가 내게 물었다. "인성아, 네가 하는 과학이란 게 뭐 하는 거야?" 갑작스러운 질문에 나는 제대로 과학의 정의가 무엇이고 목표가 무엇인지에 대해 말을 해주지 못했다. 그저 내가 속한 화학과 연구실에서 진행되는 일들에 대해서 말을 해줄 뿐이었다. 나는 과학을 하고 있지만 과학의 개념을 제대로 알고 있지 못했다. 이 사건 이후, 나는 과학에 대해서 공부하기 시작했다. 과학을 정의 내린 사람들, 과학적 방법론의 토대를 마련한 사람들의 지혜를 찾아 연구했다. 계속된 공부 끝에 과학이란 단순 스킬이 아니라 '철학적 도구'라는 것을 알게 되었다.

누구든지 과학이라는 철학적 사유의 시선으로 잘 모르는 세상을 체계적으로 바라볼 수 있다. 과학을 하기 위해서 당신이 이학과 공학을 전공하거나 학위를 얻을 필요가 없다. 누구나 분야와 영역을 넘어 과학을 적용할 수 있고 이를 통해 놀라운 지식과 성과를 얻어낼 수 있다. 우리 사회가 더욱더 진보하면서, 과학의 영향력과 중요성은 계속 증가하고 있다. 더욱더 과학을 통해 사람들은 어려운 문제를 해결하고 혁신을 창출해내고 있다. 따라서 과학의 본질에 대해서 올바르게 이해하는 것과 과학이라는 철학적 도구를 당신의 분야에 적용해서 일을 하는 역량을 갖추는 것이 정말로 중요하다.

'과학을 한다'는 행위란 구체적으로 어떠한 의미일까? 리처드 파인만은 과학을 한다는 것이란 새로운 뭔가를 발견하는 특별한 방법 또는 증명된 사실들을 가지고 지식의 체계를 구축하는 방법이라고 말했다.[65] 파인만의 말대로 새로운 지식을 탐구하는 과학은 가설(아이디어) 수립 – 가설(아이디어) 검증 – 지식화라는 세 가지 단계로 구성된 특별한 방법을 가진다.

첫째, 가설 수립

과학을 전공했던 사람이라면 가설이라는 단어가 익숙하겠지만 대부분의 사람들에게 가설은 일상 속에서 잘 사용하지 않는 말이다. 가설이란 말이 입에 잘 달라붙지 않는다면, 가설을 '아이디어'로 바꾸어 이해해도 된다. 칼 포퍼는 과학이란 제시한 가설(아이디어)을 실험을 통해 증명하거나 반증하는 것이라고 말했다. 어떠한 가설을 제시하느냐는 과학적 결과의 독창성 및 우수성에 밀접한 관련성을 가지고 있다. 가설이 독창적이고 참이면 연구 결과 또한 독창성을 가진다. 그리고 아무리 연구 결과의 양이 많더라도 검증하려는 가설이 참신하지 않고 중요하지 않다면 그 결과는 사람들에게 흥미를 끌지 못한다. 가설이란 '(무엇)이면(무엇)일 것이다'라는 구조로 서술되는데 이는 What if 질문(만약(무엇)하다면 어떨까?)의 구조로 표현될 수 있다. 따라서 What if 질문을 던지는 능력은 곧 독창적인 가설과 아이디어를 세울 수 있는 능력으로 연결된다.

좋은 가설을 세우기 위해서 가장 효과적인 방법은 무엇일까? 나는 박사 과정 중 지도 교수님을 통해서 가장 단순하지만 가장 강력한 방법 하나를 배웠다. 그것은 바로 관찰이다. 현상이 어떤 이유에서 발생하는지, 세상이 어떠한 규칙으로 움직이는지, 인간에게 필요한 기술을 어떻게 만들어낼 것인지, 그 실마리를 풀기 위해서 사람들은 관찰의 힘을 이용해왔다. 당신이 보고 있는 모든 현상을 관찰하고 또 관찰하다 보면, 반드시 "혹시 이런 것 아닌가?", "만약 그렇다면 이렇지 않을까?"와 같은 당신이 특별히 알고 싶고 증명하고 싶은 생각을 만나게 된다. 바로 그것을 가설로 세우면 되는 것이다. 예를 들어, 19세기 면도기라는 개념 자체가 없었기 때문에 사람들이 칼로 면도를 하다 얼굴에 상처를 입는 일은 다반사였다. 조심성 없는 성격의 킹 질레트 또한 면도할 때면 얼굴에 상처를 내곤 했다. 그는 이 문제를 어떻게 해결할 수 있을지 고민했다. 안전면도기 개발을 위해 그는 밤낮없이 이렇게도 해보고 저렇게도 해보며 열정을 불태웠다. 그러던 어느 한가한 날, 그는 자신의 머리가 덥수룩하게 자라 있다는 것을 보고는 이발소로 향했다. 그리고 이발사가 자신의 머리를 어떻게 깎는지 유심히 관찰하기 시작했다. 이발사는 그의 머리를 깎기 위해 먼저 빗으로 머리를 빗어 뭉쳐 있던 머리카락을 퍼트렸고, 머리카락을 빗 사이에 끼워 그 위를 안전하게 가위로 잘랐다. 전혀 그의 두피를 건드리지 않았던 것이다. 이를 관찰한 킹 질레트는 "이발사가 머리 깎는 원리를 적용하면 상처 없이 깔끔하게 면도할 수 있지 않을까?"라는 What if 질문, 즉 가설을 떠올렸다. 집에 돌아간 킹 질레트는 면도날 양쪽에 얇은 철판을 덧댄 뒤, 그 사이를 빠져나온 수염만을 칼날에 접촉하도록 면도기를 만들어보았다. 그 결과 대성공이었다. 이 새로운 면도기로 얼굴이 베이지 않고 깔끔하고 면도할 수 있게 된 것이다.

또한 과학적 관찰하기에는 반드시 기존 사례에 대한 공부를 하는 것도 포함된다. 당신이 관찰하는 대상은 거의 대부분 다른 누군가가 이미 관심을 가지고 관찰을 한 경우가 많고 그들은 당신이 꼭 참고해야 할 좋은 기록을 남겼다. 이러한 자료들을 자세하게 공부하고 그 내용을 파악하라. 수많은 과학자 위인들은 모두 그들의 선배 과학자들의 모든 연구 결과를 샅샅이 살펴보았고 아직 세상이 알지 못하는 보물 같은 연구 대상을 찾아냈다.

그동안 나는 교수, 국가 연구원, 대표이사, 사장, 대기업 임직원 등 수많은 창의적인 사람들을 많이 만나봤다. 창의적인 사람들의 공통점이 있다면 그들은 공부하는 것을 게을리하지 않는다는 것이다. 한 예로 우리나라 나노과학기술의 선구자이자, 세계 영향력 있는 상위 1% 연구자로 선정된 서울대 현택환 교수가 있다. 현택환 교수가 카이스트에 찾아왔을 때, 친한 친구의 사촌(현택환 교수 연구실 제자)을 통해서 그를 개인적으로 만나 인터뷰한 적이 있었다.

현택환 교수에게 물었다. "어떻게 교수님처럼 세계 과학계에 영향력을 줄 수 있는 아이디어를 얻을 수 있습니까? 교수님의 아이디어의 근원은 어디에 있습니까?" 이 질문에 대한 현택환 교수의 대답은 놀라웠다. "논문과 책에 있습니다. 나는 매일 논문과 책을 읽고 공부합니다. 거기서 제 모든 아이디어가 나왔습니다." 창의적인 사람들은 부족한 부문, 궁금한 부분, 개선할 부분을 주도적으로 찾고 이를 위해 끊임없이 공부한다.[66]

라니 테라퓨틱스의 회장 겸 CEO인 미르 임란은 예리한 관찰을 통해 두통, 심장병, 천식, 알츠하이머병 등 다양한 의학적 난제를 해결했다. 그는 문제를 해결할 통찰력을 얻기 위해서 방대한 양의 연구 저널들을 자세하게 읽고 관찰하고 분석하는 것으로 유명하다. 이러한 그의 심층 탐구법을 토대로 질병을 해결할 단서를 찾아낸다. 심장병의 대표적인 예로 심장이 불규칙적인 상태로 박동하는 심방세동이 있다. 심방세동 때문에 심실에 피가 고여 작은 크기의 핏덩어리를 형성할 수 있는데, 이것이 뇌로 흘러가게 될 경우, 뇌출혈을 일으키는 것으로 매우 위험하다. 이 심방세동 문제를 해결하기 위해 그가 뛰어들었다. 기존 심방세동의 표준 치료법으로 심방을 절개하거나 화상을 입혀 심장에서 섬유성 연축을 일으키는 미세전류를 차단하는 방법이 이용되었다. 하지만 그가 보기에 이렇게 심장 일부를 손상하는 수술법은 최선이 아니었다. 그는 심장에 손상을 주지 않고 영구적으로 치료할 수 있는 단서를 찾기 위해서 심장과 관련된 방대한 양의 의학 저널을 세심하게 관찰하기 시작했다. 그러던 중 그는 항부정맥약을 심장 부위에 소량 방출할 경우, 심장의 부정맥이 즉각 멈춘다는 단서를 발견했다. 그 단서를 통해서 임란은 "만약 항부정맥약 약물 펌프가 내장되어 있는 이식 가능한 심박조율기를 만들면 어떨까?"라는 What if 질문을 떠올렸다. 그의 심박조율기는 심장이 섬유성 연축을 경험하게 될 때마다 즉각적으로 약물을 소량 방출했다. 이를 통해 심장의 손상 없이, 추가적인 약물 복용 없이 자동으로 심방세동을 치료할 수 있었다.[67]

둘째, 검증하기

당신이 가설을 수립하였으면 이제 그 가설이 참인지 거짓인지 검증해야 한다. 'Share A Coke' 캠페인으로 전 세계에 센세이션을 일으킨 코카콜라의 사례를 살펴보자.

코카콜라는 수십 년간 '오리지널 콜라'에 초점을 맞추어 브랜드 이미지를 광고해왔다. 또한 따뜻한 북극곰 캐릭터 사용, 친구들과 가족들이 다함께 코카콜라를 마시는 이미지, 그리고 독창적 콜라병 디자인을 통해서 코카콜라는 사람들의 생활에 매우 깊이 관여되고 친숙한 브랜드를 구축했다. 이를 통해 코카콜라의 전 세계 브랜드 가치 순위는 언제나 TOP 10 안에 들었다. 하지만 시간이 흐르고 시장이 변함에 따라, 코카콜라 회사는 적지 않은 위기감을 느끼기 시작했다. 젊고 역동적인 젊은 세대들에게 강력하게 어필하는 데 성공한 펩시의 도전과 '웰빙' 문화의 확산으로 인한 건강 음료 선호 증가로 인해 코카콜라의 판매 실적은 크게 감소했다. 2011년 호주 시장을 대상으로 한 코카콜라의 조사에 따르면, 젊은이들 중 50%가 한 달 동안 코카콜라를 마시지 않는 것으로 드러났다. 그리고 시간이 지날수록 그 비율은 증가했다. 이 결과는 코카콜라 측에서 매우 심각하게 받아들여졌다. 왜냐하면 10대 그리고 20대의 소비자들에게 코카콜라 브랜드를 각인시키지 못한다면 곧 다음 세대의 구매자를 잃어버리는 것이기 때문이었다.

이러한 위기감 속에서 코카콜라는 호주의 젊은이들과 깊이 있는 교감을 만들기 위해 'Share a Coke'라는 새로운 실험을 기획해냈다. 코카콜라는 젊은이들의 행동 패턴을 관찰한 뒤, 한 가지 재미있는 특징을 발견했다. 그것은 젊은이들이 스마트폰을 통해서 인류 역사상 그 어느 때보다도 빠르게 자신의 생각과 이야기를 공유한다는 점이었다. 특히 젊은이들은 트위터, 페이스북와 같은 SNS를 통해서 전 세계 젊은이들과 초연결되어 있으며 흥미롭고 의미 있는 이야기는 엄청난 속도로 복제되고 모방되어 대세 트렌드(밈, MEME)을 형성했다. 코카콜라는 "만약 젊은이들이 SNS를 통해 코카콜라의 경험을 공유하기 시작한다면 젊은이들 사이에 잃어버렸던 코카콜라의 브랜드 가치가 회복되지 않을까?"라는 What if 질문을 던졌다.

코카콜라는 10대 젊은이들 사이에서 가장 많은 이름 150개를 선정하였고 최초로 코카콜라병에 이름을 하나씩 새겨 넣었다. 코카콜라는 젊은이들이 SNS를 통해 코카콜라를 공유할 수 있도록 제안했다. 실험 결과, 엄청난 일이 벌어졌다. 10대, 20대 젊은이들은 자신의 이름 또는 친구의 이름이 새겨진 코카콜라 병을 찾아 열심히 인증샷을 찍어 SNS에 올렸다. 심지어 특정 이름이 새겨진 병을 찾는 수요가 많아지면서 이베이에서 코카콜라 한 병이 만 원 이상의 가격에 경매될 정도였다. 제품이 없어서 못팔 정도였다. 2011년 여름에만, 코카콜라 페이스북 방문수가 870% 증가했으며, 팔로워 수가 40% 증가했다. 더 놀라운 것은 'Share a Coke'를 통해서 젊은이들뿐만 아니라 전체 연령층을 대상으로 코카콜라가 노출되었다는 점이다. 18~24세 사람들 중 30%가 'Share a Coke' 캠페인에 노출되었고, 25~34세의 21%가, 35~44세의 13%가, 45세 이상의 11%가 코카콜라에 노출되었다. 그 결과 2011년 여름 코카콜라의 매출은 10% 증가했다.[68,69] 호주에서 시작된 'Share a Coke' 캠페인은 미국, 영국, 일본, 한국 등 전 세계에 전파되어 코카콜라의 브랜드 가치를 더욱더 확고하게 만드는 데 큰 공헌을 했다.

'Share a Coke' 실험 이야기를 통해서 당신이 꼭 기억해야 할 것이 있다. 그것은 당신의 가설을 '정량적 데이터'로 증명해야 한다는 것이다. 코카콜라는 온라인 사이트, 페이스북 계정의 Traffic 및 팔로워 수의 변화, 광고 노출 비율, 매출 변화라는 정량화된 데이터를 얻을 수 있는 실험을 했다. 정량화된 데이터를 가지고 'Share a Coke' 캠페인의 효과를 증명했다.

나와 같이 한 분야에서 박사 과정을 밟은 사람들은 바로 이 과정을 5~6년간 치열하게 연습한다. 박사 과정 내내 우리는 다음과 같은 생각을 해야만 했다.

"내 아이디어를 어떻게 데이터로 보여줄 것인가?"
"내 가설을 어떻게 실험 측정 결과로 증명할 것인가?"
"내 이론을 어떻게 실제 데이터로 설명할 것인가?"

한마디로 말하면 정량적 데이터를 확보할 수 있는 실험 방법을 구해야 하는 것이다. 실험이라는 딱딱한 말 어감 때문에 실험을 기피하고 자기와 상관없는 것으로 여기는 사람들이 많다. 과학은 과학자, 공학자들의 전유물이 아니다. 새로운 지식을 얻고 싶은 호기심 많은 사람이라면 누구나 과학을 하고 어떤 상황 속에서도 실험을 할 수 있다. 당신의 생각, 당신의 아이디어를 '데이터'로 증명하고자 한다면 그 모든 것이 바로 실험이요 과학이 된다.

셋째, 지식화

과학은 검증된 가설에 대해 어떠한 태도를 지니고 있는가? 리처드 파인만은 과학을 통해 증명된 사실은 그저 반증되지 않고 살아남아 있는 잠정적인 결론이라고 말을 했다. 과학을 하는 사람은 자신이 증명한 과학적 사실이 아무리 진리처럼 보일지라도 새로운 데이터에 의해 언젠가 반증될 수 있다는 불확실함을 받아들여야 한다. 진짜 과학자는 결과에 겸손함을 가져야 한다. 그런데 바로 이러한 과학의 자기 비판적 태도 덕분에 과학을 통해 증명된 사실은 다른 어떤 방법에 의해 얻어진 지식들보다도 훨씬 더 견고하다. 과학은 계속 의심하라고 한다. 그 이유는 알고 있다는 것이 사실 틀릴 수 있기 때문이다. 확고한 진실을 알고 싶기 때문에, 과학자는 자신이 참이라고 생각하는 것들에 대해서도 틀릴 수도 있다는 마음으로 의심을 한다. 과학자가 자기 의심을 제대로 안 하면 자신이 얻은 지식들이 모래 위에 집을 짓는 것이 되어 결국 무너지거나 현란한 데이터로 남을 속이는 것이 된다.

과학을 하는 것은 놀이터의 어린이와 같다. 천진난만한 어린이가 본능적으로 블록을 쌓아올리는 것처럼 과학자는 과학을 통해 증명된 확고한 사실들을 본능적으로 쌓으려고 한다. 이것은 마치 건물을 건축하는 것과 같다. 높은 건물을 지을수록 건물의 기반은 더욱더 튼튼해져야 하듯, 한 분야의 지식을 수준 높게 구축하기 위해서는 증명된 사실들의 확고한 기반이 있어야 한다. 지식의 기반을 닦는 작업, 지식의 체계를 정비하는 작업이 바로 지식화이다. 지식화는 증명된 사실들을 꿰어주는 작업이고 이를 통해서 우리는 사실들이 어떻게 하나의 개념으로 연결되는지 깨닫게 된다. 지식화를 위해서는 두 가지, 사실과 논리가 필요하다.

먼저, 사실이란 데이터로 증명되었고 아직 반증되지 않은 명제이다. 지식화는 반드시 사실을 기반으로 해야 한다. 사실을 기반으로 하지 않은 이론들은 사상누각으로 초반에는 멋지게 작동하는 것 같지만 시간이 지나면 결국에 한계를 드러낸다. 기업 조직의 경우 데이터가 아닌 숙련자의 경험과 판단에 의존하는 경영 전략은 과거에는 통했을지 모르나, 오늘날 급변하는 시장 환경 속에서는 독이 되고 발전의 덫이 되어버린다. 경험에 의지하는 조직에는 "내가 다 해봤는데…", "그동안 늘 이렇게 해왔는데…", "과거 가장 성공했던 사례를 적용해보면…" 식의 말들이 범람한다. 하지만 문제의 본질에 대해서 정확한 사실 규명이 부족하니 이슈는 quick-fix하지만 문제는 지속적으로 반복된다. 철학자 앙리 베르그송은 경험의 오류에 대해서 다음과 같이 지적했다. "경험을 통해 얻은 법칙은 그것이 성립되었을 때의 조건이 존재하지 않으면 짐이 되어버린다."

시장 환경이 급변하고 조건과 변수들이 시시각각 변화하는 오늘날, 경험에만 의존하는 것은 정말로 위험하다. 모든 것은 사실에 기초를 두어야 한다. 다시 말해서, 당신은 정확하고 증명된 사실을 기초로 지식을 구축해나가야 한다. 사실은 그 자체로 힘이 있다. 사실은 편견 없이 당신이 어떤 대상을 정확하게 바라볼 수 있도록 한다. 증명된 사실을 얻는 것은 검증 단계를 거쳐야 하기 때문에 시간이 걸린다. 하지만 이러한 사실들을 얻으면 얻을수록 대상에 대한 이해와 깊이가 기하급수적으로 늘어간다. 따라서 사실은 또 다른 사실을 이끌어내는 힘이 있다. 사실들을 기반으로 구축된 지식을 통해 당신은 정확하고 효과적인 전략을 세울 수 있다. 최근 4차 산업혁명을 최전선에서 이끌고 있는 아마존의 경영 전략이 효과적인 이유는 바로 그들의 경영 전략이 정확한 데이터에 기반해 있기 때문이다.

아마존의 회의에 들어가 보면 특별한 점이 하나 있다. 회의 중에는 데이터로 설득을 하며 정확한 데이터를 읽고 이해하고 판단하기 위해서 '문서' 기반으로 회의를 진행한다. 그리고 데이터를 기반으로 증명된 사실들을 토대로 '되는' 방법론을 펼친다. 여기서 중요한 점은 데이터로 설득을 하고 데이터로 설득이 되는 것이다. 경험적으로 반대를 하고 싶은 입장을 취해도 데이터가 분명하면 반대입장을 철회하고 데이터가 증명하는 결론을 지지하는 것이다.

지식화에 있어서 논리는 사실과 서로 상호보완적인 관계를 가진다. 증명된 사실들이 많은데 논리가 부족하게 되면 사실들을 설명하는 과정 속에서 이론이 발달한다. 예를 들어 16세기에 현대 천문학에서 '초신성'이라고 불리는 별이 하늘에서 육안으로 관측되었는데, 이는 수명이 다한 별이 폭발하는 현상으로 이때 발생하는 밝기는 무려 태양보다 50억배 밝았다.

1572년, 전 유럽 사람들은 초신성을 일상적으로 보기 시작했다. 밤에는 이 별이 금성보다도 밝게 빛났다. 심지어 태양이 밝게 비추는 낮에도 이 별이 밝게 빛나고 있어 사람들은 충격을 먹었다. 이 별의 정체가 무엇인지 설명해줄 수 있는 사람은 아무도 없었다. 사람들은 "1,500년 전에 예수가 탄생할 때 베들레헴에 빛났던 바로 그 별이다!"라고 소문내기 시작했다. "예수의 별이 다시 돌아왔어요! 매우 중요한 일이 발생할 것입니다! 예수님이 다시 올 수도 있습니다!" 이렇게 전 유럽은 들썩이기 시작했다. 하지만 영국의 천문학자 토마스 딕스의 생각은 달랐다. 그가 초신성에 대해서 본격적으로 연구하기 시작했을 때 초신성은 점점 어두워지기 시작했다. 왜 매우 밝았던 초신성이 어두워졌을까? 토마스 딕스는 계속 궁리했다. 그리고 모든 별이 지구를 둘러싼 껍질에 붙어 있다는 전통적인 우주 모델을 깨뜨리고 그는 새로운 가설을 제시한다. "초신성은 스스로 움직이는 별이다. 즉, 가까워지면 초신성이 밝아지고 멀어지면 어두워진다."

물론 이 가설은 지금 기준으로 틀린 것이다. 하지만 토마스 딕스의 가설을 통해서 전통적인 모델 속에 갇혀 있던 수많은 천문학자들은 우주를 새롭게 바라보기 시작했다. 새로운 가설을 제시한 이후, 4년 동안의 연구 끝에 토마스 딕스는 인류 최초로 천동설을 주장한 코페르니쿠스 모델을 수정하여 새롭고 매우 급진적인 우주 모델을 제시했다. 기존 코페르니쿠스모델에서는 수많은 우주의 별들이 태양을 중심으로 일정 거리에 있는 껍질에 붙어 있었다. 하지만 토마스 딕스의 별들은 껍질에 붙어 있지 않았다. 전 우주에 흩어져 있는 것이었다. 인류 최초로 우주의 경계를 무한으로 생각했던 것이다. 토마스 딕스의 새로운 모델 이후 전 유럽 사람들은 우주에 경계와 끝이 없고 무한하다는 생각과 진정으로 우주란 무엇인지에 대해 이성적 합리적으로 생각하는 계기가 되었다.

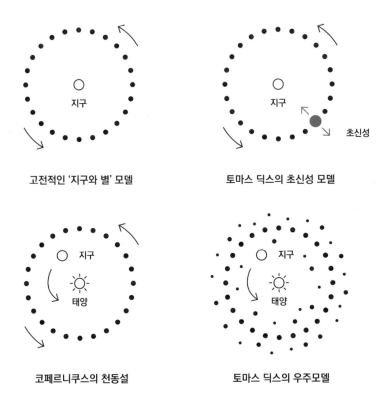

고전적인 '지구와 별' 모델 토마스 딕스의 초신성 모델

코페르니쿠스의 천동설 토마스 딕스의 우주모델

반대로 이론이 잘 정립되었는데 아직 실험적으로 규명되지 않고 가설 또는 예측으로 남아 있는 문제들이 있다. 보통 이러한 문제들을 난제라고 하는데, 난제를 해결하기 위한 실험의 과정 속에서 혁신이 일어나고 이론 은 더 발전한다. 대표적으로 중력파의 발견이 있다. 1916년 아인슈타인은 '일반 상대성 이론'을 통해 시공간 중력장이 질량에 의해 뒤틀리는 과정에 서 발생하는 파동 곧, 중력파가 광속으로 진행한다는 예측을 하였다. 하 지만 수십 년이 지나도 중력파의 존재는 실험적으로 증명하기 어려웠다.

정확히 100년이 지나, 2016년 2월 레이저 간섭계 중력파 관측소는 지구로부터 13억 광년 떨어진 두 개의 블랙홀이 결합하면서 발생하는 중력파를 검출하는 데 성공했다. 두 개의 블랙홀의 질량은 각각 태양의 36배 그리고 29배였고, 하나로 결합하여 태양보다 62배 무거운 블랙홀이 되었다. 이 과정에서 질량이 에너지로 전환되면서 발생한 중력파가 빛의 속도로 지구를 지났고 이것을 검출한 것이었다. 이 실험을 통해 아인슈타인의 예측이 증명되었고 일반 상대성 이론이 더 확고하게 다져졌다.[70]

한편 당신이 진리라고 구축해놓은 지식의 토대 위에 흠과 균열을 일으키는 새로운 사실이 등장할 때가 있기 마련이다. 만약 당신이 이러한 일을 겪게 되면 본능적으로 불안과 좌절의 마음이 들 것이다. 대학시절 나의 지도 교수는 이런 일을 겪을 때 두려워하지 말고, 먼저 '유레카'라고 외치며 기뻐하라고 말을 했다. 왜냐하면 이 위기를 극복하는 과정 속에서 당신의 이론은 더 완성되고 심지어 새로운 이론 곧, 새로운 패러다임의 출현을 직접 경험할 수 있기 때문이다. 이 과정을 과학 철학자 토마스 쿤의 말을 빌려 다시 말해보자. 당신이 여러 실험을 통해서 매우 흥미로운 사실 하나를 얻고 이것을 시작으로 엄청난 노력을 통해 여러 사실들을 확보한다. 그리고 이러한 사실들을 통합적으로 설명할 이론의 필요성을 느낀다. 이때를 '전과학(prescience)' 단계라고 한다.

이후, 당신뿐만 아니라 다른 동료들로부터 이론화를 구축하는 데 단서가 되는 구체적인 사실들이 발견되고 이론화에 성공한다. 구축된 이론은 시간이 지나도 반증되지 않았고 확고하게 자리잡고 있다. 이때를 '정상 과학(normal science)' 단계라고 하고 확립된 이론을 '패러다임'으로 부른다. 정상 과학의 패러다임 속에서 사람들은 사실을 논리적으로 연결지어 생각할 수 있게 되고 이를 기반으로 놀라운 기술과 혁신을 만들어낸다. 그런데 시간이 더 지나자, 기존의 패러다임으로는 설명하기 힘든 '이상 현상(anomaly)'이 보고되기 시작한다. 기존의 패러다임으로 덮어보려고 하지만 그럴수록 패러다임의 한계가 자명해진다. 이상 현상에 흥미를 느끼는 사람들은 반복된 실험을 통해서 더 많은 이상 현상을 찾아내기 시작하고 보고한다. 이때를 '위기(crisis)' 단계라고 한다. 결국, 이상 현상들과 기존 사실들을 통합적으로 설명하는 새로운 패러다임이 등장하여 기존의 패러다임을 대체시키고 새로운 정상과학을 만들어낸다. 이것을 '과학 혁명(scientific revolution)'이라고 하며 인류 역사는 그동안 수없이 많은 과학 혁명을 경험했다.[71]

과학 혁명 과정에서 '이상 현상'의 출현과 이를 당신의 논리로 설명할 수 없는 것은 당신의 잘못이 아니다. 본래 과학이란 아무리 확고해 보여도 언제나 반증가능성과 불확실성이 존재한다. 당신이 이상 현상을 얻었고 기존의 이론에 위기가 찾아온다면, 그것을 위기로 보지 말고 기회로 보라. 당신이 알고 있는 사실의 범위 속에 이상 현상을 포용하라. 그 모든 것을 통합하려는 노력 속에서 새로운 패러다임과 혁신이 이루어질 것이다.

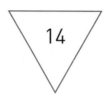

투자

레이 달리오가 말하는
안전한 투자법

어떻게 해야 돈을 잃지 않고 꾸준히 수익을 창출할 수 있는가

    나는 평소 투자에 전혀 관심이 없는 사람이었다. 대학원 때까지 내 주변 지인 중에서 투자를 즐겨했던 사람이 거의 없었다. 투자로 돈을 좀 만졌다는 사람은 아예 없었다. 그런데 회사에 들어가고 나서부터 나는 서서히 투자에 관심을 가지게 되었다. 쉬는 시간에 회사 동료들과 대화를 나누다 보면 남녀노소 할 것 없이 가장 많이 등장하는 주제가 바로 투자였다. 비트코인, 주식 투자, 부동산 투자 등 자산을 증식하는 방법에 대

해 많은 이야기가 공유되었다. 투자를 잘해서 부자 된 사람들을 보며, 나는 자본주의 체제에서 노동 수익만으로는 부자가 될 수 없다는 것을 알게 되었다. 내가 가진 자본을 잘 굴려서 더 큰 자본을 창출해야만 부자가 될 수 있다.

사실 나는 회사에 입사했을 때 회사 바로 옆에 있는(사무실까지 걸어서 15분 거리의) 아파트를 대출 끼고 샀다. 투자 목적은 전혀 없었고 단순 거주 목적이었다. 당시 아파트 가격은 매우 저렴했다. 그런데 2019년 하반기부터 1년 만에 아파트 값이 4억 정도가 올랐다. 내가 한 것은 아무것도 없었다. 집값은 매달 수천만 원씩 올랐고 이 현상이 내게 정말 신기했다. 자연스럽게 나는 부동산 투자를 여러 번 하면 부자가 되겠구나 하고 생각을 했다. 하지만 부동산에 대한 정부의 고강도 정책(높은 세금, 고강도 대출 규제)과 이미 높아질 대로 높아진 수도권 아파트값(내가 살고 싶은 지역의 아파트는 모두 10억 이상으로 올랐다) 때문에 부동산 투자는 마음 접었다. 자연스레 나는 주식 투자에 관심을 가졌다.

그런데 문제는 어떻게 해야 돈을 잃지 않고 꾸준히 수익을 창출할 수 있는가였다. 대부분의 지인들은 총 투자 원금에서 손해 보고 있는 것 같았다.(보통 사람은 '돈을 잃었다.'와 같은 안 좋은 일을 이야기하지 않는 경향이 있다. 실제는 말하기가 좀 부끄러운 수준의 손해를 보고 있는지도 모른다.) 더 큰 문제는 직장인으로서 일하면서 중간중간에 주식 투자를 하기가 어렵다는 것이다. 회사에서는 회사 일이 최우선이기 때문에 근무 시간에 사무실 자리에서 대놓고 거래를 할 수도 없다. 여태껏 나는 그런 대담한 사람을 본 적이 없다. 보통 사람들은 점심시간 쉬는 시간에 거래를 하거나 잠시 화장실에 왔다 갔다 하면서 몰래 거래를 했다. 나는 이런 식으로 투자하니까 사람들이 주식 투자하면서 돈을 잃는 것이 아닌가 생각했다. 여의도 전문 투자가들은 가장 좋은 정보를 가지고 근무 시간 내에 초집중해서 일하고 있다. 그런데 직장에서 잠시 그리고 몰래 투자하는 것으로는 그들을 절대 이길 수는 없을 것이다. 또한 근무 중 주식 가격의 변동성이 발생했을 때, 이에 대한 이해와 정보의 부족은 심리적인 불안을 유발한다. 그 결과 수시로 매매하게 되는 형태의 투자는 높은 거래 세금지불과 높은 가격에 사고 낮은 가격에 파는 나쁜 결과를 초래한다.

나는 직장인에게 이상적인 주식 투자 방법은 부동산 투자를 닮은 주식 투자라고 생각했다. 부동산 투자의 경우 일단 집을 사면 최소 2년 동안은 세금 때문에 존버할 수밖에 없다. 무엇보다도 부동산 가격은 수십 년 동안 떨어지지 않고 오르기만 했다(물론, 앞으로 시세는 알 수는 없다). 직장인은 집값 하락에 대한 걱정을 하지 않아도 되고 그 결과 마음 편하게 일에 집중할 수 있다. 그런데 주식 투자를 할 때도 이와 같이 마음 편하게 투자를 할 수 있을까? 1년에 한 번 정도 잘 투자해두면 어떠한 상황에서도 손실 없이 수익을 거둘 수 있는 투자는 존재할까? 매일 같이 주식 차트를 보지 않아도 전혀 불안하지 않는 투자, 직장 업무에 방해가 되지 않는 투자는 가능할까?

이러한 마음 편한 주식 투자를 찾고 있는 동안, 나는 세계적인 베스트셀러 작가이자 기업가인 토니 로빈스의 책 『MONEY』를 읽게 되었다(당신이 부자가 되기 원한다면 이 책을 꼭 읽기를 바란다. 강력 추천한다). 이 책은 어떤 경제 상황에서도 7% 정도 이상의 수익을 거둘 수 있는 완벽하고 균형 잡힌 투자법인 '전천후 투자(All Weather 투자)'를 소개했다. 신기하게도 전천후 투자의 중심에는 셋의 원칙이 존재했다. 다음은 성공적인 투자를 위해 토니 로빈스가 강조하는 세 가지 메시지이다.[72]

시장을 이기려 하지 말라

토니 로빈스는 개미 투자가들의 이익에 반해 움직이는 투자 세력과 시스템이 있다고 말한다. 그는 온전히 평범한 투자가들의 편에 서서 그들이 어떻게 투자해야 하는지를 공유하고자 했다. 이를 위해 그는 세계 최대 뮤추얼펀드 회사인 뱅가드 그룹의 창업자 존 보글, 세계 최대의 헤지펀드회사 브리지워터오소시에이트를 운용하는 레이 달리오, 역사상 가장 위대한 기관투자가로 손꼽히는 데이비드 스웬슨 카일 바스와 같은 50명의 레전드 투자가들을 만났다.

그가 만난 투자가들은 공통적으로 "시장을 이기려 하지 말라"는 메시지를 던졌다. 레이 달리오도 워런 버핏도 이 말을 강조했다. 무려 96%나 되는 액티브 운용 펀드(당신이 돈을 맡기면 투자 전문가가 당신을 대신해서 그 돈으로 주식 종목을 고르고 투자를 한다)가 장기적으로 볼 때 시장의 수익률, 즉 주가 지수를 이기지 못한다고 한다. 미국의 시가 총액 상위 500개 기업들의 주가 평균 지수인 'S&P 500 지수'는 장기적으로 볼 때 연평균 7% 정도 상승했다. 하지만 날고 긴다는 수많은 펀드 전문가들은 그에 못 미치는 수익률을 거두었다.

한 유명한 예로, 2008년 1월 워런 버핏은 뉴욕의 헤지펀드 회사인 프로테제파트너스와 100만 달러를 건 내기를 했다.(그들은 누가 이기든 판돈을 자선단체에 기부하기로 했다.) 워런 버핏은 그 어떠한 투자 전문가도 장기적으로는 시장 수익률을 이길 수 없다고 믿었다. 그는 향후 10년 동안 S&P 500의 수익률이 프로테제파트너스의 수익률을 이긴다는 것에 걸었다. 2018년 1월 결과는 다음과 같았다. 워런 버핏 연평균 7.1% 수익률, 프로테제파트너스 연평균 2.2% 수익률. 압도적으로 워런 버핏의 승리였다.

팩트가 이런데, 수많은 사람들은 소위 대박의 꿈을 가지고 시장을 이기려 든다. 대박을 꿈꾸고 급등주, 테마주 및 지인이나 사설 투자 그룹의 추천주에 투자한다. 그리고 정말 많은 사람들이 피땀 흘려 번 돈을 한순간에 날려버린다. 그럼에도 실패한 대다수의 이야기는 무시되고 극소수의 투자 성공 사례만이 공유된다. "대박 정보가 있습니다. 우리만 믿어보십시오!", "당신만을 위한 급등 종목 추천드립니다!", "200%의 수익률 함께 하겠습니까?", "다음주 세력 급등주 추천받아보겠습니까?" 여러 투자 기관들과 조직들은 마치 포르노와 비슷한 유혹의 힘으로 개미 투자가들의 마음을 흔들어놓는다.

우리는 이런 모든 말들에 흔들리지 말아야 한다. 단기간에 '대박'을 약속하는 말들, 마음을 현혹시키는 주식 차트 분석들, 알 수 없는 미래를 예측했다는 셀 수 없이 쏟아지는 투자 보고서들을 우리는 거부해야 한다. 우리는 우리의 마음의 중심을 굳게 해야 한다. 그렇다면 "대박을 노리지 않는다면 어떻게 주식으로 부자가 될 수 있는가?" 혹자는 궁금해할 수 있다. 토니 로빈스는 단기간에 대박을 노리지 않고도 대박을 얻게 하는 한 가지 마법을 공유한다. 그것은 바로 다음 두 번째 메시지이다.

복리의 마법을 믿고 꾸준히 투자하라

그 마법은 바로 복리의 힘이다. 아인슈타인은 이 복리를 인류 역사의 8대 불가사의 중 하나라고 말했고, 우주에서 가장 강력한 힘이 바로 복리의 힘이라고 말했다. 또한 아인슈타인은 복리의 힘을 이해하는 자는 복리로 부를 얻는 인생을 살고 그렇지 못한 자는 복리로 돈을 지불하는 인생을 살 것이라고 덧붙였다.

방금 언급한 S&P 500 지수에 장기투자 한다고 가정해보자.[73] 당신은 25세에 직장 근무를 처음 시작했고, 열심히 저축해서 55세 은퇴할 때까지 30년간 매년 2천만 원씩 S&P 500에 투자했다. 당신이 30년간 투자한 총 원금은 6억 원이다. 그런데 S&P 500 지수의 연평균 상승률 7%가 매년 복리로 적용되면 30년 뒤 당신이 은퇴할 때 당신이 얻게 되는 노후자산은 18억 9천만 원이다. 이는 당신이 투자한 총 원금의 315%이라는 엄청난 수익률이며 이 모든 것을 가능하게 한 것이 바로 복리의 힘이다.

나는 토니 로빈스가 말한 복리의 힘을 믿는다. 이 복리의 마법이 내 노년의 인생을 멋지게 책임져줄 것이라 믿는다. 토니 로빈스의 말대로 나는 단기간 대박을 만들어주겠다는 그 어떠한 노림수나 조언에 관심을 두지 않는다. 주식 관련 뉴스와 미디어를 일체 거들떠보지 않는다. 나는 토니 로빈스가 가르쳐준 전천후 투자 한 가지 방법을 믿는다.

세 가지 자산으로 분산 투자하라

그렇다면 토니 로빈스가 말하는 전천후 투자란 무엇인가? 토니 로빈스는 전천후 투자를 레이 달리오에게서 하사 받았고 이를 전 세계 모든 독자들에게 공개했다.(레이 달리오의 전천후 투자법을 복제하려는 수많은 사람들의 시도가 있었지만 레이 달리오가 직접 그것을 가르쳐준 사례는 토니 로빈스가 전무후무하다.) 전천후 투자란 말 그대로 경제의 어떤 상황 속에서도 안정적으로 수익을 낼 수 있는 꿈의 투자법이다. 경제 성장률이 기대보다 높을 때나 낮을 때나, 물가가 기대보다 높을 때나 낮을 때 상관없이 그 어떤 상황 속에서도 전천후 투자는 당신이 이기는 게임을 하도록 만들어준다.

나는 전천후 투자를 '셋의 원칙'을 만족하는 투자라고 바라본다. 왜냐하면 전천후 투자가 세 가지 핵심 자산 요소로 구성되어 있고, 경제 상황에 맞춰 이 세 가지 자산의 비중을 균형 있게 조절하면 되기 때문이다. 첫 번째 자산은 주식으로 큰 수익을 낼 수 있지만 동시에 잃을 수 있는 리스크가 큰 속성을 가지고 있다(공격형). 두 번째 자산은 채권으로 주가 폭락과도 같은 만약의 상황에 대비하는 즉 주가 변동성을 방어하는 속성을 가지고 있다(방어형). 마지막 세 번째는 실물 자산으로 글로벌 인플레이션에 따라서 자산 가치가 상승하는 속성을 가지고 있다(중립형). 이제 이 세 가지 공격형, 방어형, 중립형 자산들을 잘 조합하기만 하면 셋의 원칙이 적용된 완벽하고 균형 있는 투자법이 된다. 그런데 어떻게 말인가? 그 비밀을 토니 로빈스가 공개했다.

우리는 자동차를 운전할 때, 엔진의 작동 순서, 변속의 원리, 에어백의 메커니즘 등을 전혀 몰라도 잘 운전할 수 있다. 우리는 전천후 투자를 대할 때 자동차를 운전하는 것처럼 여겨야 한다. 레이 달리오는 토니 로빈스에게 전천후 투자를 알려줄 때 각 경제 상황별 자산 배분을 하는 방법은 상당히 복잡해서 일반인이 이해하기 어렵다고 말했다. 대신 레이 달리오는 토니 로빈스에게 일반 투자자들이 누구나 쉽게 따라 할 수 있고 그리고 거의 모든 상황에서(지난 40년간 증명된) 연평균 10%의 수익률을 거두는 세 가지 자산 비율을 공개하였다.[74]

첫째, 주식에 전체 투자금의 30%를 투자한다. 물론 앞서 말한 대로 개별 종목이 아닌 S&P 500, 나스닥 100과 같은 인덱스 ETF 펀드에 투자한다. 주식 비중이 적은 이유는 수익이 큰 만큼 변동성이 커서 위험하기 때문이다.

둘째, 채권에 전체 55%를 투자한다. 중기채 7~10년물 미국채에 15%, 장기채 20~25년물 미국채에 40%를 투자한다.(마찬가지로 역시 ETF를 통해 투자한다.) 채권에 가장 큰 비율을 둠으로써 리크스를 최소화하고 동시에 장기 미국 채권의 비율을 크게 둠으로써 채권 수익률을 극대화할 수 있다.

셋째, 실물 자산(금 또는 원자재)에 15%를 투자한다.(위와 동일하게 ETF를 통해 투자한다.) 금에 7.5%를 투자하고 가치가 상승 중인 원자재에 7.5%를 투자해도 되고 금에 15%를 투자해도 된다.

마지막으로 1년에 적어도 한 번은 세 가지 자산의 비중을 재조정(리밸런싱) 한다. [75] 재조정이란 매우 간단하다. 세 가지 자산 중에서 한 가지 자산이 실적이 좋으면 기존 30%:55%:15%의 전천후 비율이 깨지게 된다. 이 경우 그 자산을 매각한 수익으로 다른 두 자산을 매입해서 30%:55%:15%의 전천후 비율을 다시 맞추면 된다.

좋은 인생을 만들기 위한 세 가지 재료가 있습니다:
배우는 것, 돈 버는 것, 바라는 것.

– 크리스토퍼 몰리 –

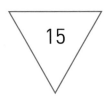

융합

창의적인 환경을
만드는 원리

르네상스 시대, 이탈리아 피렌체에서는 무슨 일이?

15세기 이탈리아 피렌체를 통치한 메디치 가문은 당대 유럽 최고의 은행들 중 하나인 '메디치 은행'을 소유한 금융 가문이다. 메디치 은행을 통해 쌓은 막대한 부를 기반으로, 메디치 가문은 예술, 과학, 공학, 인문학, 건축학, 문학, 철학, 금융학 등 당대 최고의 실력자들을 피렌체로 데려와 그들을 후원했다. 메디치 가문을 통해서 후원받은 사람들 중에는 산드로 보티첼리, 미켈란젤로, 레오나르도 다빈치, 미켈란젤로, 도나텔로, 브

루넬레스키, 지오토, 마사초와 같은 세기의 예술가들이 있었고 폴리치아노, 마르실리오 피치노, 피코 델라, 미란돌라와 같은 당대 최고의 인문학자들이 있었다. 이렇게 피렌체에 몰려든 실력자들은 자연스럽게 자신의 분야와 역량을 서로 교류하게 되었다. 이를 통해 그들은 분야와 분야 간의 벽을 허물어뜨리고 협력과 융합을 통해 르네상스 시대 최고의 걸작을 창조해냈다.

당시 이탈리아 피렌체에는 공방 문화가 존재했다. 공방은 개인 스튜디오가 아니었고 관심만 있다면 누구나 자유롭게 들어올 수 있는 열린 공간이었다. 출신, 전문 분야를 막론하고 다양한 배경의 사람들이 공방을 구성했다. 이들은 협력하여 조각, 벽화, 건축 등 다양한 프로젝트를 진행했다. 공방은 견습 프로그램과 도제 교육 과정을 제공했다. 이를 통해 기본기와 실전 감각을 균형 있게 갖춘 수많은 젊은 인재들이 배출되었다. 그들은 공방 문화를 통해 다양한 분야와 영역을 넘나드는 기회를 얻었다. 이러한 교차점에서 창의적인 아이디어가 만들어졌다. 이러한 공방 문화 속에서, 르네상스 예술가들은 다양한 분야를 섭렵하고 자신의 역량과 새로운 분야를 융합시켜 혁신적인 작품을 만들어냈다.

레오나르도 다빈치는 〈모나리자〉, 〈최후의 만찬〉을 그린 화가이자, 빛과 그림자, 신체 및 자연의 황금비를 연구한 과학자였으며, 자연 모방 기술을 연구하는 공학자였다. 또한 그는 댐, 전차, 렌즈 등 각종 무기와 기구를 개발하는 발명가로 활약했다. 그는 모든 분야에서 영감을 얻고 다양한 분야를 융합하여 놀라운 업적을 이룩했다. 다빈치의 라이벌 미켈란젤로 역시, 〈다비드상〉을 제작한 당대 최고의 조각가였으며 동시에 시스티나 성당의 천장 벽화를 그려낸 화가였다. 재미있는 일화로 이 두 명의 천재는 피렌체 정부 대회의장의 대규모 벽화 프로젝트에 동시에 참가했다. 높이 10m, 폭 20m에 이르는 벽면 두 개 중 하나를 50대 노년의 다빈치가 맡게 되었고 다른 하나를 20대 젊은 미켈란젤로가 맡게 되었다. 다빈치는 앙기아리 전투 장면을 맡았고 미켈란젤로는 카시나 전투 장면을 맡았다.

최고라 불렸던 두 사람이 라이벌 경쟁을 하게 되니 두 사람 모두 긴장했다. 그들은 평소보다 더 많은 습작을 그려냈고 새롭고 독창적인 벽화 작업 방식으로 최고의 작품을 만들기 위해 노력했다. 다빈치는 아코디언처럼 움직이는 특수 사다리를 발명하여 사람들을 놀라게 했다. 또한 그는 기존에 없던 물감을 만들어 새로운 시각 효과를 펼쳐보려 노력했다.

한편 미켈란젤로는 〈다비드상〉을 통해서 당시 최고의 조각가로 큰 명성을 얻었지만 그에 비해 화가로서 인정받지 못했기 때문에 어느 때보다도 많은 습작을 만들어 디자인 작업을 수행했다. 안타깝게도 이 둘의 대결은 돌연 취소가 되었다. 새로운 물감 개발이 지지부진하여 시간이 지체되자 다빈치는 벽화를 포기했고 미켈란젤로 역시 교황에 의해 새로운 의뢰를 받게 되자 바로 벽화를 포기하고 로마로 갔다.

비록 세기의 대결은 이루어지지 않았지만 재미있는 사실은 다빈치와 미켈란젤로가 서로의 작업 과정을 세밀하게 관찰하고 모방했다는 점이다. 다빈치의 작업 노트에는 미켈란젤로의 작업을 모방한 스케치가 발견되었고 미켈란젤로의 작업 노트에는 다빈치의 앙기아리 전투 구도 및 드로잉을 모방한 스케치가 발견되었다. 두 천재는 서로 경쟁했지만 서로의 장점을 흡수하고 자신의 장점과 융합하여 예술가로서의 역량을 더 성장시켰던 것이다.

작가 프란스 요한슨은 다양한 분야와 문화, 과학, 기술의 교차점에서 융합을 통해 혁신적인 아이디어가 폭발적으로 만들어지는 효과를 '메디치 효과'라고 정의했다. 현대 기업 중에서 메디치 효과를 아주 잘 활용한 기업은 바로 '애플'이다.

스티브 잡스는 창의성의 열쇠는 인간이 만들어낸 최고의 작품들에 자신을 노출시킨 뒤, 작품의 요소들을 당신이 하고 있는 일에 집어넣는 것이라고 말했다. 또한 그는 오리지널 매킨토시 컴퓨터를 위대하게 만들 수 있었던 것은, 매킨토시를 작업한 사람들이 음악가이고 시인이고 예술가이고 동물학자이고 역사학자이면서 우연치 않게 세상에서 최고의 컴퓨터 과학자이기도 한 덕분이라고 말했다. 즉, 애플은 완전히 새로운 것을 만들기 위해 다양한 분야의 지식을 융합하여 새로운 영감을 얻었다.

한편, 스티브 잡스와 애플 개발팀은 독립적으로 존재했던 기기들을 하나로 융합한 디바이스를 꿈꾸었다. 사진기, 녹음기, 캠코더, 녹음기, 노트, 컴퓨터, 비디오플레이어, 음악플레이어, 백과사전, 비디오게임 등 수많은 기기를 하나로 융합한 혁신 기기를 사람들의 손안에 펼쳐 보이겠다는 원대한 목표를 가지고 있었다.

이를 위해 애플은 수많은 소프트웨어 앱들을 관리 제어하는 자체 운영체제를 개발했고, 아이디어만 있으면 어떠한 앱도 만들 수 있게 돕는 개발 프로그래밍 프로그램, 앱들을 거래할 수 있는 앱스토어, 콘텐츠, 정보를 교환할 수 있는 통신 인프라를 구축했다. 이렇게 수많은 요소들이 융합되어 탄생한 것이 바로 스마트폰 시대의 시초가 된 '아이폰'이다.

메디치 효과는 우연히 그리고 갑자기 나타나는 것이 아니다. 메디치 효과는 분야와 분야 사이의 장벽과 경계가 무너질 때 나타난다. 다양한 분야를 자유롭게 접할 수 있고 배울 수 있을 때, 다양한 관점에서 문제와 상황을 바라볼 수 있을 때, 다양한 배경의 사람들이 자유로이 왕래하고 협력하고 생각을 공유할 수 있을 때, 기존의 오래된 방법을 고수하지 않고 더 나은 방법 개선을 추구할 수 있을 때 비로소 메디치 효과가 나타나는 것이다.

자연 속에서 발견되는 융합의 세 가지 원리

사실 우리 주위에 있는 모든 생명체들은 융합(fusion)이라는 것을 통해서 만들어졌다. 인간에 대해 말하자면, 남자의 정자와 여자의 난자가 융합하여 하나가 되는 과정 즉, 수정을 통해 새로운 인격체가 만들어진다. 이 당연한 사실을 모르는 사람은 없을 것이다. 그런데 좀 더 과학적으로 정자와 난자가 융합되는 메커니즘에 대해서 알아보자. 왜냐하면 이 기초적인 융합 메커니즘 속에는 생명 분야뿐만 아니라 다른 모든 영역에서 발생하는 융합에 대한 본질을 담고 있기 때문이다.

내가 배운 세포학에서 융합이란 세포와 세포 사이에 존재하는 세포막이 없어지고 다핵화한 세포가 생성되는 현상으로 정의한다. 그런데 자연계에서 이러한 융합 현상은 아무 때나 무작위로 일어나지 않는 법이다. 특별한 조건 속에서만 융합 현상이 일어난다. 성관계를 통해 남자의 정자가 여자의 질 안쪽으로 들어가면, 2~3억 개나 되는 정자들이 난자를 향해 헤엄쳐 돌진한다. 이 정자들은 난자에 근접하기까지 수많은 세포들을 부딪혀 지나가게 된다. 하지만 난자 이외에는 어떠한 세포들과도 융합이 이루어지지 않는다. 왜 그럴까?

생물학자들은 정자의 세포막 위에 어떤 분자 단백질이 존재하며 이것이 난자의 세포막 위에 존재하는 어떤 특정한 분자 단백질과만 특이적 결합을 한다는 가설을 내세우고 있었다(이렇게 과학자들은 자기들이 생각했을 때 가장 그럴싸한 상상을 가설의 형태로 표현하고 이를 증명하고자 노력한다). 2005년 오사카대학 마사루 오카베 교수 연구팀은 정자의 세포 표면에 존재하는 Izumo라 불리는 단백질이 바로 난자의 세포막 단백질과 특이적 결합을 한다는 것을 밝혔다.[76] 그렇다면 Izumo와 특이적으로 결합하는 특별한 세포막 단백질은 무엇인가?

2009년 영국 Wellcome Trust Sanger Institute 유전체 연구소의 개빈 라이트 박사 연구팀은 정자의 짝꿍이 되는 단백질을 규명했다. 그들은 그 단백질을 그리스 신화 속 결혼의 여신의 이름을 따 'Juno'라고 명명했다. 연구팀은 Juno 단백질의 항체(anti-Juno)를 만들어, Juno와 anti-Juno 간의 결합 위치를 분석했고 이를 통해 난자 세포막에는 높은 밀도로 Juno가 존재하는 것을 분석했다. 또한 Juno와 anti-Juno가 한번 결합하면 정자의 Izumo 단백질이 Juno와 결합할 수 없다는 것을 증명했다.[77] 정자와 난자의 세포 융합은 Izumo와 Juno 단백질 간의 특이적 결합을 통해서만 시작된다. 이것은 마치 열쇠와 자물쇠의 관계와 비슷하다. 하나의 자물쇠에 대해 하나의 열쇠가 존재하듯이 일반적으로 세포 융합이 일어나기 위해서는 두 세포 간의 열쇠 단백질과 자물쇠 단백질이 서로 인식되고 결합되어야 한다. 이렇게 열쇠-자물쇠가 만나 정자와 난자가 수정되면 정자와 난자를 구별지었던 세포막질이 세포막 융합을 통해 무너지게 된다. 이후 정자와 난자가 가지고 있던 DNA 유전정보가 교류되어 하나의 완전한 세포로 재탄생한다.

이러한 세포 융합 과정을 통해서 우리는 일반적인 융합의 원리를 유도할 수 있는데 다음과 같이 크게 세 가지로 기술할 수 있다. 이는 우리 인간의 사회 속에서 나타나는 융합 현상을 설명하는 데 중요한 토대를 마련한다.

첫째, 열쇠 요소와 자물쇠 요소를 파악하라

세포 융합이 열쇠 단백질과 자물쇠 단백질 간의 특이적 결합에 의해서 시작되듯이, 융합을 이루어내기 위해서는 먼저 열쇠 요소와 자물쇠 요소를 파악해야 한다. 개인과 개인, 개인과 조직, 그리고 조직과 조직의 융합에 있어서, 열쇠 요소는 '역량'을 의미한다. 당신만이 가지고 있는 능력, 장점, 특기는 무엇인가? 당신이 속한 조직이 가지고 있는 핵심 능력, 자원, 비교우위는 무엇인가? 이러한 질문에 대한 답이 바로 '역량'이다. 한편 융합에 있어, 자물쇠 요소는 '필요'를 의미한다. 당신에게 채워지지 않은 필요나 욕구, 간절히 바라는 소망, 해결하고자 하는 문제는 무엇인가? 당신이 가지고 있는 이슈나 문제, 사업 계획, 목표, 비전은 무엇인가? 이러한 질문에 대한 답이 바로 '필요'이다. 앞서, 융합은 무작위로 일어나지 않는다고 했다. 당신의 역량이 다른 사람의 필요를 채워줄 때 또는 당신의 필요가 다른 사람의 역량에 의해서 채워질 때, 융합이 시작되는 것이다. 역량과 필요는 특이적 결합을 통해서 하나가 되려는 경향이 있다.

"가장 지역적인 것이 가장 세계적인 것이다."라는 유명한 말이 있다. 이것을 한국에 적용한다면 '가장 한국적인 것이 가장 세계적인 것이다.'라고 말을 할 수 있다. 하지만 그렇다 할지라도 한국에 존재하는 모든 것들이 세계에 나가면 성공하는 것은 아니다. 하나의 열쇠가 짝이 되는 자물쇠만을 열 수 있듯이, 한국 고유의 역량이 세계의 필요를 채워 융합될 때 비로소 성공하는 법이다. 2018년 한국 가수로는 최초로 빌보드 1위를 기록하며 K팝의 새로운 역사를 쓰고 있는 방탄소년단의 이야기를 보자. 어떻게 그들은 한국어 노래를 통해, 대한민국을 넘어 아시아, 남미, 유럽, 그리고 팝의 본고장 미국에까지 전 세계적인 인기를 얻을 수 있었을까?

방탄소년단은 SM, JYP, YG와 같은 대형 기획사 아이돌 그룹이 아니라 중소 기획사에서 탄생하였다. 보통 정상급 대형 기획사 아이돌 그룹은 소셜 미디어에서 발생할 수 있는 리스크를 두려워한 나머지 소셜 미디어를 기획사에서 통제하거나 관리했다. 하지만 중소 기획사 그룹인 방탄소년단의 대표는 그렇게 하지 않았다. 그는 방탄소년단 멤버들이 자유롭게 소셜미디어에 자신의 활동 모습을 올릴 수 있도록 허락했다. 7명의 방탄소년단 멤버 모두 자유롭게 트위터에 자신들의 일상과 활동 모습들을 지속적으로 올렸다. 그 결과 놀라운 일이 발생했다. 불과 6개월 만에 트위터 팔로워 수가 500만 명 이상으로 증가했고 우리나라 최초로 1,000만 명 팔로워 수를 달성하였다.[78] 다른 대형 기획사의 쟁쟁한 아이돌 그룹에 비해서 투자 지원금, 홍보, 기회 등은 부족했지만, 방탄소년단은 다른 아이돌 그룹이 따라올 수 없는 역량을 갖추게 되었다. 그것은 SNS를 통해서 전 세계 사람들과 소통할 수 있는 역량이었다.

그렇다면 이 소통 역량을 가지고 그들은 전 세계 팬의 어떤 필요를 채웠을까? 그룹명, '방탄소년단'은 총알을 막듯 젊은이들은 힘든 편견과 억압, 차별을 막아내겠다는 의미를 담고 있다. 실제로 방탄소년단은 끊임없이 학교 폭력에 울고 있는 젊은이들, 어른들이 만든 냉혹한 현실 속에서 꿈이 좌절된 젊은이들, 바닥까지 떨어진 낮은 자존감 속에서 극단적인 선택을 생각하는 젊은이들, 성정체성으로 고통받고 있는 젊은이들을 끊임없이 위로하는 활동을 전개했다. 그들을 응원하는 메시지를 전 세계 팬들에 지속적으로 보냈다. 무엇보다도 방탄소년단 노래의 모든 가사들이야말로 젊은이들을 위한 응원의 메시지였다. 방탄소년단은 놀라운 소통력을 가지고 전 세계 젊은이들의 아픔을 따뜻한 사랑과 위로로 채워줬다. 그 결과, 방탄소년단의 진심을 느낀, 전 세계 젊은이들은 언어와 지역, 문화와 사회, 종교와 이념을 뛰어넘어 방탄소년단과 하나로 융합되었고 'ARMY'라는 세계 최강의 팬덤을 형성하였다.

한편, 역량과 필요의 특이적 결합에 의한 융합 메커니즘은 왜 스타벅스가 호주에서 성공하지 못했는지를 설명해주기도 한다. 우리나라에서 스타벅스는 고급 커피 브랜드에 속해 있다. 스타벅스의 하워드 슐츠 회장이 전 세계 스타벅스 매장에게 가장 강조하는 것은 언제나 '커피 품질'이었다. 스타벅스는 커피 품질을 유지하기 위해 다른 프랜차이즈에 비해서 더 엄격하고 체계적으로 직원 교육을 하는 것으로 유명하다. 그런데 스타벅스는 호주에서 성공을 거두지 못했다.

호주에 상륙한 후, 스타벅스는 매년 수백억 정도의 적자를 냈다. 2008년 세계 금융 위기 때에는 60개 점포를 폐쇄하고 700명의 직원을 정리해고 하는 등 구조 조정까지 감행했다. 그리고 새로운 도약의 기회를 잡으려 부단히 노력했지만 스타벅스는 적자의 늪에서 빠져나오지 못했다. 결국 2014년 스타벅스는 호주에서 완전히 철수하기로 결정했다. 왜 그랬을까? 전 세계 커피 품질을 엄격하게 관리하는 스타벅스이기에 '고급 커피'라는 역량은 변하지 않았다. 문제는 호주 사람들의 필요와 융합되지 않았던 것이다. 2차 세계 대전 이후, 커피를 사랑하는 그리스, 이탈리아 사람들이 호주로 이민 왔다.

이들이 수십 년 동안 호주 커피 문화를 이끌게 되면서 호주 사람들의 커피의 향과 맛에 대한 조예가 깊어졌다. 호주 사람들의 커피에 대한 자부심은 전 세계 최고 수준이라고 한다. 낮이나 밤이나 지역 동네 카페들은 젊은이, 노인 할 것 없이 다양한 커피의 깊고 풍성한 에스프레소의 향을 즐기는 사람들로 가득 차 있다. 스타벅스의 '고급 커피' 역량은 이미 고급 커피 맛과 향을 아는 호주 사람들에게는 지역 동네 커피보다 못하다고 인식되었다. 또한 호주 사람들에게는 프라프치노, 마키아토, 블렌디드와 같은 스타벅스가 자신 있어하는 혼합 커피에 대한 수요가 거의 없었다. 호주 사람들은 에스프레소와 같은 플레인 커피를 사랑하기 때문이었다. 이렇게 스타벅스는 호주에서 '고급 커피' 역량과 '플레인 커피' 필요를 융합해내지 못했다.

조직에 있어 역량과 필요를 파악하는 것은 조직의 정체성 그 자체이자 조직의 성공 운명을 결정하는 가장 중요한 요소이다. 특히 전 세계 시장 환경이 시시각각으로 변화하고 있는 지금, 변하지 않으면 언제나 도태될 수 있는 지금, 기업 조직은 그 어느 때보다 융합을 통한 혁신과 변화의 필요성을 느끼고 있다. 융합하려면 먼저 조직 자체의 역량을 정확하게 파악을 해야 한다. 그리고 역량을 열쇠로 삼아 어떤 필요를 채울 수 있을 것인지 분석할 수 있어야 한다. 역량과 필요에 대한 분석이 전제될 때, 융합은 시작된다.

둘째, 장벽을 허물어라

서로의 필요를 채워주는 것을 넘어 자유롭게 정보를 교류하고 진정한 융합을 이루기 위해 반드시 전제되어야 하는 것은 장벽을 허무는 일이다. 그리고 이것은 오늘날 실리콘 밸리를 있게 한 핵심 요소이기도 하다. 미국 캘리포니아주 샌프란시스코 남쪽 끝 지역(산호세를 중심으로 팔로알토, 산타클라라, 마운틴뷰 등 인근 지역 포함)을 사람들은 실리콘 밸리라고 부른다. 실리콘 밸리에는 수많은 미국 IT 산업과 벤처기업들이 집중 포진해 있다. 이곳에 애플, 구글, 인텔, 마이크로소프트, 아마존, 휴렛패커드, 오라클, 시스코 시스템, eBay, 페이스북, NVidia, Sandisk, Applied Materials, 우버, 에어비엔비, 테슬라 등 전 세계 IT산업을 이끌고 있는 혁신 기업 대부분이 모여 있다. 왜 최고의 기업들은 이곳 실리콘 밸리에 모여 있을까? 왜 기업들은 하버드, MIT 등 아이비리그가 포진해 있어 인재 채용에 더 유리했던 동부 지역이 아닌 서부 지역인 실리콘 밸리에 모이려고 했던 것일까?

실리콘 밸리의 발전사에 대해서 이야기할 때, 언제나 빠지지 않는 전문가가 한 명 있는데, 그 사람은 UC 버클리대학, 안나리 색스니안 (Annalee Saxenian) 교수이다. 색스니안 교수는 서부 실리콘 밸리 지역과 동부 보스턴 Route128 지역을 비교 분석하여 실리콘 밸리가 지속적으로 성장할 수 있었던 핵심 원동력이 무엇인지를 밝혀냈다. 70년대, 그녀가 대학원 연구를 하고 있었을 때, 실리콘 밸리는 매우 빠른 속도로 성장하는 대표 도시 중의 하나였다. 그녀가 처음 실리콘 밸리의 지역과 경제 성장에 대해서 연구를 하게 되면서 그녀는 "실리콘 밸리는 80년대에는 성장이 멈출 것이다."라고 자신 있게 이야기했다. 그 이유는 다음과 같았다. 첫째, 교통 체증이 매우 심각하다. 둘째, 집값이 매우 비싸다. 셋째, 노동임금이 매우 비싸다. 색스니안 교수는 이 세 가지 이유 때문에 전통적인 경제 모델에 따라 앞으로 실리콘 밸리가 아닌 다른 곳에서 창업과 혁신이 일어날 것이라고 주장했다. 하지만 실제는 그녀의 예상과 달랐다. 실리콘 밸리는 계속해서 최고의 속도로 성장했다. 집값이 더 비싸지고 임금이 더 높아짐에도 불구하고 실리콘 밸리에 터를 잡은 기업의 수는 늘어났다. 수많은 인재들은 더욱더 유입되었다. 기업 운영 비용이 높아져도 기업들은 두려워하지 않고 새로운 것에 도전했고 계속해서 더 높은 부가 가치를 창출해냈다. 색스니안 교수는 자신의 생각이 틀렸음을 깨닫고 실리콘 밸리의 특별한 차이에 대해 알아내고자 깊이 있게 연구했다. 그녀가 비교로 삼은 것은 동부 보스턴 Route128 지역이었다. 실리콘 밸리와 마찬가지로 70년대 보스턴 Route128 지역에는 세계적인 전자 회사들과 벤처 창업 회사들이 즐비해 있어 전자 산업 허브로 불렸다. 또한 Route128 지역은 하버드대학, MIT 등 아이비리그 대학들과 가까워 인재 영입에 있어서 아주 유리했다. 하지만 두 지역의 운명은 80년대에 이르러 갈리기 시작했다. 70년대 미국이 차지했던 세계 전자 산업의 주도권이 80년대가 되면서 일본에 옮겨지게 되었다. 또한 전자 산업의 방향이 개인 컴퓨터(personal computers)로 급변하게 되면서 기업들은 엄청난 변화와 도전에 적응해야 했다. 이 시기, 실리콘 밸리에서는 Sun Microsystems, Cypress Semiconductor와 같은 새로운 반도체 컴퓨터 회사들이 엄청난 도약을 거두었다. 뿐만 아니라 휴렛패커드, 인텔과 같은 기존 대기업들도 역동적인 성장을 거두었다. 하지만 보스턴 Route128 지역에서는 스타트업 기업들뿐만 아니라 Apollo Computer, Prime Computer, Digital Equipment Corporation과 같은 기존 기업들 모두 심각한 경영 위기를 겪었다. 바로 여기서 색스니안 교수는 실리콘 밸리와 Route128에 대해 비교 연구를 진행했고 두 지역의 가장 큰 차이점을 발견했다. 그것은 기업과 기업, 분야와 분야 사이를 가로막는 장벽의 유무였다.

실리콘 밸리는 기업 간 그리고 사람들 간 장벽 없이 긴밀하게 연결되어 있는 네트워크 산업 구조를 가지고 있었다. 실리콘 밸리의 기업들은 분명 서로 경쟁을 했지만 급변하는 IT 시장 속에서 장벽을 허물고 함께 컨퍼런스 및 세미나를 진행하고 정보를 교류하며 협업해나갔다. 기업들 사이의 경계 또한 분명하지 않아 실리콘 밸리의 직장인들에게는 평생 직장의 개념이 별로 없었다. 따라서 수많은 전문가들이 목적에 따라 이 기업 저 기업으로 직장을 옮기며 일을 했고 자연스럽게 다양한 전문가들이 각자의 전문성을 융합하여 혁신 기술을 개발하는 모습이 형성되었다. 한 예로, 무려 30개가 넘는 반도체회사가 인텔에서 분가되어 나왔다. 이 회사들은 계속해서 실리콘 밸리에서 인텔과 긴밀하게 협업하였고 각자의 전문성을 융합하여 기술 혁신을 이룩했다. 이와 같이 네트워크 융합 구조를 가진 실리콘 밸리에서는 다양한 전문성을 가진 기업들과 전문가들이 경계와 장벽 없이 서로 연결하고 서로의 필요를 채워주는 문화가 형성되었다. 이는 대기업과 중소기업간의 기술 격차 극복 및 동반 성장, IT 기술 벤처캐피털 투자 기관의 성장, 세계 최고의 IT전자산업 시장 규모 형성을 이루어냈다.

반면, 보스턴 Route128 지역의 기업 분위기는 정반대였다. 실리콘 밸리와 달리, 대부분의 Route128 지역의 기업들은 수직적, 위계적인 기업 문화를 가지고 있었다. 자사 기술 및 특허를 보호하고자 비밀을 철저하게 유지했고 이에 따라 기업 간 전문성 교류는 전무했다. 또한 Route128 지역의 기업들은 직원들에게 충성심을 강조했고 심지어 동종 업계 이동 금지 조항을 직원들이 입사하기 전부터 강요할 정도였다. 이는 장벽 없이 동종 업계 창업 및 이동이 비교적 자유롭고 이를 응원하는 분위기인 실리콘 밸리와 반대였다. 그 결과, 네트워크 융합 구조의 실리콘 밸리와 달리 Route128 지역은 독립적 회사 구조를 형성했다. 문제는 80년대 미국 전자산업 위기론이 대두될 때, Route128 지역 기업들은 서로 유연하게 협력하여 기술 혁신을 만들어내지 못하고 경직된 분위기 속에서 경기 침체 및 경영난에 빠진 것이다. 점차 수많은 전문가들과 아이비리그 출신 인재들 그리고 대기업의 협업 체계를 구축하지 못한 스타트업들은 이 위기를 버티지 못하고 Route128를 벗어나 실리콘 밸리로 이동하는 현상이 벌어졌다.[79]

장벽을 허무는 것은 기업과 기업뿐만 아니라 사람과 사람 사이에서도 매우 중요하다. 나는 그동안 회사에서 일을 참 잘한다고 소문난 사람들을 관찰해왔고 그들 중에서도 오랫동안 탁월하다고 검증된 사람들을 본받고자 많은 노력을 기울였다. 내가 연구한 결과, 탁월한 사람들의 특징은 사람들을 대하는 태도에 있었다. 아무리 회사 동료라고 해도 비즈니스 관계에 있는 바 타인에게 다가가는 것은 부담스러운 일이다. 그런데 탁월한 사람들에게는 많은 사람들이 찾아가 자유롭게 묻고 논의를 했으며 그 과정에서 생산적인 아이디어가 풍성하게 태동했다. 이는 직급과 연차에 비례하는 것이 아니었다. 아무리 직급이 높고 연차가 높아도 사람들이 찾아가기를 꺼리고 논의하기를 부담스러워했던 경우가 정말로 많았다. 반대로 직급이 낮고 연차가 낮아도 주위에 사람들이 모이고 좋은 업무와 정보가 흐르는 경우 또한 많았다(이 경우 대부분 탁월함을 인정받고 조직에서 승승장구했다). 대부분의 사람들에게 존재하는 보이지 않는 장벽이 탁월한 사람들에게는 무너지고 사라져버린 것 같았다. 탁월한 사람들 주위에는 많은 사람들이 모였고 많은 사람들이 모인 곳에 많은 아이디어가 발굴되었으며, 많은 아이디어가 발굴된 곳에 언제나 성과와 혁신이 있었다.

셋째, 정보를 교류하라

창의성에 대해 사람들이 흔히 오해하는 것이 있다. 많은 사람들은 창의성이란 소수의 천재들, 유전적으로 타고난 천재들이 무에서 유를 만들어내는 것으로 생각한다. 하지만 그렇지 않다. 창의성이란 무에서 유가 아닌, 이미 존재하는 '유'를 융합하여 더 가치 있는 '유'를 만들어내는 것이다. 예나 지금이나 창의적이고 혁신적인 사람들은 정보의 최전선에서 새로운 정보를 교류하여 받고 그 위에 더 혁신적인 것을 덧붙였다.

20세기 과학사에서 가장 혁명적인 성과로 뽑히는 것은 바로 '양자역학'이다. 양자역학의 형성 과정에서 매우 특이한 것이 있는데, 양자역학이

한 개인에 의해서 형성된 것이 아니라 막스 플랑크, 아인슈타인, 닐스 보어, 막스 보른, 볼프강 파울리, 베르너 하이젠베르크, 에르빈 슈뢰딩거, 제임스 프랑크 등 수많은 과학자들이 서로 새로운 과학적 사실을 교류하고 영향을 주고받는 과정에서 형성되었다는 점이다. 그래서 양자역학은 한 개인의 작품이 아니라 공동의 작품이다.

19세기 말 전기 기술의 발전과 더불어 전등 필라멘트에서 방출되는 빛에 대한 과학적 연구가 활성화되었고 이를 통해서 조명 산업계는 급격하게 성장하는 중이었다. 이 과정에서 빌헬름 빈, 오토 룸머, 하인리히 루벤스 등 수많은 실험 물리학자들이 복사 현상에 대해서 최신 실험 결과들을 발표했다. 그 결과를 요약하자면 다음과 같다. 모든 물체는 에너지를 흡수하고 동시에 에너지를 발산하는데 온도가 상대적으로 낮은 물체는 붉은 빛을 발산하고 온도가 상대적으로 높은 물체는 푸른 빛을 발산한다. 이것은 오늘날 일상 생활 속에서 가스 불의 색을 통해서도 바로 확인 가능하고 또한 망원경을 통해 별을 관측할 때에도 확인 가능하다. 그런데 문제는 이 현상을 20세기 초 고전적 물리학 이론으로는 설명할 수 없었다는 것이었다. 이것이 당시 물리학계의 특이점 문제였다. 이 문제를 이론적으로 설명하고자 노력한 사람이 막스 플랑크였다. 막스 플랑크는 연속적인 파동에너지를 바탕으로 빛을 기술했던 고전 전자기학으로는 이 현상을 설명할 수 없었다. 그래서 그는 원자론적이며 띄엄띄엄한

양을 바탕으로 열에너지를 기술했던 루드윅 볼츠만의 통계역학을 활용하였고 이를 통해 1900년 모든 실험적 결과를 설명할 수 있는 새로운 복사 이론(흑체 복사 이론)을 발표했다.

플랑크의 이론이 가지고 있는 중요한 시사점은 복사 에너지가 불연속적인 에너지 단위, 곧 양자로 구성되어 있고 이 양자 에너지는 진동수에 비례한다는 것이었다. 이 결과를 통해 플랑크는 물리학계에 양자 역학이라는 새로운 패러다임의 시작을 알렸다. 이후 플랑크의 이론은 아인슈타인에게 많은 영향을 끼친다. 1905년 아인슈타인은 빛은 '양자 입자'라는 광양자 가설을 발표하였고 이를 통해서 광전 효과(금속 등의 물질이 고유 진동수보다 높은 전자기파를 흡수할 때 전자를 방출하는 현상)를 완벽하게 설명해냈다.

이후 전 세계의 물리학자들의 최대 화두는 바로 고전 물리학과는 너무 다른 양자역학이었다. 그들은 새로운 패러다임 속에서 물리학을 바라보기 시작했다. 플랑크와 아인슈타인이 빛과 복사 현상을 양자역학적으로 해석한 이후, 이에 큰 영향을 받은 닐스 보어는 원자 구조의 비밀을 양자역학적으로 바라보기 시작했다. 당대의 지식으로는 원자가 원자핵과 전자로 구성되어 있다는 것이 알려졌는데 여기서 닐스 보어는 1913년 원자 내 전자들이 양자화된 특별한 에너지 궤도만을 허용한다는 현대적인 원자 모델을 만들었다. 이를 통해 그는 원자의 물리적 화학적 특성을 구조적으로 이해할 수 있는 토대를 만들었다. 한편 닐스 보어의 이론에 영향을 받은 막스 보른은 1925년 닐스 보어의 원자 모델을 다전자 원자 체계로 확장시켰고 양자역학을 행렬역학이라는 수학적 체계로 정리하여 양자역학의 수학적 기초를 마련했다. 이후 볼프강 파울리, 베르너 하이젠베르크, 에르빈 슈뢰딩거 등 수많은 물리학자에 의해서 원자 내 전자의 운동 및 위치 분포가 세밀하게 연구되었고 이를 통해 오늘날의 양자역학이 완성되었다. 영자역학이 형성되는 과정에서 볼 수 있듯이, 놀라운 혁신과 융합은 새로운 정보를 자유롭게 교류하는 토대 위에서 이루어진다. 나는 이러한 정보 교류를 '양자 교류'라고 정의한다.[80]

오늘날 대부분의 혁신은 수많은 사람의 기여에 의해 달성된다. 점점 외로운 '지니어스'보다는 수많은 사람과 함께 일을 하며 양자 교류에 힘쓰는 '시니어스(소셜+지니어스)'가 인정되고 있다. 기업은 시니어스가 활약할 수 있는 환경과 문화를 정착해야 한다. 예를 들어, 위키피디아는 누구에게나 개념에 대해 설명하고 잘못된 정보를 수정할 수 있는 편집 권한을 부여했다. 500만 명이 되는 자발적 열정을 가진 사람들(주로 대학 졸업 이상의 고학력자)의 양자 교류를 통해서 위키피디아는 단시간 내에 다양하고 종합적이며 매우 정확한 백과사전을 만들 수 있었다. 브리태니커 백과사전의 경우 오류율이 항목당 평균 세 개이다. 그런데 위키피디아는 오류율이 항목당 평균 네 개로 브리태니커 백과사전과 거의 동일한 수준이다. 위키피디아의 창업자 지미 웨일스는 이렇게 말했다. "자유롭고 자발적으로 지식을 생산, 수정, 보완, 삭제하는 과정을 통해 위키피디아는 세계 최대의 백과사전이 되었습니다. 개방성 그리고 접근성은 혁신을 위한 최고의 전략입니다."

집단 창의성의 또 다른 대표적인 예는 리눅스이다. 리눅스는 개방, 공유, 참여, 협동을 상징하는 대표적인 컴퓨터 오픈소스 운영 체제다. 오픈소스라는 말에서 알 수 있듯, 리눅스는 모든 소스 코드를 사람들이 쉽게 열람할 수 있도록 공개했다. 리눅스 오픈소스 커뮤니티의 수많은 사람은 기존 소스코드의 오류를 찾아내거나 더 좋은 소스코드를 개발했고 새롭고 흥미로운 기능, 소프트웨어들을 만들어냈다. 그들은 더 나은 리눅스를 만들기 위해서 좋은 아이디어와 의견들을 양자 교류했고 리눅스는 지속적으로 혁신적인 성장을 경험했다. 1991년 당시 헬싱키 공과대학교 학생이었던 컴퓨터 괴짜 리누스 토발즈가 취미로 만든 리눅스는 무료 공개 직후부터 폭발적 인기를 얻었다. 리눅스는 당시 다른 오픈소스 운영 체제였던 유닉스, 미닉스, BSD, 그누 허드(GNU hurd)의 단점을 보완하고 장점을 결합하여 단 18개월 만에 완전한 모양의 리눅스커널 1.0버전 운영 체제를 완성하였다. 그들은 계속된 혁신을 거듭했다. 오늘날 전 세계 서버와 스마트폰의 50퍼센트 이상이 리눅스 운영 체제를 사용하고 있다.

수많은 사람들은 왜 당시 여러 오픈소스 운영 체제들 중에서 리눅스만

이 큰 성공을 거두었는지 궁금해한다. 전문가들은 그 핵심 이유로 분권화된 개발 방식을 거론한다. 리눅스 이전의 다른 오픈소스 운영 체제들에서는 보통 중앙집권화된 핵심 개발자 집단이 개발 과정을 독점했다. 따라서 개발 과정은 그들의 판단에 크게 의존했다. 하지만 리눅스는 프로그램 소스를 모두 공개하여 사용자 누구나 소스를 열람하고 업그레이드 패치를 만들 수 있도록 했다. 만약 당신이 만든 패치가 받아들여지면 프로그램 공개 시, 당신의 이름이 기여자로서 자랑스럽게 공개되었다. 이러한 분권화된 개발 방식 속에서 사람들은 전혀 임금을 받지 않았음에도 소스를 수정하고 개선하는 데 열정적으로 달려들었다.

맥길대학교 심리학과 교수 케빈 던바는 과학자들이 어떻게 탁월하고 위대한 아이디어를 발견하는지에 대해서 연구했다. 던바는 전 세계 대학의 연구실들을 직접 방문하여 각 연구실 사람들의 행동, 대화를 다 비디오테이프에 기록했다. 연구실 현미경 앞에 앉아 있는 모습부터 음료바 옆에서 동료들이 대화하는 것에 이르기까지 사람들을 자세히 관찰했고, 이를 통해 혁신적인 아이디어가 어디에서 나오는지 찾아내려고 노력했다.

연구 결과, 위대하고 혁신적인 아이디어는 혼자 실험실에 앉아 있을 때, 혼자 실험에 열중하고 있을 때 생기는 것이 아니었다. 신기하게도 거의 모든 아이디어는 매주 실험실에서 사람들이 최근 업데이트된 데이터를 가지고 토의하거나 그들이 실험하며 생긴 오류, 이상한 점들을 공유하는 회의실에서 생겨났다. 과거에 사람들은 자신의 아이디어의 가치를 보호하기 위해서 장벽을 치고 폐쇄된 연구실을 운영하였다. 그들은 모든 연구에 특허를 걸어두고 소속 연구원들에게 혁신을 강조하고 동기를 부여하면 위대한 아이디어가 나올 것으로 생각했다. 하지만 오늘날 수많은 위대한 아이디어는 폐쇄적인 환경에서 탄생하지 않는다. 위대한 아이디어는 다양한 배경과 이해관계를 가진 사람들이 서로 다른 생각들을 공유하고 이 생각들이 자유롭게 충돌하고 반응하는 열린 환경에서 탄생한다.

세 가지 위대한 행동이 있다:
탐험하고, 실험하고, 경험하는 것이다.

– 라일라 기프티 아키타 –

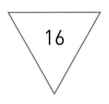

16

정반합

수천 년간 이어져온
혁신의 원리

우리가 위기가 아니었던 적이 한 번이라도 있었던가?

1993년 6월 7일 프랑크푸르트에서 삼성의 고(故) 이건희 회장은 전체 임원 앞에서 '신경영 선언'이란 유명한 연설을 했다.

"'벽을 허물어라, 허물어라' 하고 아무리 이야기를 해도 안 된다. 벽이 있으니 정보교류가 안 된다."

"개인 간, 부서 간 이기심을 부리고 있다. 누가 득을 보겠는가. 결과적으로는 다 손해다."

"나 하나의 이익을 위해 상대방의 이익을 아무렇지 않게 무시하고, 또 그런 걸 봐도 눈 하나 깜짝하지 않는 이기주의가 조직을 망치고 있다."

"줄곧 일류가 되지 못하면 살아남을 수 없다. 이대로는 일류가 될 수 없다는 것을 강조했다. 그런데 우리는 어떤가. 겉으로는 믿는 것 같은데 마음속으로 안 믿는다. '너는 너대로 떠들어라, 나는 나대로 하겠다.'라는 식이다. 이것이 내가 답답해하는 이유다. 얼마나 많이 속았으면 10년간을 이렇게 떠드는 사람, 이렇게 속까지 드러내고 떠드는 사람의 말을 못 믿고, 마음으로 못 따라오고 몸으로도 못 따라온단 말인가."

"변화는 자율적으로 해야 하는 것이다. 억지로 변해라, 변해라 해서 변하는 것이 아니다. 자기가 변하고 싶고, 한번 해보고 싶고, 해보니 능률이 오르고 능력이 발휘되고, 누가 알아주는 사람이 있게 되면 변할 수 있는 것이다. 그런데 우리는 상부의 명령을 기다려야 움직이고 자신이 변하려면 무엇을 어떻게 해야 할지 모르고 있다. 평생을 위에서 지시만 받아왔고 명령을 받아와서 하라는 것만 하고 있다."

"위기의식이 없으면 일류가 될 수도 없고 결국은 망하게 된다. 단순히 겁주려는 것이 아니다. 전 세계가 위기의식을 공감하고 있는 마당에 왜 우리만 아직도 잠에서 깨어나지 못하고 과거에 연연하고 있는가. 이것이 답답하다."

"우리는 지금 인류 역사상 가장 급격한 변혁기에 살고 있다. 정보화 혁명이 진행되고 있고 정보화 혁명의 추진력인 반도체의 발전 속도만 해도 실로 엄청나다. 그런데 이러한 변화의 충격을 제대로 이해하고 있는 사람이 의외로 적다. 반도체를 설계하고 만드는 사람들조차 이 엄청난 변화를 느끼지 못하는 것 같다."

"현재 국내외에서 일어나고 있는 세기말적 변화의 핵심이 무엇인가. 냉전이 종식되었다고는 하지만 냉전보다 더 무서운 경제 전쟁이 치열해지고 있다는 것이다. 이 경제 전쟁의 실상이 얼마나 냉혹하고 심각한지를 우리는 너무 모르고 있다. 경제 전쟁은 무력전과는 달리 눈에 보이지 않는다. 그리고 자기가 전쟁에서 이기고 있는지 또는 지고 있는지도 모르면서 망해간다. 마치 끓는 냄비 속에 갇힌 개구리처럼 죽는 줄도 모르고 무기력하게 당할 수도 있다. 보이지 않는 이 전쟁의 패자는 누구도 도와주지 않는다."

"이대로 가면 우리는 물론 나라마저 이류, 삼류로 떨어질 수밖에 없는 절박한 순간이다. 따라서 우리는 뼈를 깎는 아픔으로 스스로 변하지 않으면 안 된다. 바꾸되 철저히 바꿔보자. 극단적으로 얘기해서 마누라와 자식만 빼놓고 모든 것을 다 바꿔보자."

신경영 선언을 통해, 고 이건희 회장이 강조한 것은 '위기의식과 변화'였다. 이후 전쟁과도 같은 위기의식 속에서 변화를 도모하는 것은 삼성의 고유 DNA가 되었고 이를 통해 삼성은 계속해서 진보할 수 있었다.

나는 삼성에서 일을 하면서 매년 "지금이 위기입니다! 변화해야 합니다!"라는 대표이사의 경영 메시지를 들어왔다. 전 세계 반도체 시장이 위축되었을 때는 물론이거니와 역대 최고 매출을 거두었을 때, 반도체 기업 중 매출 1위를 기록했을 때에도 위기와 변화의 메시지는 강조되었다.

우스갯소리로 "우리가 위기가 아니었던 적이 한 번이라도 있었던가?"라는 말까지 직원들 사이에 나오곤 했다. 그런데 신기하게도 삼성은 위기 속에서 늘 변화와 혁신을 달성해왔고 위기는 곧 새로운 기회로 연결되었다.

정반합 : 위기는 변화와 혁신을 부른다

동양 고전 『주역』에는 "궁즉변(窮則變), 변즉통(變則通), 통즉구(通則久)."라는 말이 있다. 즉, 궁하면 변하고, 변하면 통하고, 통하면 오래간다는 말이다. 이 말대로 위기는 우리를 궁하게 만든다. 그리고 궁하게 된 우리는 변화를 모색할 수밖에 없는 것이다. 그 대표적인 예가 인간이 경험할 수 있는 가장 극한의 위기 상황인 전쟁 속에서 언제나 혁신적인 발명과 전략이 탄생했다는 것이다. 1803년 영국 연합국과의 긴 전쟁(나폴레옹 전쟁)을 준비하고 있는 나폴레옹 군대는 군식량의 보존 기간을 어떻게 극대화시킬 수 있을까 하는 문제를 풀고 있었다. 나폴레옹은 전 국민들에게 군식량이 부패하지 않고 보존할 수 있는 방법을 찾는 사람에게 큰 포상을 줄 것을 약속했다. 수많은 사람들이 달려들어 이 문제를 해결했다.

그리고 1년 뒤 이 문제를 해결한 사람은 제과업자 니콜라 아페르였다. 그는 과거 파리에서 10년 동안 요리사로 일한 적이 있는데, 요리하고 남은 음식을 다시 뜨겁게 데우면 음식을 조금 더 오래 보존할 수 있다는 것을 경험적으로 알고 있었다. 따라서, 그는 100℃ 이하의 온도로 음식을 가열하는 저온 살균을 통해 멸균을 하고 유리병에 넣고 코르크로 막아 세균의 침입을 막는 최초의 유리병 통조림을 발명했다. 결국 그는 12,000프랑이라는 거금을 나폴레옹으로부터 수여받았다. 이외에도, 전쟁 총알, 화약을 습기로부터 보호하여 불발탄 되는 것을 막기 위한 방법으로 비닐랩이 개발되었고, 전쟁 당시 급박한 정보를 빨리 적기 위해서 볼펜이 발명되었다. 또한 1차 세계 대전 당시 붕대 수급 부족으로 어려움을 겪자, 이 문제를 해결하기 위해서 펄프 소재 티슈가 발명되었고, 일반 병사들의 작전 수행 시간을 정확하게 동기화시키기 위해서 손목시계가 발명되었다.

이와 같이, 우리는 위기 속에서 궁함을 느끼며, 이 궁함은 우리로 하여금 변화와 혁신을 도모하도록 이끈다. 나는 이 과정을 '정-반-합'이라는 세 가지 과정으로 분류하여 이해한다. '정'이란 위기가 없다면 계속해서 유지되었을 상태이다. '반'이란 위기 속에서 '정'의 상태가 부정이 되거나, '정'의 상태에 모순이 발생하는 상태이다. 정과 반은 본질적으로 서로 대립되며 긴장을 만들어낸다.

마지막으로 '합'이란 '정'과 '반' 두 가지 대립을 극복하여 혁신적인 결과가 창출되는 상태이다. 플러스 전하(+)와 마이너스 전하(−)가 합쳐질 때 빛과 열이 발생하는 것처럼, 엄지손가락과 방향이 다른 네 손가락 간의 긴장 속에서 우리가 물건을 강하게 쥘 수 있는 것처럼, 우리는 정과 반의 대립을 극복함으로써 정도 아닌 반도 아닌 새로운 '합'을 만들어내며 이를 통해 우리는 진보된 방향으로 성장할 수 있다. 자 그렇다면, 정−반−합을 활용하여 혁신을 만들어낼 수 있는 세 가지 방법에 대해서 알아보자.

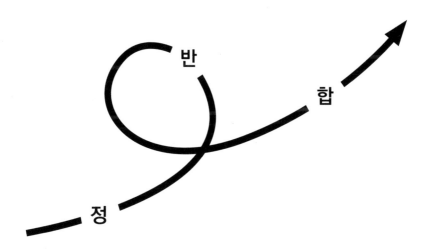

첫째, 모순을 즐겨라

모순이란 논리학적으로 두 개의 명제가 동시에 참이 될 수 없는 상태로, 두 가지 명제는 전쟁 속 적과 아군과 같이 첨예하게 대립된 상태이다. 한자어로는 '창 모,' '방패 순'을 쓰는데 그 유래는 다음과 같다. 중국 초나라에 무기를 파는 한 상인이 살고 있었다. 시장에서 그는 이렇게 외쳤다. "이 방패는 어느 창으로도 뚫을 수 없습니다." 잠시 후, 그 상인은 창을 들더니 이렇게 말했다. "이 창은 어느 방패로도 막을 수 없습니다." 이 모든 것을 지켜본 행인이 이렇게 물었다. "그러면, 그 창과 그 방패가 싸우면 누가 이긴단 말입니까?" 상인은 자가당착에 빠져 아무 말도 할 수 없었다.

러시아어로 "창의적 문제를 해결하는 방법론"을 뜻하는 TRIS 이론의 창시자 알츠슐러는 10년 동안 전 세계에 등록된 무려 200만 건의 특허를 분석하였고 그 과정에서 한 가지 결론을 유도하였다. "혁신이란 모순을 제거함으로써 이루어진다!" 이 말을 좀 더 구체적으로 표현하자면 시스템의 어느 한 특성을 개선하면 다른 한 특성이 악화되는 모순(기술적 모순, 예를 들어 자동차의 가속 성능을 높이면 반대로 자동차 연비는 떨어진다)과 시스템의 어느 한 특성이 높아야 하면서 동시에 낮아야만 하는 모순(물리적 모순, 예를 들어 면도날의 날카로움의 정도는 너무 날카로우면 사람에게 위험하고, 너무 무디면 면도의 성능이 떨어진다.)을 극복하는 과정 속에서 혁신이 만들어진다는 것이다. 알츠슐러는 모순을 기존의 '정'의 체제가 무너져버리는 불편함이 아니라 새로운 혁신을 창조해낼 수 있는 절호의 기회로 여겼다. 나는 이에 대해 사람들에게 평소 이렇게 말하는 편이다. "혹시 살아가면서 모순이라는 상황을 경험한다면 당신이 낼 수 있는 가장 큰 소리로 환호하며 그 모순의 상황을 온전하게 즐겨라! 인생의 몇 번 오지 않는 최고의 기회일 수 있으니 말이다!"

대표적인 모순을 통한 혁신의 사례를 한 가지 뽑자면, 앞서 언급한 양자역학의 발전이 있다. 양자역학은 당시 빛의 도대체 입자냐 파동이냐에 대한 모순의 문제를 극복하는 과정에서 비약적으로 발전했다. 1865년 맥스웰에 의하여, 전기와 자기를 통합 기술하는 맥스웰 방법식이 완성이 되었고 빛이란 맥스웰 방정식에 의해서 완전히 기술되는 전자기파라는 사실이 학계의 정설이었다. 인류가 빛의 정체를 깨닫고 빛을 제어하기 시작하자 빛의 전자기파 성질을 활용한 무선 통신 등 수많은 발명품들이 세상에 등장했다.

물리학자들은 빛이란 전자기파를 가지는 '파동'임을 확립했다. 하지만 1900년, 물리학계를 혼란에 빠뜨린 모순이 등장했다. 독일의 막스 플랑크는 온도가 있는 모든 물체가 빛을 낸다는 사실에 착안하여 빛을 내는 물체의 온도를 알 수 있게 하는 흑체복사이론(1918년 노벨물리학상)을 발표했다. 흑체복사이론에 의해서 태양의 온도가 섭씨 6,000도라는 것을 최초로 분석할 수 있게 되었다. 흑체복사이론의 중심에는 빛의 에너지가 특정한 값의 정수배로만 존재한다는 사실이 숨어 있었다. 즉, 빛이 파동이 아니라 입자로서 거동해야 한다는 것을 의미하는 것이다. 또한 아인슈타인이 1905년 발표한 광전효과(1921년 노벨물리학상)는 X선을 금속에 충돌시킬 때, 전자가 발생하는 실험에 관한 것인데, 쬐어준 빛인 X선과 발생한 전자 에너지를 설명하려면, 빛의 에너지가 특정한 값의 정수배로만 존재해야만 했다. 따라서, 아인슈타인은 담대하게 빛이란 입자라고 주장했다. 흑체복사이론과 광전효과는 빛이 파동이라는 기존 물리 이론으로는 도저히 설명할 수 없는 모순이 되었고 물리학자들은 혼란에 빠졌다. 그들은 "빛이란 파동인가? 아니면 입자인가?"라는 현대물리학 최대의 모순을 해결하기 위해서 할 수 있는 모든 것을 바쳤다.

이 특이점 문제를 해결하는 20세기 초 동안, 닐스 보어(1922년 노벨물리학상), 루이 드 브로이(1929년 노벨물리학상), 베르너 카를 하이젠베르크(1931년, 1932년 노벨물리학상), 에르빈 슈뢰딩거(1933년 노벨물리학상), 폴 에이드리언 모리스 디락(1933년 노벨물리학상) 등 수많은 천재들이 등장했다. 이 물리학계의 어벤져스들은 빛이란 파동성과 입자성을 동시에 가지고 있는 물질이라는 사실을 밝혔고, 빛의 이중성을 이론적으로 통합하는 과정에서 현대물리학의 꽃, 양자역학을 창조해냈다. 당신이 사용하는 메모리, CPU와 같은 반도체나 전자기기는 바로 양자역학의 산물이다.

소크라테스는 주장의 전제가 모순에 도달하는 한계를 드러낼 때 비로소 진정한 지식을 확보할 수 있다고 믿었다. 그는 광장의 사람들을 붙잡고 끊임없이 질문했고, 사람들이 붙들고 있는 기본적 개념 안에 존재하는 모순을 찾아낸 이후 새로운 깨달음을 얻는 논리를 펼쳤다. 사람들은 이를 지식이라는 아이를 받아낸다는 뜻인 '산파술'로 비유했다. 예를 들어, "민중이란 누구인가?" 소크라테스는 물었다. "가난한 사람들입니다." 한 사람이 대답했고 이어 소크라테스는 물었다. "가난한 사람이란 어떤 사람인가요?" 그 한 사람은 말했다. "돈에 늘 쪼들리는 사람입니다." 소크라테스는 계속 물었다. "부자들도 돈이 늘 부족하다고 하소연하는데 그럼 부자도 가난한 사람 아닌가요?" 그 한 사람은 자신의 무지를 자각하며 고개를 끄덕였다. 소크라테스는 이렇게 말했다. "그렇다면 '민중이 주체가 된다'는 민주주의는 가난한 사람들과 부자 중 누구의 정치 체제인가?" 이와 같이 소크라테스는 사람들이 앎이라고 여겼던 것들이 착각과 모순에 불과했음을 인정하게 했고 거듭된 문답을 통해 새로운 깨달음을 얻게 했다.

"인생은 그 자체로 모순 덩어리이다." 나는 줄곧 이런 생각을 해왔다. 내가 원하는 이상과 완전히 다르게 움직이는 현실의 모순, 그 긴장 속에서 인간은 생존하고 있으며 그 모순을 극복해내는 것이 바로 우리의 인생이 아닐까, 그래서 우리의 인생 자체가 곧 진보이자 혁신이 아닐까 말이다. 우리의 삶 속에는 하나를 만족시키면 다른 하나를 만족시킬 수 없는 모순, 어느 하나를 이렇게도 저렇게도 바꾸기 어려운 모순의 문제들로 가득 차 있다. 만약 이러한 모순의 문제가 당신의 눈에 포착이 된다면 나는 이렇게 말해주고 싶다. "즉시 환호하고 모순을 즐겨라!"

둘째, 악마의 대변인이 되라

가톨릭에서는 죽은 인물을 성인으로 추대(이를 시성이라고 부른다)하는 과정에서 그릇된 판단을 막기 위해 시성 청원인들의 반대편에 서서 추대를 가로막는 직책이 있다. 이들은 '악마의 대변인'이라고 불린다. 악마의 대변인은 추대된 인물의 성품과 행적에 대해 회의적인 의견과 근거를 제시하는 역할을 하며 시성 청원인들은 악마의 대변인들의 집중 공격에 제대로 방어해야만 한다. 이 정과 반의 치열한 대립을 통해 역설적이게도 가장 강력한 가톨릭 성인 검증 과정이 이루어진다.

스스로 자기 자신을 비판하거나 부정하는 것은 정말로 어려운 일이다. 특히, 자신이 잘나가고 있는 상황에서나 조직의 힘이 매우 큰 상황에서는 더욱더 그렇다. "지금 잘나가고 있는데, 전혀 문제가 없는데 왜 그런 부정적인 생각을 해야 해?", "우리에게는 비판받을 만한 것이 보이지 않아. 만약 보인다면 그것은 비판하는 사람들의 잘못이야!", "우리는 최선의 판단을 내렸고 이제 실행만 하면 다 이루어질 거야!" 우리는 이런 식으로 자만과 오만에 빠지기도 한다. 하지만 스스로 악마의 대변인이 되는 것, 이를 통해 스스로 자신을 비판해보고 부정해보는 것의 의의는 진짜로 자기 자신을 부정하고 무너뜨리는 것이 아니라, 자신을 의도적으로 부정하여 '정'과 '반' 사이의 긴장을 유도하고 그 통합을 통해 혁신적인 '합'을 이끌어내는 데 있다.

대표적인 예로, 1961년 미국 케네디 행정부의 쿠바 피그만 침공 작전이 있다. 케네디 행정부는 쿠바의 공산 정권을 무너뜨리기 위해 쿠바의 피그만 지역에 쿠바 출신 망명자 1,400명으로 구성된 '민병대'를 상륙시켰다. 케네디 행정부는 민병대가 기습 상륙하면 수많은 쿠바군인들이 당황해 우왕좌왕하다 투항할 것이고, 쿠바 출신 민병대에 호응하는 민중 봉기가 일어나 쿠바의 카스트로 독재 정권이 붕괴될 것이라고 판단했다. 이 판단은 미국 최고의 씽크탱크인 국가 안보 회의에서 만장일치로 내려진 결정이었다. 결과는 어떻게 되었을까? 민병대는 상륙하자마자 그 어떠한 작전을 펼쳐보지도 못한 채 쿠바군의 습격을 받아 수백 명이 사망하였고 1179명이나 되는 민병대는 포로로 잡혔다. 결국, 그 다음해 5,000만 달러 상당의 식품과 의약품의 교환 조건으로 그들은 석방되었다. 쿠바 피그만 침공 사건은 케네디 행정부에서 저지른 가장 우스꽝스러운 실패로 손꼽혔고 많은 비난을 받았다. 케네디 행정부는 피그만 침공 계획이 왜 실패했는지 조사했고, 계획 과정에서 내부의 반대 의견이 의도적으로 묵살되고 억압되었다는 것과 그들이 지나친 자만에 빠져 쿠바군을 과소평가했다는 것을 알게 되었다. 이 사건 이후 케네디 대통령은 자신의 최측근인 남동생 로버트 케네디 법무장관과 시어도어 소런슨 대통령 고문에게 회의에 참석해서 반대의 편에 서서 집중적으로 반대 의견을 제시하는 악마의 대변인이 될 것을 지시했다. 1년 반이 흐른 뒤, 소련은 쿠바 기지에 핵미사일을 전면 배치하였고 미국과 소련 사이의 냉전의 기류는 그 어느 때보다도 더 긴박하게 흘렀다. 국가 안보 회의 초기에는 미국의 미사일 선제 공격 등 강경론이 우세했지만 회의를 거듭할수록 악마의 대변인의 활약으로, 합리적이고 실리적인 외교 방안을 도출하여 전 세계 핵전쟁 위기를 다행히 피할 수 있었다.[81]

우리는 누구나 악마의 대변인이 될 수 있다. 하지만 개인적인 경험에 따르면 우리나라 사회 조직에서 악마의 대변인이 되는 것은 득보다 실이 크다고 생각한다. 당신이 아무리 좋은 의도로 상대방의 주장에 대해 비판이나 문제 제기를 했어도 상대방이나 사회 조직은 당신을 좋게 바라보기는커녕 당신을 부정적이고 협조적이지 않은 사람으로 볼 가능성이 크다. 당신이 속한 조직 안에 악마의 대변인이 안전하게 활약할 수 있는 조직 문화가 구축되지 않은 상황이라면 굳이 악마의 대변인이 되려고 하지 말라. 하지만 당신이 악마의 대변인이 될 수 있는 가장 좋은 방법이 하나 있다. 그것은 바로 남이 아닌 당신 스스로에 대해서 악마의 대변인이 되는 것이다. 예를 들어 당신은 잠시 혼자만의 시간을 보내며 당신이 진행하게 될 프로젝트에 대해 다음과 같이 조목조목 신랄하게 비판해볼 수 있다.

"도대체 지금 하고 있는 것이 이전의 프로젝트와 뭐가 다르다는 거지?", "이게 최선인가?", "왜 이 일을 해야만 하는지에 대해 아무도 설득되지 않을 것 같은데?", "그냥 다 때려치우고, 처음부터 다시 기획한다면 지금 있는 것에서 남길 만한 것이 뭔가?", "꼭 그것도 해야겠어? 네가 하고자 하는 방향과 맞는 거니?", "지금 네가 하려는 것은 너무 임팩트가 없어 보이는데?", "실제로 그게 되는 건가? 된다는 초기 데이터는 확보하고 있는 거니?", "기존에 비슷한 시도는 전혀 없었던 건가? 충분히 과거 이력에 대해서 조사는 해놓기는 한 건가?", "이 프로젝트는 조직 전체의 경영 방향에 있어 안 중요한 것 같은데?", "어떻게 하면 이 프로젝트의 가치를 끌어올릴 수 있을까? 어떤 키워드/콘셉트를 전략적으로 강조할 것인가?"

이처럼 당신은 당신이 진행하고 있는 업무를 비판적인 시각으로 바라볼 수 있고, 각 비판적 의견에 대해 스스로 답을 하는 과정에서 당신은 프로젝트를 좀 더 진보된 방향으로 발전시킬 수 있다.

나는 영화를 정말 좋아한다. 잠시 기분전환이 필요할 때, 내일 회사 가기 싫을 때, 특별히 할 일이 없을 때, 나는 집 근처에 있는 영화관에서 영화 한 편을 보고 만족과 기쁨을 잔뜩 안고 집에 오곤 한다. 영화를 많이 보면서, 영화를 볼 때 꼭 확인하는 습관 하나가 생겼다.

그것은 대부분의 영화가 시작한 지 20분 정도에 영화의 핵심 사건이 발생하고 영화 이야기가 본격적으로 시작하는데, 초반 15분 정도의 이야기와 복선을 가지고 그 핵심 사건을 맞추는 것이다. 내 경험상 영화 시작 20분 정도에 발생하는 핵심 사건은 여느 때와 같이 살아가는 '정' 주인공을 위기에 빠뜨렸고 '반', 정과 반의 긴장이 긴박하거나 신선할수록 영화의 재미와 몰입도는 증가했다. 예를 들어, 영화 〈사랑도 흥정이 되나요〉에서 대머리 외모의 평범한 남자 프랑수아는 460만 유로(원화 60억 이상)의 복권에 당첨됐고, 홍등가에 가서 즉흥적인 사랑에 대한 가격 흥정을 한다. 그곳에서 프랑수아는 모든 남성들의 선망의 대상인 다니엘라(모니카 벨루치)를 만나게 되고 한 달에 10만 유로를 주는 대신 복권 당첨금이 다 떨어질 때까지 같이 살자는 제안을 한다. 그리고 다니엘라는 프랑수아의 제안을 받아들인다. 그런데 말이다. 프랑수아는 어려서 달리기조차 못할 정도로 선천적으로 심장이 약한 남자였다. 그는 다니엘라와 자신의 집에 가는 계단에서 주저앉아 가슴을 부여잡고 있을 정도였다.

누구보다도 치명적 매력을 소유한 여자와 누구보다도 심장이 약한 남자의 관계 설정에서 나는 묘한 긴장과 위기를 느꼈고, "우와! 감독이 진짜 천재이다!"라고 외쳤다. 나는 이 영화를 시작부터 끝까지 몰입해서 즐겼다.

내가 본 영화에는 위기가 없는 영웅이 없었고, 위기가 없는 명작이 없었다. 가장 치명적이고 재미있는 위기 설정 속에서 우리는 가장 긴장되고, 가장 큰 카타르시스를 느낀다. 영화와 마찬가지로 나는 '위기'라는 안경을 통해 현실에서 기회를 창조해낼 수 있다고 생각을 한다. 그리고 개인적으로 이 생각을 '위기라는 이름의 안경을 쓴다'라고 표현한다. 위기의 안경을 쓸 때, 위기는 곧 기회이다. 우리가 살아가는 치열한 현실에는 정말로 많은 위기들이 발생한다. 목표를 달성해야 하는 상황인데 이를 방해하는 위기의 사건들은 꼭 발생하곤 한다.

하루의 대부분의 시간을 보내고 있는 회사에서도 마찬가지이다. 나는 조직의 경영 목표를 달성하기 위한 여러 과제들을 담당하고 있는데, 위기가 없는 과제는 없을 정도로 과제의 난이도가 높다. 갑자기 원인을 알 수 없는 예상치 못한 제품 불량 이슈가 발생한다든지, 전체의 목표 달성을 위해 오히려 내 조직의 목표를 희생해야 하는 경우가 발생한다든지, 제품의 난이도가 너무 높아 기존의 방법으로는 원하는 결과를 얻기 힘든 경우가 발생한다든지, 정말로 극복하기 어려운 위기들이 끊임없이 발생한다. 이때마다 나는 위기의 안경을 적극적으로 쓰려고 노력한다. 좋은 모습, 흠 없이 완벽한 모습만을 보여주기 위해 노력하는 것이 아니라, 정말로 어려운 위기를 인정하고 이를 극복하는 모습을 보여주기 위해 노력한다.

예를 들어, 내가 담당하는 과제 현황을 보고해야 할 때, "그동안 잘해 왔다 – 하지만 앞으로는 이러이러한 위기 때문에 힘들겠다 – 하지만 이러이러한 노력과 혁신을 통해 위기를 극복하겠다"의 논조로 현황 보고를 하려고 노력하며, 위기를 극복하는 이야기를 통해 더욱더 설득력 있는 보고가 될 수 있음을 많이 경험하였다. 위기를 감싸 안고 이를 극복해나갈 때, 우리는 더욱 진보와 혁신을 경험할 수 있다고 나는 믿는다. 위기는 위기로 끝나지 않으며 새로운 도약의 기회를 만들어낸다.

정치, 국방, 외교, 문화, 과학, 기술, 사회, 예술 등 모든 분야에 있어 최고의 업적을 일궈낸 성군 세종대왕의 곁에는 회의 때마다 참석하여 늘 최악의 시나리오를 가정하여 문제의 취약점을 집요하게 파고드는 허조가 있었다고 한다(그는 예조판서, 이조판서를 거쳐 우의정, 좌의정의 관직을 맡았다). 세종 스스로도 허조를 향해 '고집불통'이라고 할 정도로, 꼬장꼬장한 허조는 세종의 정책의 문제와 시시비비를 깐깐하게 따졌고 충언을 삼가지 않았다. 조선왕조실록에서 허조의 이름이 총 1,021번이나 등장하는데, 대부분 왕이 주관하는 어전회의에서 '신 허조 아룁니다'로 시작하여 제안된 정책이 잘못될 소지를 지적하고 시정이나 중단을 요구하는 내용이라고 한다. 절대 왕정의 시대에 목숨을 내걸고 정책의 위기를 드러냈던 허조. 그의 위기 리더십이 있었기에 세종대왕이 올바른 정책을 펼칠 수 있지 않았을까 하는 생각을 한다.

위대한 리더십에는 언제나 세 가지가 있다:
잘못 되었을 때를 인식하는 능력, 잘못으로부터 배우려는 의지,
변화하고자 하는 열망.

– 제프리 프라이 –

에필로그

인생 법칙

어린 시절 우리 집 거실 벽에는 가훈이 써진 커다란 액자가 걸려 있었다. 우리 집 가훈은 다른 집들과 마찬가지로 세 가지 단어의 조합이었다. 바로 '믿음, 소망, 사랑'이었다. 가훈대로 아버지와 어머니는 다음과 같은 말들을 많이 하셨다. "흔들리지 않는 믿음을 가져라.", "희망의 끈을 놓지 말아라.", "하나님 사랑 그리고 이웃 사랑 하라." 나는 열네 살 때까지(우리 가족이 새 집으로 이사를 가기 전까지), 거실 벽 가훈 액자를 매일 보며 자랐다. 믿음, 소망, 사랑은 어린 나도 쉽게 외울 수 있는 것이었다. 나는 언제든 믿음, 소망, 사랑을 즉시 꺼내 나 자신에게 상기시킬 수

있었다. 나는 내가 가훈에서 벗어나지 않으면 멋진 사람이 될 수 있을 것
이라 생각했다. 때때로 내가 원하는 결과를 얻지 못할 때, 나는 이런 생
각들을 많이 하곤 했다. "믿음이 부족했나?", "꿈이 부족한 것은 아니었
을까?", "하나님을 더 사랑하고, 사람들을 사랑하지 않았기 때문은 아닐
까?" 그 정도로 믿음, 소망, 사랑, 이 세 단어는 내 무의식 깊숙한 영역에
뿌리내린 듯했다.

가훈의 영향 때문인가? 나는 어떤 상황에서도 내가 의지할 수 있는 인
생의 법칙이 있다고 믿어왔다. 인생에 어떤 굴곡이 찾아와도 즉시 적용
할 수 있는 만능의 법칙 말이다. 그동안 많은 후보들이 나를 스쳐갔다.
나는 삶에서 증명되지 않는 후보들을 하나씩 하나씩 소거했다. 그 결과
나에게 세 가지 인생 법칙만이 남았다. 나는 그 세 가지 인생 법칙을 이
야기하고 이 책을 마무리하고자 한다.

베풂의 법칙

첫 번째 법칙은 '베풂의 법칙'이다. 당신이 남에게 베푼 만큼 또는 그
이상으로 당신에게 복이 돌아온다는 법칙이다. 베풂의 법칙은 들리기에
는 매우 쉽게 느껴진다. 하지만 그것을 실제 행동으로 옮기는 건 매우 어

럽다. 우리 안에 있는 이기적 유전자가 남에게 먼저 베푸는 것을 막기 때문이다. 우리에게 먼저 받은 것을 돌려주거나 받은 것에 보은하는 것은 본능적으로 쉽다. 하지만 먼저 받지도 않았는데 피 한 방울 섞이지 않은 남에게 베푸는 것은 우리의 본능을 극복해야 한다.

예수 그리스도는 이렇게 말했다. "무엇이든지 남에게 대접을 받고자 하는 대로 너희도 남을 대접하라. 이것이 율법이다."[82] 예수 그리스도는 남에게 베푸는 것이 율법이라고 말을 할 정도로 이를 강조했다. 하지만 그럼에도 불구하고 예수를 믿는 대다수의 사람들에게 남에게 먼저 베푸는 일은 결코 쉬운 것이 아니다. 만약 그것이 쉬운 일이었다면, 우리가 사는 세상은 지금과는 완전히 달랐을 것이다. 베풂의 법칙을 제대로 적용하기 위해서 우리는 우리가 먼저 베풀기보다 먼저 받으려는 이기적인 존재임을 인정해야 한다. 솔직히 말해 나는 기복적으로 베풂의 법칙을 적용한다. 나의 행동은 상당히 계산적이다. 하지만 계산적이지 않으면 나 자신이 남에게 먼저 베풀려고 하지 않을 것임을 나는 잘 알고 있다. 그래서 나는 계속해서 선한 이기주의자가 되려고 한다. 오해하지 마시라. 내가 말하는 선한 이기주의자는 "내가 너에게 이거 줬으니 당장 너도 이거 줘야 한다."와 같은 근시안적인 사람이 아니다. 선한 이기주의자는 베풂의 법칙이 반드시 작용할 것을 믿고 넉넉하고 풍성하게 베풀 수 있는 사람을 말한다.

베풂은 작은 것부터 시작된다. 나의 일상을 예로 들자면 다음과 같다. 통근 버스 기사님에게 좋은 하루 보내시라 말을 건네는 것, 사무실 건물 1층 게이트 바로 옆에 있는 1,000원 기부하기 태그를 찍고 오피스 올라가는 것, 사무실 동료들이 피곤해할 때 커피 한잔 같이 하는 것, 일주일에 최소 한 번은 동료들에게 커피 쏘는 것, 좋은 행사나 이벤트가 있으면 사람들에게 공유하는 것(생각보다 소식에 늦어서 참여하지 못하는 사람들이 꽤 있다), 점심 먹고 나서 먹은 메뉴에 별 다섯 개 평가를 주는 것, 잘 알고 있는 지식을 그것이 부족한 사람들에게 공유하는 것, 리더로서 먼저 접한 정보들을 부서원들에게 공유해주는 것, 부서원의 장점을 말해주는 것, 그 장점을 살릴 수 있는 기회를 같이 고민하고 만들어주는 것, 부서원의 약점을 따로 말해주고 그 약점을 극복할 수 있도록 성장의 기회를 만들어주는 것, 좋은 책이 있으면 추천해주는 것, 쉬는 시간에 각자 관심 분야나 취미 이야기를 할 때 잘 들어주고 책을 통해 얻은 상식으로 바탕으로 잘 호응해주는 것, 상을 받거나 좋은 일이 있으면 부서원들 데려가 고기 사주는 것, 일 잘하는 사람들 연결시켜주는 것, 부서원이 열심히 일을 해서 결과를 냈을 때 구체적으로 칭찬해주는 것, 타 부서 사람들과 일할 때 방어적으로 우리 부서의 실속만 챙기는 것이 아니라 그들이 잘 되게 하는 방향으로 적극적으로 협업하는 것.

이와 같이, 우리는 작은 것부터 베풀어나갈 수 있다. 우리가 작은 것들을 베풀 때 복들이 쌓이게 되고 베풂의 법칙대로 반드시 우리는 보상 받게 된다. 고운 말을 베푼 사람은 좋은 말을 듣게 된다. 고기를 사준 사람은 좋은 사람이란 인정을 받게 된다. 도움을 준 사람은 도움이 필요할 때 그 이상의 도움을 받게 된다. 베풂의 법칙이 진리라는 것은 자발적으로 베풀어본 사람이라면 경험적으로 잘 알 것이다. 작은 것에서부터 베풂의 법칙을 경험할 때, 우리는 더 큰 것에서도 베풂의 법칙을 믿고 자신 있게 베풀 수 있다.

감사의 법칙

두 번째 법칙은 '감사의 법칙'이다. 당신이 어떤 대상에 대해 진정으로 감사할 때, 당신은 그 대상을 얻을 자격을 받는다는 법칙이다. 경험상 그 대상은 사람, 사물, 눈에 보이는 것, 눈에 보이지 않는 것, 현재와 미래 등 모든 것을 포함한다. 만약 당신이 소중한 선물을 한 사람에게 주었는데 그 사람이 그 선물을 소중하게 생각하지 않고 부정적인 태도를 보인다고 한다면 어떨까? 당신은 그 사람에게 또 다른 선물을 줄 것인가? 결코 아닐 것이다. 오히려 이미 주었던 것도 달라고 할 것이다. 내가 대학생 시절의 일이다. 어느 평일 날이었다. 그날 나는 기분이 좋지 않았다. 나는 매점에서 사온 팝콘을 강의실에서 먹고 있었다. 한 친구가 나도 좀 달라 해서 팝콘 봉지를 친구에게 건넸다. 그 친구는 팝콘 몇 개를 입에 넣어 맛을 본 뒤 팝콘 왜 이리 맛없냐고 불평했다. 가뜩이나 기분 좋지 않았는데 그 말을 듣고 나는 몹시 화가 났다. 나는 친구가 들고 있는 팝콘 봉지를 손으로 쳐서 땅에 떨구었고 떨어진 팝콘 봉지를 잡고 일어나려고 했다. 그때 그 친구도 화가 나서 나를 밀어 넘어뜨렸고 그렇게 우리는 몸 다툼을 좀 했다. 이것이 나의 처음이자 마지막인 강의실 싸움이었다. 이 경험을 통해서 나는 감사하지 않는 사람에게는 주지 않는 게 낫다는 생각을 처음으로 하게 되었다.

우리는 어떤 기준을 충족시켜야 무언가를 얻을 수 있다는 개념을 가지고 있다. 우리는 그것을 자격이라고 부른다. 감사의 법칙에 있어 자격은 감사함으로 주어진다. 우리가 속한 우주는 감사하는 자에게 무한한 에너지와 부를 가져다준다. 이것을 믿는다면 우리는 삶의 모든 분야에서 감사하게 된다. 베풂의 법칙과 마찬가지로 감사의 법칙은 삶의 작은 모든 것에서부터 시작된다.

내가 감사하는 것들을 나열해보자면 다음과 같다. 사랑하는 두 자녀가 건강하게 자라는 것, 부족하지만 아내와 같이 더 좋은 부모가 되려고 노력하는 것, 직장에서 성실하게 일을 하고 있는 것, 내가 건강한 몸으로 일하고 있는 것, 정기적인 직장 수입을 통해 안정적으로 가정 생활을 하는 것, 회사에서 중요한 과제를 맡게 된 것, 가치 있는 일로 바쁠 수 있는 것, 좋은 사람들과 일을 하고 있는 것, 직급이 올라가도 얽매이지 않고 기죽지 않고 당당하게 일하고 있는 것, 미국에서 일하다 우리나라에서 일하게 된 것, 책을 가까이 두는 습관을 가지고 있는 것, 책에서 얻은 지혜를 사람들과 나눌 수 있는 사람이 된 것, 꾸준히 글쓰기를 하고 있는 것, 내 글을 좋아해주는 독자님들이 있는 것, 꾸준하게 책을 출간해온 것, 직장 생활에서 틈틈이 글쓰기의 영감을 얻고 있는 것, 평소 생각이 많고 남들이 잘 하지 않는 고민을 먼저 해낼 수 있는 것.

때때로 내가 의도하는 바가 이루어지지 않거나 내가 원하는 대로 주변의 사람들이 움직이지 않는 경우가 정말로 많다. 이러한 상황에서 감사의 법칙을 믿는 난 이렇게 감사한다. "아직 최고의 때가 오지 않아서 감사하다.", "그때가 오기까지 더욱더 준비하고 노력할 수 있어 감사하다.", "부족함을 알고 그 부족함을 채울 수 있어 감사하다.", "그 사람과 함께 일할 수 있어 감사하다.", "그 사람이 발전하는 모습을 보게 될 것임에 감사하다." 이처럼 범사에 감사할 때, 부정적인 상황은 오히려 긍정적인 상황을 위한 디딤판이 된다. 감사하면 내 마음과 영혼을 옭아매는 부정적인 사슬은 깨어진다. 그리고 감사하면 긍정적인 영향력이 나 자신과 내 주위를 완벽하게 다스리게 된다. 결국 감사를 통해 우리는 우리가 원하는 대상을 얻을 자격을 얻고 실제로 그것을 얻을 것이다.

존버의 법칙

세 번째 법칙은 '존버의 법칙'이다. 가치가 있는 일은 버티고 또 버티면 (존나게 버티면 = 존버하면) 반드시 이루어지는 때가 온다는 법칙이다. 앞서 투자 이야기를 하면서 대부분의 직장인들이 주식 투자로 손해를 입는다고 말을 했다. 내 주위 사람들 중에서 주식으로 부자 된 사람을 찾기란 정말 어려웠다. 반면 주위 사람들 중에서 부동산으로 당장 일찍 퇴사해도 될 정도로 부자가 된 사람들은 찾기 쉬웠다. 그들로부터 부동산 투자에 대해서 조언을 구하며 여러 이야기를 한 끝에 나는 한 가지 패턴을 발견했다. 그것은 '가치와 존버'였다. 그들은 내 눈에 워런 버핏처럼 행동했다. 그들은 철저한 조사 끝에 정말로 가치 있다고 판단되는 부동산을 구매했다.

이후 그들은 부동산 시세나 경제 이슈에 크게 신경 쓰지 않았다. 부동산이란 자산 특성상 시세가 일일이 변동되지 않는다는 것도 한몫했다. 그들은 가치 있는 부동산은 혹여나 단기적인 변동이 있다 하더라도 결국 존버하면 오른다는 믿음을 공유하고 있었다. 그들은 존버했고 결국 부자가 되었다. 반면 주식으로 돈을 잃은 사람들을 보면, 매일 시시각각 변화하는 주식 시세 차트를 보면서 수시로 매매했고 수시로 종목 포트폴리오 구성을 바꾸었다. 그 과정에서 그들은 적지 않은 매매 세금과 손해를 지불해야 했고, 막대한 투자금 손실을 경험했다. 상당수가 주식 시장을 떠났고 더 이상 쳐다도 보지 않고 있다. 워런 버핏처럼 회사의 가치를 보고 투자한 뒤 존버했다면 결국 승리를 경험했겠지만, 그들은 존버할 줄 몰랐다.

나는 우리의 인생 또한 투자와 같다고 생각한다. 우리에게 가치 있는 일은 존버하면 반드시 이루어진다. 이것이 어긋났던 적은 내 인생에 한 번도 없었다. 그래서 나는 이를 존버의 법칙이라 부른다. 나는 초등학생 시절 축구부에서 축구만 하다 막판에 축구를 접고 중학교에 진학했다. 난독증 때문에 나는 책을 잘 못 읽었고 내가 책을 읽으면 친구들은 비웃곤 했다. 선생님도 비웃었다. 선생님은 일부러 내게 책을 읽도록 시키기까지 했다. 정말 창피했다. 하지만 나는 버티고 또 버텼다. 나는 난독증을 극복하고자 집에서 날마다 볼펜을 입에 물고 책을 읽었다. 결국 나는 난독증을 극복했고 그 과정에서 책을 정말로 사랑하게 되었다. 또한 그렇게 이어진 책과의 인연으로 나는 작가가 되었다. 내가 대학원 박사 과정 중에 있을 때, 첫 2년 동안 연구 논문을 쓰지 못해서 적지 않게 마음고생을 했다. "정말 연구가 내 적성에 맞는 건가?" 나는 수시로 물었다. 이미 하나 또는 두 개의 제1 저자 연구 논문을 써낸 동기들을 보면 나는 위축되었고 심적 부담을 느꼈다. 하지만 포기하지 않고 연구실에 존버했다. 시간이 날 때마다 나는 논문을 읽고 또 읽었다. 논문을 읽으며 궁금한 것들을 논문 저자들에게 이메일을 하거나 연구실 사람들을 붙잡고 물으며 궁금한 것들을 채워나갔다. 그렇게 연구실 바닥에서 3년을 뒹굴고 나니까, 내가 속한 연구 분야의 모든 일들이 내 일처럼 느껴졌고 내가 내 분야에 무엇을 기여해야 할지를 정확하게 알 수 있었다.

이후 3년 동안 나는 매년 두 편, 세 편의 제1 저자 논문을 뽑아냈고 박사 학위를 땄다. 그리고 미국에서 일을 할 수 있는 기회도 얻었다. 삼성전자에서 근무하는 동안 나는 정말 다양한 프로젝트에 참여했다. 앞서 언급했듯이 나는 메모리 반도체의 수율, 품질 불량을 제어하는 일을 한다. 메모리 반도체의 개발과 양산 과정에서는 정말로 별별 불량들이 등장한다. 이러한 불량들을 제압하라는 임원들의 수명에 나는 많은 고생을 했다. 불량들 중에는 정말이지 제압해내기가 불가능해 보이는 것들도 정말로 많았다. 하지만 우리는 포기하지 않았고 버티고 또 버티며 방법들을 찾고자 노력했다. 결국 우리는 언제나 그랬듯이 방법을 찾았고 제품의 수율과 품질을 개선했다.

그동안 내가 멘토 했던 사람들에게 나는 늘 이 말을 해주었다. "이 또한 지나가리라!" 아무리 상사가 마음에 안 들어도 존버하면 좋은 상사를 만나게 된다. 아무리 컨디션이 좋지 않아도 존버하면 최고의 컨디션이 나타날 때가 온다. 아무리 업무가 어렵고 힘들어도 존버하면 업무를 마무리하고 새로운 업무를 기획하는 당신을 만나게 될 것이다. 조급하게 생각하지 말자. 조급하게 판단하지도 말자. 인생 길게 보고 끈기 있게 존버하자. 당신이 지금 하고 있는 일은 당신에게 가치 있는 일인가? 만약 그렇다면, 존버하라. 그리고 그것이 이루어지는 것을 즐겨라.

당신이 가진 강력한 능력 세 가지를 절대로 잊지 마라:
사랑하는 것, 기도하는 것, 용서하는 것.

– 잭슨 브라운 주니어 –

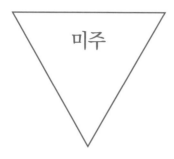

미주

1. OMNE의 어원인 OMNI은 '모든'을 뜻하며, 옴니버스(omnibus), 옴니 채널(omni channel), 옴니 모드(omni-mode)와 같은 현대어가 있다. TRIUM의 어원인 TRI는 '셋'을 뜻하며, 삼각형(triangle), 삼총사(trio), 트라이펙터(trifactor)와 같은 현대어가 있다.

2. EBS 다큐프라임 〈인간의 두 얼굴 - 제1부, 상황의 힘〉(https://www.youtube.com/watch?v=9rdTsdiDWA4). 참고.

3. Suzanne B. Shu, Kurt A. Carlson, 「When Three Charms but Four Alarms: Identifying the Optimal Number of Claims in Persuasion Settings」 Journal of Marketing Vol. 78(January 2014), 127 - 13. 참고.

4. Nelson Cowan, 「The Magical Number 4 in Short-Term Memory:

A Reconsideration of Mental Storage Capacity」, Behavioral and Brain Sciences 2001, 24(1):87-114. 참고.

5. 참고로 필자의 전화번호이다. 궁금한 게 있으면 문자를 남기거나, 이메일 writetoisaacyou@gmail.com 으로 연락 부탁드린다.

6. 플라톤은 그의 저서 『테아이테토스』에서 어떤 명제가 지식이 되기 위한 필요충분조건을 말했다. 첫째, 그 명제가 참이어야 한다(True). 둘째, 사람들이 그 명제를 믿어야 한다(Belief). 셋째, 그 명제가 정당화되어야 한다(Justified). 이 필요 충분 조건은 '정당화된 참인 명제(Justified True Belief)'로 불린다.

7. 〈Steve Jobs MacWorld keynote in 2007 - Full Presentation, 80 mins〉(https://www.youtube.com/watch?v=VQKMoT-6XSg) 참고.

8. 〈Steve Jobs' 2005 Stanford Commencement Address〉(https://www.youtube.com/watch?v=UF8uR6Z6KLc) 참고.

9. 역량평가에서 커뮤니케이션 항목이 있는데, 기존 Level 3에서 가장 높은 등급인 Level5를 받았다.

10. 레프 톨스토이의 『3가지 질문』(더클래식, 2017년 3월 1일)을 읽고 줄거리를 요약하였다.

11. 법화경은 부처가 되는 길은 누구에게나 열려 있다는 중심 사상을 담은 불교 경전의의 하나이다. 법화경 내 '회자정리 거자필반'이 담긴 부분 전체는 다음과 같다. 有緣千里來相會(유연천리래상회): 인연이 있으면 천리 밖이라도 만난다. 无缘对面不相逢(무연대면불상봉): 인연이 없으면 마주보고 있어도 만나지 못한다. 時節因緣(시절인연): 모든 인연에는 오고 가는 시기가 있다. 生者必

滅 去者必返 會者定離(생자필멸 거자필반 회자정리): 산 것은 반드시 죽기 마련이고, 떠난 사람은 반드시 돌아오며, 만나면 반드시 헤어지게 된다.

12. 사랑이란 말의 히브리어는 "아하바(אהבה)"이다. 이 말의 뿌리는 "하브(הב)"이며 이는 '주다'의 의미를 갖는다. 〈Ahuva Bloomfield, Love, Jewish Style〉(http://www.jewishmag.com/20mag/hebrew/hebrew.htm)의 글을 참고하였다.

13. "우리 몸은 1초에 380만 개의 세포를 교체한다", 〈한겨레〉, 곽노필 기자, 2021년 1월 27일. (https://www.hani.co.kr/arti/science/science_general/980558.html)

14. 히브리어의 글은 오른쪽에서 왼쪽으로 쓴다.

15. 빅 존슨, 『13+1의 기적』, 유노북스, 2015년 5월 4일.

16. 신발끈 자동으로 묶는 신발: 2015년 나이키는 신발끈을 자동으로 묶는 신발이 개발 중이고 2016년 출시할 것을 발표했다. 2016년, 약속대로 나이키는 '하이퍼어댑트 1.0'을 개발했다.

17. 2010년 3D 영화 〈아바타〉의 대성공 이후, 수많은 3D 영화가 개봉되었다. 다만 〈백 투 더 퓨처 2〉에서 맨눈으로 볼 수 있는 3D 영화는 달리, 안경을 써야 했다.

18. 영화에서 인공지능이 탑재된 로봇과 원활한 의사소통을 빼면, 무인식당은 실현되었다. 2015년 샌프란시스코에 첫 점포를 연 채식 레스토랑 '잇사(Eatsa)'에서는 종업원과 마주칠 일이 없다. 테이블마다 있는 태블릿 PC를 통해 원하는 메뉴를 선택하고 결제만 하면 신속하게 음식이 조리된다. 음식이 완성되면 전광판에 이름이 뜨고 배식구에서 음식을 가져가면 되는 것이다.

19. 2015년 일본의 렉서스는 초전도 자기부상 원리를 활용하여 '슬라이드'라는 호버보드를 만들었다. 하지만 자기부상이 가능한 전용 도로 위에서만 가능하다는 단점이 있었다. 바로 1년 뒤 루마니아의 아카스페이스는 '아카보드'를 만들어 최초로 자력으로 물, 바위, 도로 등 어떠한 표면 위에서도 날아다니는 호버보드를 만들었다.

20. 2007년 아이폰에 의해 시작된 스마트폰 열풍은 곧 TV 시장에 미치게 되었다. 삼성은 2011년도부터 스마트 TV를 시장에 내놓았고 사람의 음성을 통해서 프로그램이 동작하는 혁신을 보여줬다.

21. 스마트폰의 대중화 이후, 전 세계 누구나 인터넷에 연결되어 있으면 영상통화를 할 수 있게 되었다. 전 세계적으로 히트를 친 '스카이프'의 경우 2010년에 '화상통화'를 서비스했고, 우리나라 국민 앱 '카카오톡'의 경우 2015년부터 '페이스톡' 서비스를 실시했다.

22. 2012년 4월 구글은 최초의 전자 안경 '구글글라스' 프로토타입을 선보였고, 2014년 5월 일반인이 구입할 수 있게 만들었다. 마치 아이언맨의 인공지능 비서 '자비스'처럼 구글글라스는 앱을 통해 눈앞에 펼쳐진 세상을 실시간으로 분석해줄 것으로 보여 큰 관심과 기대를 얻었다. 하지만 200만 원에 가까운 높은 가격이 책정되어 비싸다는 게 단점이고 사업 실적이 매우 저조하여 구글에서 큰 비중을 두지 않고 있다.

23. 'Popular Science,' 'Science and Invention'과 같은 잡지들을 즐겨 읽었다고 한다.

24. 히브리서 11장 1절. 믿음은 바라는 것들의 실상이요 보이지 않는 것들의 증거니(Faith is being sure of what we hope for. It is being certain of what

we do not see).

25. 플라이휠의 이야기는 브래드 스톤의 『아마존, 세상의 모든 것을 팝니다』 (21세기북스, 2014년 03월 24일)에서 참고하였다.

26. 사이먼 사이넥저/이영민역, 『나는 왜 이 일을 하는가?』 (타임비즈, 2013년 02월 01일)을 참고하였다. 책의 두 번째 주제 '마음을 움직이고 성취를 만들어내는 일의 작동원리'에서 언급된 '골든서클'의 개념을 차용하여 서술하였다.

27. "왜 우리는 부정적인 생각을 훨씬 많이 할까?", 〈데일리투머로우〉, 최누리 기자, 2020년 9월 15일. 참고.

28. "우리나라 자살현황을 보여주는 「2021 자살예방백서」 발간(2019년 통계 기준)", 보건복지부, 2021년 7월 4일(https://www.korea.kr/news/pressReleaseView.do?newsId=156459928). 참고.

29. "부끄러운 한국의 세계 1위 건강지표", 〈시사저널〉, 노진섭 기자, 2017년 6월 13일(https://www.sisajournal.com/news/articleView.html?idxno=169783). 참고.

30. Zander-Schellenberg외, 「Does laughing have a stress-buffering effect in daily life? An intensive longitudinal study」, Plus One. July 9, 2020. 참고.

31. Maria Meier외, 「Laughter yoga reduces the cortisol response to acute stress in healthy individuals」, Stress 2021, 24(1):44-52. 참고.

32. Tori Rodriguez, 「Laugh Lots, Live Longer: A vast new study finds that a sense of humor lowers mortality rates」, Scientific American, September 1, 2016. 참고.

33. "왜 인간 눈에만 흰자위가 있나", 〈사이언스타임즈〉, 이성규 기자, 2017년 11월 4일. 참고.

34. Bernhard A. Sabel외, 「Mental stress as consequence and cause of vision loss: the dawn of psychosomatic ophthalmology for preventive and personalized medicine」, EPMA Journal, vol9, pg. 133 - 160(2018). 참고.

35. 피터 드러커는 경영을 자기 스스로 목표를 설정하고 자신의 방식으로 목표를 달성하고 그 결과에 대해 책임을 지는 것으로 정의한다. 잭 웰치, 해럴드 쿤츠, 허버트 사이먼 해럴드 쿤츠는 경영을 의미 있는 목표를 성취하기 위해 가장 효율적인 방법으로 조직의 일을 계획, 조직, 추원, 지휘, 통제하는 활동으로 정의했다. 제임스 스토너는 경영을 조직의 구성원들과 자원들을 계획하고, 조직하고, 이끌어 원하는 목표에 도달하게 하는 과정이라고 정의했다.

36. 황농문, 『몰입: 인생을 바꾸는 자기 혁명』, 알에이치코리아, 2007년 12월 10일. 참고.

37. 제갈현열, 김도윤, 『최후의 몰입 : 올림픽 금메달리스트들의 초집중력 탐구』, 쌤앤파커스, 2018년 1월 8일. 참고.

38. 당시에는 귀족만이 성을 가지고 있던 시대라 동명이인이 너무 많았다. 따라서 출신지로 귀족 이름을 구분했다.

39. 하노 벡, 우르반 바허, 마르코 헤르만, 『인플레이션-부의 탄생, 부의 현재, 부의 미래』, 다산북스, 2017년 10월 27일.

40. 유노가미 다카시, 『일본 반도체 패전 : 혁신의 딜레마』, 성안당, 2011년 4월 15일. 참고.

41. 박상하, 『이건희』, 경영자료사, 2014년, 12월 15일, pp. 312. 참고.

42. Davide Castelvecchi, 「AI Copernicus 'discovers' that Earth orbits the Sun」, Nature 575, 266-267(2019). 참고.

43. "E-Commerce Is Boring. A Jeff Bezos-Backed Start-Up Wants to Change That", 〈The Business of Fashion〉, Chavie Lieber, 2019년 8월 6일. 참고.

44. 아이작 유, 『질문지능』, 다연, 2017년 10월 17일. 참고.

45. 임정빈, 『방아쇠가 당겨진 초연결혁명』, 세계와나, 2018년 2월 2일. 참고.

46. 매트 리들리, 『이성적 낙관주의자 : 번영은 어떻게 진화하는가』, 김영사, 2010년 08월 19일. 참고.

47. 한스 로슬링(Hans Rosling), TED 〈The best stats you've ever seen〉, 2006년 2월(https://www.ted.com/talks/hans_rosling_the_best_stats_you_ve_ever_seen?language=ko). 참고.

48. 피터 디아맨디스, 스티븐 코틀러, 『어번던스-혁신과 번영의 새로운 문명을 기록한 미래 예측 보고서』, 와이즈베리, 2012년 11월 20일. 참고.

49. 에이미 E. 허먼, 『우아한 관찰주의자: 눈으로 차이를 만든다』, 청림출판, 2017년 6월 14일.

50. 실리어 블루 존슨, 『그렇게 한 편의 소설이 되었다: 위대한 문학작품에 영감을 준 숨은 뒷이야기』, 지식채널, 2012년 8월 25일. 참고.

51. 양은우, 『관찰의 기술(Art of Observation) : 보려고 하는 순간, 새로운 세상이 펼쳐진다』, 다산북스, 2013년 8월 20일.

52. 조 게비아(Joe Gebbia), TED 〈How AirBnB designs for trust〉, 2016년 1월(https://www.ted.com/talks/joe_gebbia_how_airbnb_designs_for_

trust). 참고.

53. 당시 의학계는 어떠한 박테리아도 위산이 분비되는 환경에 절대로 살아남을 수 없다고 생각했다.

54. 다니엘 R.카스트로, 『히든 솔루션: 어떻게 숨은 기회를 발견할 것인가』, 유노북스, 2017년 11월 17일. 참고.

55. 모리 겐지로, 『기적의 집중력』, 비즈니스북스, 2017년 02월 28일. 참고.

56. 제갈현열, 김도윤, 『최후의 몰입: 올림픽 금메달리스트들의 초집중력 탐구』, 쌤앤파커스, 2018년 1월 8일. 참고.

57. 김민주, 『하인리히 법칙 : 300번의 징후, 29번의 경고, 1번의 실패』, 미래의창, 2014년 06월 5일. 참고.

58. 프란시스 부스, 『디지털 세상에서 집중하는 법: 디지털 주의산만에 대처하는 9가지 단계』, 처음북스, 2014년 06월 23일. 참고.

59. 「2017년 OECD보고서」 참고.

60. Gary Keller, Jay Papasan ,『The ONE Thing: The Surprisingly Simple Truth Behind Extraordinary Results』, Bard Press, October 08, 2013. 참고.

61. 위니프레드 갤러거, 『몰입, 생각의 재발견: 모차르트에서 아인슈타인까지 집중력과 창조성의 비밀』, 오늘의 책, 2010년 08월 31일. 참고.

62. YOUTUBE, Daniel Simons 〈Selective attention test〉 (https://www.youtube.com/watch?v=vJG698U2Mvo)

63. 모리 겐지로, 『기적의 집중력』, 비즈니스북스, 2017년 2월 28일. 참고.

64. 티나 실리그, 『인지니어스』, 리더스북, 2017년 1월 10일. 참고.

65. 리처드 필립 파인만, 『과학이란 무엇인가?』, 승산, 2008년 07월 01일. 참고.

66. 아이작 유, 『당신의 열정을 퍼블리쉬하라』, 꿈공장플러스, 2018년 11월 11일. 참고.

67. 티나 실리그, 『인지니어스』, 리더스북, 2017년 1월 10일. 참고.

68. "Share a Coke' Credited With a Pop in Sales", Esterl, Mike, 〈WSJ. N.P.〉, 25 Sept. 2014. 참고.

69. "The Share a Coke Story." Connect Marketing. 〈WSJ. N.P.〉, 15 Dec. 2014. 참고.

70. B. P. Abbott et al., 「Observation of Gravitational Waves from a Binary Black Hole Merger」, PRL 2016, 116, 061102. 참고.

71. 토머스 S. 쿤, 『과학혁명의 구조』, 까치, 2013년 9월 10일. 참고.

72. 토니 로빈스, 『MONEY』, 알에이치코리아(RHK), 2015년 08월 14일. 참고. 이번 장에서 나온 내용은 이 책의 내용을 발췌하여 셋의 원칙의 형식으로 요약, 재구성한 것이다.

73. 우리는 'Tiger 미국 S&P 500'과 같은 ETF를 매매함으로써 개별 주식 종목을 매매하듯 S&P 500의 기업 전체를 살 수 있다.

74. 우리나라에서 투자한다면 해외투자의 경우 22%의 양도 소득세율이 적용되고, ETF 운용 수수료 0.15~0.30%까지 적용되면 연평균 7% 이상의 수익률을 꾸준히 거둘 수 있다.

75. 나의 경우 1년에 딱 한 번 재조정을 한다. 이를 통해 나는 주식 투자를 하지만 차트도, 뉴스도 보지 않고 마음 편하게 본업에 집중할 수 있었다.

76. Naokazu Inoue, Masahito Ikawa, Ayako Isotani, and Masaru Okabe, 「The immunoglobulin superfamily protein Izumo is required for sperm to fuse with eggs」, Nature 2015, 434, pages 234 – 238. 참고.

77. Enrica Bianchi, Brendan Doe, David Goulding, and Gavin J. Wright, 「Juno is the egg Izumo receptor and is essential for mammalian fertilization」, Nature 2014, 508, pages 483 – 487. 참고.

78. 아이작 유, 『당신의 열정을 퍼블리쉬하라』, 꿈공장플러스, 2018년 11월 11일. 참고.

79. Annalee Saxenian, 「Regional Advantage: Culture and Competition in Silicon Valley and Route128」, Harvard University Press, 1994, 226 pp. 참고.

80. 임경훈, 「양자 역학의 형성과 학문적 스타일의 문제」, 한국 물리 학회 참고.

81. "악마의 대변인", 〈중앙일보〉, 조현욱 논설위원, 2008년 6월 17일. 참고.

82. 그러므로 무엇이든지 남에게 대접을 받고자 하는 대로 너희도 남을 대접하라. 이것이 율법이요 선지자니라 – 마태복음 7장 12절. 사람들은 이 구절을 '황금률(Golden Rule)'이라고 부른다. 황금률이 수많은 나라의 문화, 종교에서 보편적으로 발견되는 원칙이기 때문이다. 한편 동양의 공자는 자신이 원하지 않는 것을 남에게 하지 말라고 말했다. 예수가 '하라'로 말한 것을 공자는 반대로 '하지 말라'로 말했다. 사람들은 공자의 말을 두고 '실버룰(Silver Rule)'이라고 부른다.